西北工業大學　天下工大
总师育人文化系列丛书　世界三航

总师型人才培养的
探索与实践

主　编　杨益新　王海鹏
副主编　孙中奎　傅茂森　王克勤　王　劲

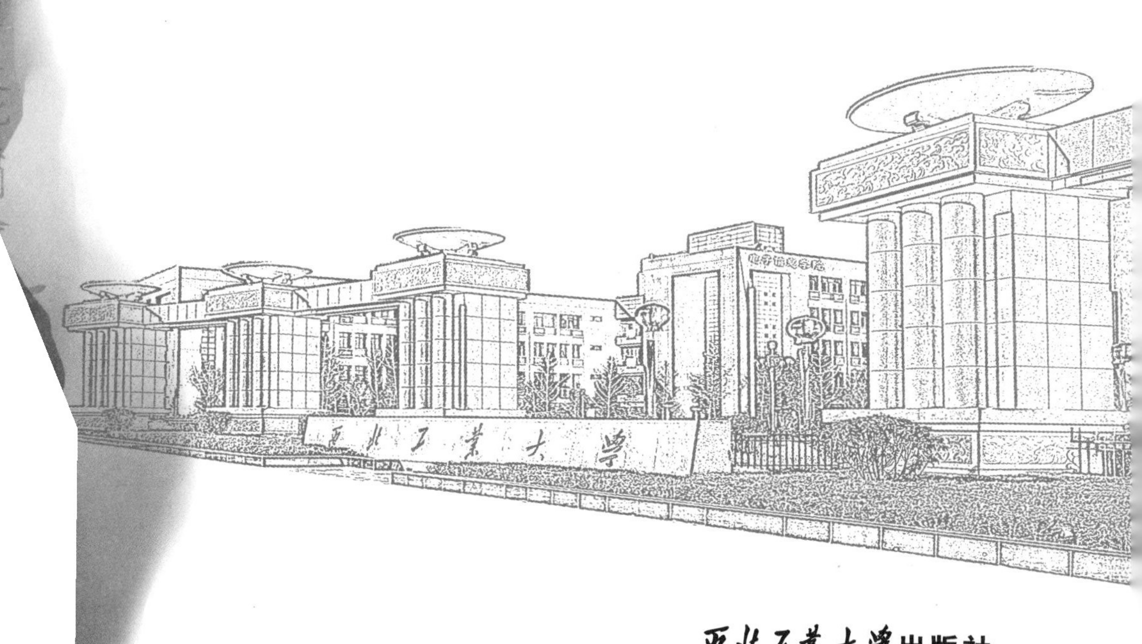

西北工業大學出版社

图书在版编目（CIP）数据

总师型人才培养的探索与实践 / 杨益新，王海鹏主编. -- 西安 : 西北工业大学出版社，2025. 1. -- ISBN 978-7-5612-9591-5

Ⅰ. G649.2

中国国家版本馆CIP数据核字第2024Y10K52号

ZONGSHIXING RENCAI PEIYANG DE TANSUO YU SHIJIAN

总师型人才培养的探索与实践

杨益新　王海鹏　主编

责任编辑：胡莉巾　　**策划编辑**：胡莉巾
责任校对：万灵芝　　**装帧设计**：高永斌　郭　伟
出版发行：西北工业大学出版社
通信地址：西安市友谊西路 127 号　　邮编：710072
电　　话：（029）88491757，88493844
网　　址：www.nwpup.com
印 刷 者：西安五星印刷有限公司
开　　本：787 mm × 1092 mm　　1/16
印　　张：21.75
字　　数：412 千字
版　　次：2025 年 1 月第 1 版　　2025 年 1 月第 1 次印刷
书　　号：ISBN 978-7-5612-9591-5
定　　价：88.00 元

《总师型人才培养的探索与实践》编写组

主　编

杨益新　王海鹏

副主编

孙中奎　傅茂森　王克勤　王　劲

编　者

杨益新　王海鹏　孙中奎　傅茂森　王克勤　王　劲
张学良　彭　亮　马婷婷　姚　尧　刘　昕　龚思怡
李　佩　韩寅奔　栾义春　王青青　谢潇潇　高丹丹
田　锦　李　睿　马晴怡　郑　波　李崧维　武怡琼
仇梦一　王丽娟　线玲华　侯从容　孙青青　高美娟

序 言

教育是强国建设、民族复兴之基。党的十八大以来，以习近平同志为核心的党中央坚持把教育作为国之大计、党之大计，坚持教育优先发展，作出加快教育现代化、建设教育强国的重大决策。

伴随中国开启全面建设社会主义现代化国家新征程，中国高等教育也迎来前所未有的机遇和挑战。当前，中国高校正处在新一轮“双一流”建设的重要阶段，面对世界科技前沿和国家重大需求，立足中华民族伟大复兴战略全局，如何深化教育教学改革，不断提高人才自主培养质量，是现阶段各高校都在思考的问题。

西北工业大学（简称“西工大”）作为一所以发展航空、航天、航海等领域人才培养和科学研究为特色的世界一流大学建设高校，在80多年的办学历程中，扎根中国大地，立足“三航”，面向国防，从担纲“系统、整机、型号”研制大任的总师身上，回溯出“低调务实、兼收并蓄，厚积薄发、为国铸剑”的特质内涵，凝练出“总师型”人才的价值情怀、知识结构、能力素养，打造出聚焦“专业精、系统强、重实践、能担当”基本素养的“课程体系、教材体系、实践体系”，构筑形成了“总师型”人才培养体系，孕育了特有的“总师育人文化”，走出了一条具有西工大特色红专结合的育人之路。西工大坚持“总师育人文化”引领人才培养的初心使命，为国防科技事业发展和国民经济建设输送了35万余名毕业生。西工大人低调务实不张扬、扎根一线能担当，在航空、航天、航海等国防军工领域涌现出一大批型号总师、行业精英、创新创业典型等拔尖创新人才，半数以上的航空领域重大型号总师和副总师为西工大校友。因此，西工大也被誉为“总师摇篮”。

“总师育人文化”系列丛书全面总结了西工大一流本科人才培养方法和举措，展示了在深化教育教学改革中的举措、成效及思考，解读了“总师型”人才培养的“西工大路径”。丛书编写者既是研究者，又是实践者，他们扎根在人才培养一线，在持续探索中不断深化对教育规律的认识，用管理育人经验精心耕耘滋养人才成长的沃土，为培养担当民族复兴大任的时代新人筑牢根基。

胸怀千秋伟业，恰是百年风华。西工大第十四次党代会确立了“天下工大、世界三航”远景目标，指出要坚持以“总师育人文化”引领人才培养，大力推进“总师型”拔尖创新人才自主培养。面对时代新变革、党和国家新期待、高等教育新使命，西工大将继续全面落实立德树人根本任务，锐意进取、追求卓越，为党育英才、为国铸重剑，源源不断为强国建设、民族复兴培养造就更多“总师型”人才！

李言荣

2024年12月16日

前言

建设一流大学，关键在于不断提高人才培养质量。

西工大脉源三支，由诞生于抗战烽火中的西北工学院、汇聚了新中国航空教育科技力量的华东航空学院和“哈军工”空军工程系组建而成，其国防军工文化底蕴深厚，国防特色鲜明，是由工业和信息化部主管的高校。西工大坚持以习近平新时代中国特色社会主义思想为指导，坚持社会主义办学方向，坚定不移贯彻党的教育方针，坚决落实立德树人根本任务，着力培养具有家国情怀，追求卓越、引领未来的领军人才。

西工大以低调务实不张扬、扎根一线能担当的实际行动，走出了“红色育人之路”，为国防科技事业发展和国民经济建设输送了35万余名毕业生，在航空、航天、航海（简称“三航”）等领域涌现出一大批型号总师、行业精英、创新创业典型等杰出人才，国家半数以上的航空领域重大型号总师和副总师为西工大校友，素有“总师摇篮”的美誉。西工大构建了国防特色鲜明的拔尖创新人才培养体系，以育人为中心，实施一流本科人才培养行动计划，致力于“总师型”人才培养的探索和实践，将凝练出的“低调务实、兼收并蓄，厚积薄发、为国铸剑”总师特质内涵融入人才培养全过程。千方百计让学生成长成才，着力培养学生在大学期间具备“专业精、系统强、重实践、能担当”的基本素养，造就以“总师型”人才为代表的堪当民族复兴重任的时代新人。大批西工大学子在国家需要的领域“愿意去、留得住、干得好”，在人才培养领域形成了特有的“西工大现象”。

西工大致力于将“总师育人文化”浸润人才培养全周期、全过程。本书从优质生源选拔、一流课程建设、专业布局、系列教材建设、一流教学队伍培育、教学体系改革、科研育人、质量保障体系构建等方面详细论述了拔尖创新人才培养的西工大实践。特别是近年来，各类人才培养举措特色更加鲜明、成效更加显著。生源质量快速提升，2023年理工类录取位次进入全国高校前20，2024年排名全国高校第17；专业布局持续优化，“双万计划”一流本科专业建设点54个，实现“三航”优势专业全覆盖；师资队伍量质齐升，现有国家级人才420余名，其中国家教学名师10名；持续推进习近平新时代中国特色社会主义思想“进教材、进课堂、进头脑”，率先开设“习近平新时代中国特色社会主义思想概论”必修课，以常态化开展校友总师讲思政课推进“大思政课”改革和思政课程群建设，以“大国三航”课程思政校企联盟创新课程思政育人路径，厚植家国情怀，引导学生心系祖国、献身国防。课程供给不断加大，年均开课7300余门次；教材建设成效显著，获得6项全国教材建设奖；实践平台支撑有力，建有国家级实验教学平台6个。培养的学生具备了显著的“四强”优势：专业知识结构强、系统整机观念强、解决问题实践强、为国铸剑使命强。学生培养质量持续提升，深造率超过70%。2023年，西工大牵头荣获高等教育国家级教学成果奖14项，在全国高校中排名并列第7。2024年7月，“‘总师育人文化’引领人才培养的西工大探索与实践”入选“2024年中国工程教育改革先锋案例”（全国仅2项）。

西工大将科研优势、平台资源向教育教学转化。90%课程融入军工育人元素，深造学生中的80%进入国防领域学科攻读研究生。西工大人均年科技经费近200万元，居全国高校前列；拥有国家级平台16个；2个团队牵头入选国家自然科学基金基础科学中心；牵头共建全国数字化设计与增材制造行业产教融合共同体；通过与华为共建“智能基座”系列课程、“鸿蒙班”，深度参与“难题揭榜”火花奖等，进行产教融合协同育人；与国防军工大院大所通力合作，提升科研反哺教学的层次水平；……其中，青年教师在大院大所的实践经历与学术骨干担纲“总师”的科研历练反哺教学，成为西工大显著的育人特色。“三航”相关专业100%学生的毕业论文选题来源于大飞机、载人航天、深海探测等国家重大重点科研项目，100%学生参与的科研项目来源于国防军工领域，100%学生赴国防科研单位开展实习实践和科研工作。

西工大第十四次党代会确立了“天下工大、世界三航”的远景目标，指出要大力推进“总师型”拔尖创新人才自主培养。面对时代新变革、党和国家新期待、高等教育新使命，西工大将坚持为党育人、为国育才，以建设中国特色世界一流大学为目标，锐意进取、追求卓越，为党育英才、为国铸重剑，源源不断为强国建设、民族复兴培养造就“总师型”拔尖创新人才。期待本书能给兄弟高校在人才培养方面提供借鉴和参考，共同为全面提高人才自主培养质量，着力造就拔尖创新人才而努力奋斗！

本书共十章内容，杨益新、王海鹏任主编，孙中奎、傅茂森、王克勤、王劲任副主编。参加本书编写工作的还有张学良、彭亮、马婷婷、姚尧、刘昕、龚思怡、李佩、韩寅奔、栾义春、王青青、谢潇潇、高丹丹、田锦、李睿、马晴怡、郑波、李崧维、武怡琼、仇梦一、王丽娟、线玲华、侯从容、孙青青、高美娟等。

本书的出版得到西工大党委书记李言荣院士、校长宋保维院士的大力支持，得到前任党委书记张炜教授、前任校长汪劲松教授、现任副校长张开富教授、前任党委副书记万小朋教授的指导；得到党委宣传部、党委学生工作部、团委、发展规划处、科学技术研究院、国际合作处、人力资源部、计划财务部等部门的大力支持；得到齐乐华教授、孙浩教授、邓子辰教授、杨云霞教授、刘晨光教授、王永欣教授、张莹教授、高大力社长、雷军总编辑、宫健副总经理的帮助。本书的照片大多由郭友军副研究员、周军平老师、卢迪老师、司哲老师提供。

在编写本书的过程中参考了相关政策文件、书籍、论文、新闻报道、网络信息等资源，在参考文献中未能一一列出。在此一并向这些文献的作者表示诚挚的谢意。

限于水平，书中难免有疏漏和不当之处，敬请广大读者指正。

本书编写组

2024年10月

目录

第一章

绪论

教育兴则国家兴，教育强则国家强。党的二十大报告首次将教育、科技、人才进行统筹安排、一体部署，吹响了加快建设教育强国的号角。建设教育强国，龙头是高等教育。西工大作为一所承载民族梦想、肩负国家使命的一流高校，坚决贯彻党的教育方针，紧密围绕立德树人根本任务，始终坚守为党育人、为国育才的使命担当，不断深化人才培养模式改革，在各个历史时期都取得了令人瞩目的“总师型”人才培养成就。

1.1　西工大“总师型”人才培养历史成就

西工大“总师型”人才培养可划分为革命战争时期、社会主义建设时期、改革开放40年及新时代四个时期。在各个历史时期，西工大坚持党的领导、坚守育人初心使命，坚决贯彻落实党的教育方针，以一脉相承的“总师育人文化”引领人才培养，以奋斗姿态谱写西工大“总师型”人才培养高质量发展篇章。

革命战争时期：聚焦培养肩负国家兴亡重任的高等工程技术人才。随着抗日战争全面爆发，反抗侵略、救国图强成为中华民族最迫切的需求。为了发展工业、建设国防，国家急需一大批高等工程技术人才。1938年，国立西北工学院成立，作为一所学科齐全、师资雄厚，且西北唯一的高等工程学府，提出以研究高深学术、发展工业技术为宗旨，培养肩负国家兴亡重任的高等工程技术专门人才，“爱国心、救国心、报国心”成为国立西北工学院办学的精神内核。这里走出了师昌绪、高景德、史绍熙、李恒德等15位两院院士，1400多名毕业生成为新中国科技建设的中坚力量，这是西工大“总师型”人才培养的根源所在。

社会主义建设时期：聚焦培养又红又专的国防工业“工程师”人才。新中国成立以后，国家百废待兴。抗美援朝战争在力量悬殊的条件下取得了伟大胜利，坚定了我国发展先进军事技术特别是现代化航空武器装备的决心。1952年，华东航空学院（简称“华航”）成立，明确办学目标为“培养飞机与发动机设计与施工的工程师”。1957年，华航与西北工学院合并成立西北工业大学，将“培养国防工业高等工程人才”作为首要任务；1960年，“哈军工”空军工程系提出培养“又红又专的空军工程人才”，1970年“哈军工”空军工程系整体并入西工大。脉源三支、强强联合，西工大以忠于祖国、忠于社会主义建设事业、掌握现代科学技术和航空工程实践能力为人才培养目标，为新中国培养出第一批航空型号总师和总指挥，如徐舜寿、顾诵芬、宋文骢、薛炽寿等航空先驱，三支血脉一万多名毕业生担负起新中国人才强国、科技报国和国防现代化的重任，西工大“总师型”人才培养成效逐步显现。

改革开放40年：聚焦培养高素质“三航”“总师型”人才。改革开放大潮下，为尽快赶上世界现代化发展步伐，以工业现代化和国防现代化需求为牵引，我国航空、航天、航海等高新科学与技术的发展日益迫切。这一时期，西工大建立起“三航”（航空、航天、航海）、3M（材料、机械、力学）、3C（计算机、通信、控制）的优势工科格局，拓展了基础理科和文科，逐步形成了“基础扎实、工作踏实、作风朴实、开拓创新”（三实一新）的优良校风，培养出铸造、航空宇航制造工程、飞行力学、航空发动机、水中兵器、火箭发动机、无人系统等7个学科的全国第一位工学博士、4位“航空报国功勋奖”获得者、6位“航空报国杰出奖”获得者，涌现出“军机三总师”“民机三总师”等亮眼名片。大批西工大学子成为行业精英、国之栋梁，在人才培养领域形成了独有的“西工大现象”。

新时代：聚焦培养高质量创新型未来“总师型”人才。党的十八大以来，以习近平同志为核心的党中央始终把科教兴国、人才强国和创新驱动发展战略放在国家发展的重要位置，着力推进“教育、科技、人才”三位一体协同融合发展，这对高等教育特别是高水平研究型大学提出了新任务新要求。这一时期，西工大不断完善特色鲜明的国防科技人才自主培养体系，制定了“以育人为中心”的“十四五”规划，实施一流本科人才培养行动计划，致力于“总师型”人才培养的探索和实践，将凝练出的“低调务实、兼收并蓄，厚积薄发、为国铸剑”总师特质内涵融入人才培养全过程，着力培养学生在大学期间具备“专业精、系统强、重实践、能担当”的基本素养，造就以“总师型”人才为代表的堪当民族复兴重任的时代新人。

2024年9月，中国共产党西北工业大学第十四次代表大会召开，确立了“天下工大、世界三航”远景目标，指出要不断丰富和完善“总师育人文化”特质内涵，坚持以“总师育人文化”引领人才培养，大力推进“总师型”拔尖创新人才自主培养（图1-1和图1-2为学校主要负责同志在西工大第十四次党代会上讲话）。

图1-1 党委书记李言荣院士在西工大第十四次党代会上作报告

图1-2 校长宋保维院士主持西工大第十四次党代会

1.2　西工大党委深入凝练“总师育人文化”内涵

西工大党委统揽全局，坚持党对学校工作的全面领导，强化人才培养顶层设计和全局谋划，全面落实立德树人根本任务。2019年开展的人才培养讨论工作，围绕八个专题充分组织、广泛研讨，统一思想、凝聚共识，形成《西北工业大学一流本科人才培养行动计划》，打造并融通一流专业建设、一流师资队伍、一流课程体系、一流科研反哺与一流实践平台等全过程育人要素，形成了特色鲜明的西工大方案。西工大党委高度重视，党委书记、校长亲自推动，党委常委会、校长办公会常态化研究行动计划关键内容，将行动计划各项工作要求全方位融入人才培养“十四五”规划和新一轮“双一流”建设方案，进一步强化育人工作在学校教育事业发展各项工作中的核心地位。“十四五”期间，学校实施育人引航、人才强校、科技擎天、文化铸魂和协同致远五大发展战略，尤其以实现人才培养目标作为各项事业的出发点和落脚点（图1-3和图1-4为时任学校领导参与人才培养相关活动）。

在学习贯彻习近平新时代中国特色社会主义思想主题教育期间，西工大深入开展“总师育人文化”讨论，切实将主题教育成效转化为推动学校谱写拔尖创新人才自主培养新篇章的丰富实践。西工大党委、各级党组织和全体党员干部坚持学思用贯通、知信行统一，全校各机关、各学院全覆盖研讨交流，为精准把握“总师型”人才培养的未来趋势和要求、续写新时代人才培养的“西工大现象”积蓄新动能。深入挖掘“总师育人文化”精神元素，涵养铸魂育人氛围，支撑培养学生具有强烈使命担当、牢固整机观念、宽广学术视野、扎实知识结构、卓越创新意识、良好沟通能力、深厚人文素质等7种素养能力，鼓励学生敢于提出问题、勇于自由探索、善于创新实践，培养学生具备“专业精、系统强、重实践、能担当”的“总师”雏形特质。

在主题教育圆满完成的基础上，2023年10月8日，西工大举行了“总师育人文化”论坛暨建校85周年纪念大会，进一步传承弘扬“总师育人文化”，展示西工大办学成效，凝聚发展力量。会上，校长宋保维院士从人才培养质量、高水平师资建设、科技创新实力等方面介绍了近年来西工大的办学成效。西工大人才培养“总师现象”不同年龄段的3位校友总师代表杨伟、黄维娜、杨玉新以及师生代表分别围绕“总师型”人才培养和“总师育人文化”交流了思考和体会，为西工大未来发展提出了很好的建议。党委书记李言荣院士在总结讲话中讲到，要以“总师育人文化”牵引带动人才培养工作，力争形成“和而不同、独树一帜”的可复制、可推广、可借鉴的人才培养“西工大模式”。

图1-3　时任党委书记张炜教授在教材工作会议上讲话（2021年）

图1-4　时任校长汪劲松教授在教学楼巡考（2022年）

西工大坚持以“总师育人文化”引领本科人才培养，深入开展多方调研交流。西工大党委常委、副校长杨益新同志带领教务部等开展了“走出去、沉下去”系列调研活动，深入挖掘“总师育人文化”内涵，大力推动“总师型”人才培养。先后赴中国航空工业集团有限公司成都飞机设计研究所（611所）、中国航空工业集团有限公司第一飞机设计研究院（603所）、中国船舶集团有限公司第七〇五研究所等10余家军工院所，四川大学、天津大学、华南理工大学、北京航空航天大学、北京理工大学、电子科技大学、华中科技大学、南京航空航天大学、南京理工大学、西安交通大学、中国人民解放军海军工程大学等20余所高校开展调研交流。同时，在校内开展系列师生交流座谈会，邀请国家教学名师、一线骨干教师、学院教学负责人及职能部门教学管理人员等开展了10余场交流研讨会，组织各拔尖班100余位学生代表开展了10余场交流座谈会，梳理总结聚焦“总师型”人才雏形特质和应具备的素养能力，以及“总师型”人才培养模式改革的问题和建议，进一步凝练和深化“总师育人文化”引领人才培养。

西工大党委注重“总师育人文化”推广示范效应，持续发出立德树人“西工大声音”。党委书记李言荣院士在《中国电子报》发表《发挥高校教育资源优势，服务新型工业化建设》文章，在《中国科学报》发表《有组织科研关键在于培养“总师型”人才》文章，校长宋保维院士在《中国教育报》发表《加强有组织科研培养“总师型”人才》文章，在《学习时报》发表《创新“总师型”人才培养的路径与机制》文章，阐释了西工大的新时代育人使命担当。前任党委书记张炜教授、前任校长汪劲松教授在《光明日报》《人民论坛》等主流媒体上发表《指引学生锤炼品格 奉献祖国》《“双一流”建设：用价值塑造践行育人初心》等多篇主题文章。《中国教育报》头版头条专题报道西工大特色鲜明的国防科技人才自主培养模式。西工大领导受邀在中国高等教育博览会、高等教育国际论坛等高端会议作33次报告，国防科技大学、哈尔滨工业大学、北京理工大学等72所高校来校调研人才培养。西工大“总师型”人才培养模式受到高校广泛关注和高度评价，充分展现了普遍推广价值和示范效应。

1.3 西工大“总师型”人才培养突出成效

西工大在西安建有友谊、长安两个校区，在苏州建有太仓智汇港，现有学生3.7万余名、教职工4100余人，其中专任教师2600余人，全职院士10人，国家级人才420余人。

西工大秉承“公诚勇毅”校训，弘扬“三实一新”校风，坚持“五个以”（以学生为根、以育人为本、以学者为要、以学术为魂、以责任为重）办学理念，育国之栋梁、铸国之重器，是连续两次被中共中央、国务院、中央军委联合授予“重大贡献奖”的唯一高校。

多年来，西工大坚持为党育人、为国育才，始终以铸国之重器、育国之栋梁为使命，坚持文化引领、情怀润泽、知能融通、素养达成“四位一体”人才培养理念，以培养具有家国情怀，追求卓越、引领未来的领军人才为目标，着力培养学生“专业知识结构强、系统整机观念强、解决问题实践强、为国铸剑使命强”的“四强”优势。建校以来，为国防科技事业发展和国民经济建设输送了35万余名毕业生，在航空、航天、航海等领域涌现出一大批型号总师、行业精英、创新创业典型等杰出人才。如第十六届中央政治局委员、国务院原副总理吴仪，第二十届中央委员、十四届全国人大常委会副委员长张庆伟，第二十届中央委员、工业和信息化部党组书记、部长金壮龙，第二十届中央委员、辽宁省委书记郝鹏，第二十届中央委员、吉林省委书记黄强等党政机关领导中的杰出校友代表，以及华为投资控股有限公司董事长梁华，华为常务董事、终端BG董事长、智能汽车解决方案BU董事长余承东等国民经济主战场中的杰出校友代表。据不完全统计，在西工大为国防科技事业发展和国民经济建设输送的校友中，有50余位省部级以上领导、67位将军、63位两院院士。

在航空领域，半数以上的重大型号总师和副总师为西工大校友，如“军机三总师”歼-20总设计师杨伟、运-20总设计师唐长红和直-20总设计师邓景辉，“民机三总师”ARJ21总设计师陈勇、C919基本型总设计师韩克岑和C929总设计师赵春玲，“航空发动机三总师”中国航空发动机集团有限公司沈阳发动机研究所总设计师刘永泉、中国航空发动机集团有限公司专职型号总设计师黄维娜和中国航空发动机集团有限公司专职型号总设计师程荣辉。杨伟院士回到母校参加2018年研究生毕业典礼暨学位授予仪式时对毕业生说：“西工大不仅仅是咱们大家学习的母校，更是我们一生的母校。”谈到西工大，唐长红院士说：“我以曾在西工大读书作为终生荣耀，感谢母校的培育，感谢师长的教诲，西工大校风中的‘基础扎实、作风朴实、工作踏实’等，给了我很多支撑和帮助。西工大的校风给我留下了很深的印迹，我在西工大学到了实在，学到了工作的技能。”邓景辉总师回到母校参加2024年研究生毕业典礼暨学位授予仪式时对毕业生说：“在校期间，老师们的谆谆教诲，同学们的团结互助，不仅教会我很多专业知识，锻炼了我的逻辑思维，还铸就了我直面困难的坚毅品格和善于团结的工作作风，这些都为我后续的科研工作打下了坚实的基础。”

新中国航空事业发展70周年纪念表彰的5位“航空报国功勋奖”获得者中4位为西工大校友，10位“航空报国杰出奖”获得者中6位为西工大校友。在航天领域，从早年“航天三少帅”中的张庆伟和雷凡培，到中国探月工程总设计师吴伟仁等，一大批杰出校友担任大型央企及所属企事业单位党政领导干部及副总师以上职务，相继为我国航天事业的飞速发展作出了突出贡献。航海领域同样有大批的杰出校友活跃在船舶工业、水中兵器行业的重要管理岗位与核心技术岗位上，英才辈出，不胜枚举。此外，以火箭军系统全国人大代表尹东、中国航天史上首位女性“01”号指挥员张润红为代表的80后、90后杰出校友崭露头角。

西工大充分发挥“三航”特色优势，为武器装备研制、国防领域关键核心技术自主安全可控作出重大贡献，书写了新中国的多个第一：全国第一架小型无人机、第一型50公斤级水下无人智能航行器、第一台航空机载计算机、第一型航空吊放声呐、首颗12U立方星“翱翔之星”、第一台静电悬浮综合实验系统等。西工大深度参与了大飞机、航空发动机及燃气轮机、载人航天与探月、太空环境材料物理等科研攻关，是“为中国首次载人航天飞行作出贡献单位”的两所高校之一。西工大加强“三航”传统优势专业的内涵改造和优化升级，在全国首批开设飞行器控制与信息工程专业，强化系统工程、控制、信息等优势专业交叉，引领航空宇航技术与产业发展。注重工理融合，立足当前“卡脖子”技术和未来发展战略需求，建立新兴工科专业。2019年以来，主动布局设置柔性电子学（全国首个）、海洋工程与技术、机器人工程、人工智能等14个本科专业，逐步形成支撑引领、交叉融合的西工大特色专业体系。成立未来技术学院，聚焦“智慧三航”系统与设计、信息与控制、材料与制造、动力与能源四大方向，瞄准智能技术赋能未来“三航”领域的前沿性、颠覆性发展，以本研衔接的形式，培养引领未来“三航”发展的“总师型”人才。“三个‘100%’”成为西工大“三航”特色专业人才培养的新名片，即“三航”相关专业100%学生的毕业论文选题来源于大飞机、载人航天、深海探测等国家重大重点科研项目，100%学生参与的科研项目来源于国防军工领域，100%学生赴国防科研单位开展实习实践和科研工作。

经过多年探索与实践，西工大“招生—培养—就业”全链条、全过程、全周期的人才培养质量明显提升。生源质量显著提升，2023年理工类录取位次进入全国高校前20，2024年录取位次再攀新高，跃居全国高校第17位。专业布局持续优化，

“双万计划”一流本科专业建设点54个，实现“三航”优势专业全覆盖。师资队伍量质齐升，现有国家级人才420余名，其中国家教学名师10名；课程供给不断加大，年均开课7300余门次，90%课程融入军工育人元素。教材建设成效显著，获得6项全国教材建设奖。实践平台支撑有力，建有国家级实验教学平台6个。实施了本科教学卓越奖励计划，构建了教学成果奖、本科生学业指导教师和最满意教师、招生先进奖、教学研究奖、教材建设奖、卓越奖（名师奖、新秀奖、管理奖）、教学组织奖7种奖励构成的“国家级—省部级—校级”三级本科教学领域全覆盖的荣誉体系。着力培养国家急需高层次人才，是首批国家卓越工程师学院试点建设高校，首批入选中组部工程硕博士培养改革专项，获批了全国唯一航空航天类强基班，获批国家级基础学科拔尖学生培养计划2.0基地2个。学生培养质量持续提升，深造率达到70%以上，深造学生中的80%进入国防领域学科攻读研究生。2023年，西工大牵头荣获高等教育国家级教学成果奖14项，在全国高校中排名并列第7。西工大“‘总师育人文化’引领人才培养的西工大探索与实践”案例成功入选“2024年中国工程教育改革先锋案例”。

西工大积极开创人才培养国际合作新局面。实施“送出去”新模式，与俄罗斯喀山国立技术大学、萨马拉大学联合成立本科“2+2”联合培养“凌云班”，成为国内首个飞行器动力工程成建制培养项目，并且被新华社内参报道，获国家领导人批示，纳入教育部对俄成建制培养典型分享案例。拓展“引进来”新成效，2016年成立西北地区首个中外合作办学机构——西北工业大学伦敦玛丽女王大学工程学院，2023年9月，与俄罗斯莫斯科航空学院签署合作办学框架协议，以成立中外合作办学机构为目标，以“4+0”模式培养航空航天等相关领域具有家国情怀、国际视野的“总师型”人才。开创“走出去”新路径，和“阿里·法拉比”哈萨克斯坦国立大学签署合作协议，共建西北工业大学哈萨克斯坦分校，入选我国外交成果清单。

2023年，西工大接受了教育部本科教育教学审核评估，专家组一致认为：西工大“总师育人文化”深入人心，人才培养的优良传统继承巩固得好，“总师型”人才培养创新发展得更好，办学核心竞争力提升显著，呈现出“情怀深厚、蓬勃向上、追求卓越”的精神风貌。尤其是，西工大坚持“总师育人文化”引领人才培养，坚持人才培养的中心地位，本科人才培养目标明确、特色鲜明、举措有力，源源不断为国家培养了一大批又红又专的优秀人才。

1.4 本 章 小 结

西工大始终坚持将培养服务国家发展和国防科技事业的紧缺人才和领军人才作为办学宗旨，形成了被社会广为赞誉的“总师育人文化”，在各个历史时期都取得了令人瞩目的“总师型”人才培养成就。新时代新征程，西工大将继续坚持立德树人，深入学习贯彻习近平总书记关于建设教育强国的重要论述和重要指示批示精神，坚持以“总师育人文化”引领人才培养，继续以追求卓越的精神，实干担当、踔厉奋发，不断提高人才自主培养质量，为实现强国建设、民族复兴贡献西工大力量！

（注：本章由杨益新、王海鹏、王劲、姚尧、刘昕等人编写。）

第二章

聚焦「总师型」人才的培养体系构建

高校是人才培养的主阵地、基础研究的主力军和科技创新的主战场。作为全国唯一同时发展航空、航天、航海“三航”工程教育和科学研究的高校，西工大坚持为党育人、为国育才，始终牢记“育国之栋梁、铸国之重器”初心使命，扎根西部，服务国防，把培育国防科技拔尖创新人才作为办学的出发点和落脚点，形成了特有的“总师育人文化”，构建了特色鲜明的国防科技人才自主培养模式，培养了一大批拔尖创新人才，被誉为“总师摇篮”。

2.1　强化“总师育人文化”凝心铸魂为引领

2.1.1　以“总师育人文化”引领人才培养

党的二十大报告重申了“教育是国之大计、党之大计”，强调要“全面提高人才自主培养质量，着力造就拔尖创新人才”。这是党和人民对高等教育提出的时代要求，也是高等教育发展的重大机遇。面对新时代新要求，西工大始终坚持以习近平新时代中国特色社会主义思想为指导，坚持社会主义办学方向，坚定不移贯彻党的教育方针，坚决落实立德树人根本任务，将着力培养具有家国情怀，追求卓越、引领未来的领军人才作为人才培养目标，将“育国之栋梁、铸国之重器”作为使命，坚持为党育人、为国育才，逐渐形成了西工大特有的“总师育人文化”，构建了特色鲜明的国防科技人才自主培养模式，培养了一大批拔尖创新人才，被社会誉为“总师摇篮”。

西工大先后围绕“总师育人文化”展开学习讨论，明确了以“总师型”人才培养提升国防科技拔尖人才自主培养质量的途径（见图2-1），凝练出了“低调务实、兼收并蓄，厚积薄发、为国铸剑”的“总师型”人才特质内涵，培养的学生具备显著的“四强”优势：专业知识结构强、系统整机观念强、解决问题实践强、为国铸剑使命强。从思想品德、思维方法、知识水平、能力素养等4个方面协同发力，不断深入挖掘“总师育人文化”精神元素，瞄准“总师型”人才应具备的“强烈使命担当、牢固整机观念、宽广学术视野、扎实知识结构、卓越创新意识、良好沟通能力、深厚人文素质”等7种素养能力，探索形成了“强化一个引领、依托两个课堂、打造七类要素、夯实三个支撑”的“总师型”人才培养模式（见图2-2），从“专业精、系统强、重实践、能担当”四个方面发力，培养拔尖创新人才。其中，“强化一个引领”指的是强化价值塑造引领；“依托两个课堂”指的是依托第一课堂、第二课堂；“建强七类要素”指的是建强一流招生、教学队伍、本科专业、课程资源、系列教材、实践教学、实验平台；“夯实三个支撑”指的是夯实数字赋能、质量保障、治理体系三个支撑。

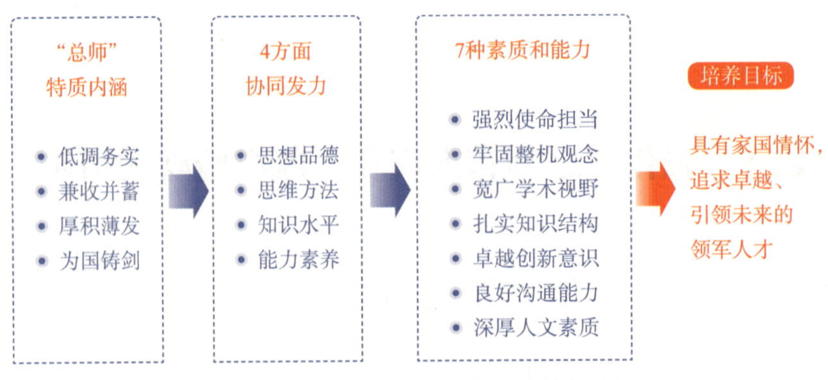

图2-1　西工大“总师型”人才培养路径

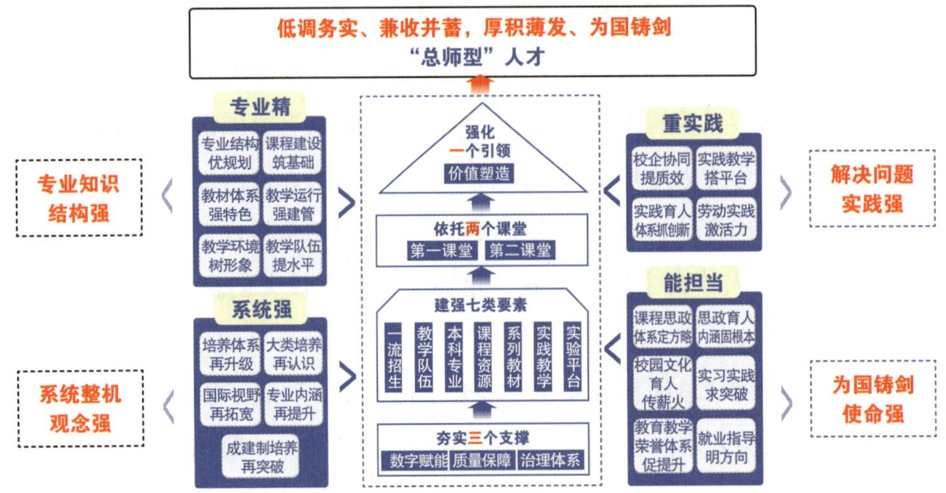

图2-2　西工大“总师型”人才培养模式

在专业精方面，西工大主要是不断建强专业、课程、教材，建设一流教学环境，打造高水平教师队伍，不断提升专业基础教学质量。通过专业、课程、教材、平台、教师的强力建设，保障培养的学生精通所学专业基础知识，成为专业方面的行家里手。关于专业建设，近年来西工大聚焦国家需求与学科前沿，不断优化专业布局，紧密对接国家急需关键领域和战略新兴交叉学科人才需求，推动本科专业内涵建设，实施专业动态调整。2019年以来，西工大主动布局设置柔性电子学（全国首个）、海洋工程与技术、机器人工程、人工智能等14个本科专业，逐步形成了支撑引领、交叉融合的西工大特色专业体系。在课程建设上，西工大打造“总师型”人才培养的高质量课程群。以“101计划”为牵引，不断完善“院级—校级—省级—国家级”四级课程培育体系，系统性加强专业核心课程、学科基础课程体系，教材体系与实践平台建设，提升课堂教学效果。西工大建设了具有鲜明西工大特色的系列教材。以“总师育人文化”和国防军工精神凝铸教材思想主线，以院士、名师、学科带头人等组编优势学科系列教材，与国防院所合作建设国防特色系列教材，依托高水平科研成果和实验平台建设精品教材，“十四五”期间规划了六大系列700部教材，目前已出版400部。另外，西工大为师生提供开放共享的公共教学平台。以信息类综合创新实验平台建设为试点，探索建立了校内不同单位公共实验教学平台共建共管机制。改造提升教学楼宇软硬件条件和文化氛围，“十四五”期间，将实现智慧教室100%覆盖。西工大十分重视高水平师资队伍的建设。实施本科教学卓越奖励计划和基础学科师资水平提升计划，建立了“校级—省级—国家级”三级教学名师培育体系，凝聚力量有组织推动课堂教学、教学研究、教学改革、教学资源建设等，大大提升了教师教书育人能力。

在系统强方面，西工大将系统思维和整机观念培养融入人才培养各环节，引导学生形成从知识原理到部件再到整机的理念意识。一是充分发挥第一课堂和第二课堂的重要作用，依托第一课堂和第二课堂培养学生系统整机观念，结合本科人才培养方案，明确“总师型”人才培养要求。在第一课堂上，注重“知识讲解+场景构建”，主要目的是要让学生站在更大更高的平台上，以更宽广的视野了解人类文明和科技发展趋势，培养学生系统整机观念，为此西工大开设了文明与科技类、学科领域导论等课程。例如，“大国三航”课程邀请高水平学者、型号“总师”授课，让学生通过近距离接触大师沉浸式了解“三航”领域发展历程与前沿。在第二课堂上，注重“一线实践+能力提升”，这里更注重培养学生的实践能力，鼓励学生积极参与学科竞赛、创新创业及实习实践，与此同时，不断完善奖励机制，激发学生创新意识，提升学生实践能力，培养学生系统整机观念。例如，航空学院曹博然同学主持国家级大学生创新创业训练计划项目（简称“大创项目”）“低雷诺数鸟类仿生学增升抗失速翅片”，独立设计出一款用于延缓失速和增加升力的完善的翅片装置，个人科研能力和组织能力显著提升。二是通过依托国防军工重大重点科研项目来培养学生的系统思维。依托国防军工重大重点科研项目凝练形成适合本科生选题的大创项目、毕业设计（论文）课题。目前西工大“三航”专业100%学生毕业论文选题来源于大飞机、载人航天、深海探测等国家重大重点科研项目，100%学生参与国防军工领域科研项目，100%学生赴国防科研单位开展实践研学，让学生通过“总师”的言传身教和熏陶渐染，拓宽全局视野、训练系统思维。例如，航天学院微小卫星教学团队，以立方星和微小型飞行器为创新载体，让学生全流程参加飞行器系统工程设计、研制、试验与应用实践。三是打造“三航”特色班，面向系统整机成建制培养学生。西工大依托A+学科和国家级一流本科专业，强化大师引领、行业共建和优势资源共享，布局建设了黄玉珊航空班、陈士橹飞天班、黄震中海洋班等特色班；聚焦智能技术赋能未来“三航”领域前沿发展，建设了未来技术学院，致力于培养未来的学术大师和“总师”。例如，黄玉珊航空班由郭万林院士、杨伟院士、唐长红院士等组成班主任团队，推进与中国航空工业集团有限公司共建和优势资源共享，树立学生系统整机观念。同时，西工大设立了航空航天、数学、物理、化学等强基班，面向“三航”等领域的科技前沿和“卡脖子”技术所蕴含的重大基础问题，围绕加快突破关键核心技术攻关，重点培养学生系统性、整体性思考与实践的能力素养。

在重实践方面，西工大持续深化实践教学改革，致力于培养学生扎根实践一线，从实践中获取知识、积累知识，提升解决问题的能力。一是持续建设多学科交叉融合的实践教学核心课程。“十四五”以来，共建设了“小型火箭设计与自主飞行试验”“大学生微小卫星综合设计与研制”等70余门专业综合设计课程，“理论+设计+制作+测试”一体化设计，强化“做中悟”理念和多门课程内容贯通式融合。例如，航空工程设计类课程“飞行器结构设计”围绕飞机结构设计实例，构建了问题导向型的课程内容新方案，2023年获国家级教学成果奖一等奖。二是强化科教协同育人。促进科研优势转化为育人优势，推动国防科研项目成果进课堂。例如，西工大机电学院将国家重大工程、国家奖等成果转化为50余个课程案例，创建了国防特色机械类“总师型”人才培养模式，实现学生100%参与科研攻关和大创项目，2023年获国家级教学成果奖二等奖。三是学生走到大院大所一线开展实习实践。西工大与100余家国防军工院所共建人才培养基地，建立多层次、多类型、全覆盖的大学生军工院所实践训练体系。2023年暑假，航海学院组织40名本科生登上郑和舰开展体验式航海实习（见图2-3）。2024年暑假，航海学院再次组织40名师生与来自清华大学、北京大学、上海交通大学和哈尔滨工业大学的师生一同登上我国自主设计建造的目前吨位最大、现代化水平最高的专业训练舰——海军戚继光舰，开展体验式航海实习，在一线提升海洋素质、拓宽视野、磨炼意志，培养“关键的技术要靠我们自主来研发”的报国之志。

在能担当方面，西工大开展浸润式国防军工教育，引导学生树牢报国志，在推进强国建设、民族复兴伟业中绽放青春光彩。一是将国防军工文化熏陶链路融通至中小学生群体，广播军工报国种子。建设“三航”特色科普报告体系，常态化组织高层次人才、知名教授赴中学开展科普讲座，与中学合作开发“航空模型制作与试飞”等特色课程，共建航模展厅、科技体验馆等；打造大学中学教育衔接论坛品牌，组织研学活动，邀请中小学生进校参观国防科技实验室，参与航模制作，引导中小学生早立军工报国之志。二是打造国防特色课程品牌。开设了400余门国防特色课程，组织学生深入部队基地学习实践，深入开展国防军工教育。如“大国三航”课程由多名国家重大型号总师、副总师等知名专家共同授课，通过讲授与“三航”领域相关的科技发展史、重大贡献和标志性成果，西工大人爱国奋斗故事，以及“卡脖子”技术的关键等内容，引导学生“立大志向，上大舞台，入主战场，干大事业”。三是学生具备“能担当”的报国之志和铸剑本领。如应用物理学强基班学生科研项目、学科竞赛参与度100%，获国家级及以上学科竞赛奖励53人次、省部级奖励75人次，申请专利5项、软件著作权2项。2020级应用物理学强基班同学肖楷瀚，获全国大学生物理实验竞赛一等奖，省部级及以上竞赛奖7项，主持国家级大创项目1项，参与国家自然科学基金委重大科研仪器研制。

图2-3 西工大本科生登上郑和舰开展体验式航海实习

2.1.2 构建“大思政”工作格局

2016年12月，全国高校思想政治工作会议在北京召开，习近平总书记在会上发表重要讲话，“……把思想政治工作贯穿教育教学全过程，实现全程育人、全方位育人，努力开创我国高等教育事业发展新局面”“……其他各门课都要守好一段渠、种好责任田”。习近平总书记的讲话为我国高校思想政治工作的开展指明了方向。教育部在2020年5月印发了《高等学校课程思政建设指导纲要》，提出要优化课程思政教学体系的设计方法，根据公共基础课、专业课、实践类课程的自有属性及育人目标，修订人才培养方案，有针对性地开展课程思政教学工作，将课程思政的建设落实到课程教学各方面，贯穿人才培养各环节。2021年3月，习近平总书记在看望参加全国政协十三届四次会议的医药卫生界、教育界委员时指出，“‘大思政课’我们要善用之，一定要跟现实结合起来”“思政课不仅应该在课堂上讲，也应该在社会生活中来讲”。这为我们进一步办好思政课、建设“大思政课”教育格局指明了方向。2022年8月，教育部等十部门印发《全面推进“大思政课”建设的工作方案》，提出“全面推进‘大思政课’建设”“充分调动全社会力量和资源，建设‘大课堂’、搭建‘大平台’、建好‘大师资’，建设全国高校思政课教研系统，设立一批实践教学基地，推出一批优质教学资源，做优一批品牌示范活动”的目标。

在实现中华民族伟大复兴战略全局、世界百年未有之大变局以及“两个一百年”奋斗目标的历史交汇期的时代背景下，思想政治教育也面临着更为良好但也更为复杂的局面，思政课建设整体上进入高质量建设与内涵式发展的新阶段。西工大以“大思政课”建设为抓手，开展了课程思政教学改革，从“三全育人”协同机制、打造百名总师校友思政课品牌、建设“大国三航”课程思政校企协同联盟等方面，将立德树人贯彻到课堂教学全过程、全方位、全员中，把培育和践行社会主义核心价值观融入教书育人全过程，推动思政课程与课程思政协同前行。

1. 完善“三全育人”协同机制，建强思政教育工作体系

西工大高度重视思想政治工作，不断加强思想政治工作的顶层设计，构建了由学校党委书记、校长担任组长，分管宣传思想文化工作、学生工作、本科生教学工作、研究生培养工作的校领导担任副组长的思想政治工作领导小组，每年召开思政工作领导小组会议推动思政教育重点工作，印发了《西北工业大学关于实施“时代新人铸魂工程”的工作方案》等50余份与思政工作相关的文件，进一步抓制度促规范。近年，西工大在思想政治教育方面取得了显著成绩，入选教育部首批高校思想政治工作创新发展中心，围绕新时代思想政治工作前沿、科研育人理论探索与实践等主题举办相关学术论坛20余次，9个项目先后获批教育部高校思想政治工作精品培育建设项目，2022年入选工业和信息化部部属高校“思想政治工作百佳案例”12项，2023年获评陕西省思想政治工作先进单位。

深化“三全育人”综合改革。一是完善工作机制，印发《西北工业大学构建“三

全育人”格局和“十育人”体系工作方案》，明确目标原则与主要任务，积极推动“三全育人”格局和“十育人”体系构建。二是强化表彰宣传。印发《西北工业大学“三全育人”先进集体和“十育人”先进个人评选表彰管理办法（试行）》，每年开展评选表彰，广泛开展先进典型宣传。大力选树身边典型，开展向“工信楷模”刘永坦、陈士櫓院士和“全国劳动模范”周尧和院士、黄大年教学团队等先进典型学习活动。三是深化科研育人。发挥科研资源育人作用，选树西工大首批科研育人示范团队10个，其中5个团队由院士牵头，把大平台、大项目、大成果等优势科研资源转化为人才培养的实际成效。

落实意识形态工作责任制。一是加强意识形态制度体系建设。将意识形态工作纳入重要议事日程、全面从严治党主体责任、校领导年度述职、基层党委书记年度述职和各二级单位年度考核重要内容，印发《西北工业大学意识形态工作责任制实施细则》《意识形态工作指标体系、重点任务及工作要求》，确定了6个一级指标、42个二级指标和74项重点任务。二是不断加强网络安全。建好网络舆情监测中心，健全舆情收集统计、分析研判、应急处置和报送反馈等工作机制，经常性开展基层政策宣讲与案例解读，连续三年获评陕西省舆情信息工作“优秀单位”。三是巩固壮大主流思想舆论。不断强化师生思想引领，深化融媒体机制创新，提高新闻舆论“四力”，学校获2020年度中国高校新媒体影响力全国高校第7位，西工大官方微信入选“首批高校思政类公众号重点建设名单”，2023年、2024年连续入选中国青年报公布的“中国大学官微十强”。

2. 打造百名总师校友思政课品牌，建设高水平思政课程体系

加强思政课教师队伍建设。一是配齐配强思政课专任教师。通过内培外引，西工大马克思主义学院思政课专任教师已达118人。二是严格落实思政工作队伍要求。思政课教师职称评审中继续坚持单列标准、单设指标、单独评审，保障思政课教师专项津贴。三是大力提升思政课教师育人能力。印发《西北工业大学新时代思想政治理论课教师队伍建设实施方案》，建立思政课教师及时学习研讨党的创新理论工作机制，推动集体备课常态化，两位教师作为编写组成员参与中宣部马工程重点教材建设，鼓励教师参与思政课统编教材修订等。2019年至今，获全国高校思政课教学展示活动一等奖、二等奖；在陕西高校思政课教师“大练兵”省级展示活动中，23名教师获评教学标兵、能手，西工大获2018年度、2020年度优秀组织奖。

加强思政课程群建设。一是开设必修课程。制定专项建设方案，全面开设“习近

平新时代中国特色社会主义思想概论”必修课，构建以习近平新时代中国特色社会主义思想为核心的思政课程群。二是特色化开设思政选择性必修课。围绕习近平经济思想、习近平法治思想、习近平生态文明思想、习近平强军思想、习近平外交思想以及“四史”（指中国共产党党史、新中国史、改革开放史和社会主义发展史）、宪法法律、中华优秀传统文化等设定课程模块，开设具有西工大特色的系列选择性必修课。三是严格落实马克思主义理论研究和建设工程重点教材统一使用。不断扩大马工程教材使用覆盖率，5门思政课全部使用中宣部马工程重点教材，同时不断加强教材、教辅材料和网络教学资源库建设，形成了对马工程教材使用的有效支撑。

持续推动思政课程改革创新。一是加强顶层设计，先后制定印发了《西北工业大学思想政治理论课改革创新工作方案》《西北工业大学全面推进“大思政课”建设的工作方案》等文件，明确思政课建设重点工作任务。二是发挥好思政课主渠道作用，持续建设西工大思政教育素材库，开展“5G+”（第五代移动通信技术+）思政课改革试点，协同9个学院、遴选名师团队打造“大国三航”课程，“马克思主义基本原理”获评国家级一流本科课程；马院教师获全国高校思政课教学展示活动一等奖、二等奖；在陕西高校思政课教师“大练兵”活动中，23名教师获教学标兵、教学能手称号，充分发挥“标兵”和“能手”的领航效应。三是推进“大思政课”改革试点工作。印发了《西北工业大学全面推进“大思政课”建设的工作方案》，培育建设航空学院等5个“大思政课”试点学院。2022年“科普中国”共建基地被评为首批教育部“大思政课”实践教学基地。2023年西工大校史馆入选全国科学家精神教育基地，西工大牵头项目入选陕西省“大思政课”建设试点项目5项。四是常态化开展总师校友思政课。印发了《西北工业大学〈校友思政课〉建设管理工作方案》，先后邀请歼-20总师杨伟、运-20总师唐长红、ARJ21飞机总师陈勇、C919基本型总师韩克岑、C929总设计师赵春玲、空警-500预警机总师欧阳绍修等60余位杰出校友来校讲课。完善常态化开展校友总师讲思政课工作机制，形成100余位校友总师参与的大师资，引导学生心系祖国、献身国防。

3. 建设“大国三航”课程思政校企协同联盟，创新课程思政模式

党的十八大以来，围绕培养什么人、怎样培养人、为谁培养人等重大现实问题，我们擘画了从思政课程到课程思政，再到社会大课堂的“大思政”格局，思政课建设、日常思想政治工作、课程思政全面推进，育人合力效应显著提升。课程思政作为其中关键一环，其重要性日益凸显。

一直以来，西工大不断加强课程思政走深走实。一是推动课程思政“高站位”。西工大成立校级课程思政教学研究中心，27个学院均已成立院级课程思政教学研究中心，校院两级联动推进课程思政建设工作走深走实。二是推进课程思政“广交流”。组织开展了两届“课程思政大练兵”主题活动，评选出96名“大练兵”优秀教师，营造全校教师积极开展课程思政教学的良好氛围。聚焦“三航”领域，强化与军工院所协同育人，发起成立“大国三航”课程思政校企协同联盟，组织西工大11个国防重点、紧缺专业与6家军工集团以及37家集团隶属的大院大所大厂紧密对接，树立“1+6+N”协同育人品牌。三是推广课程思政上“大平台”。依托新华思政平台，推荐“中国航空史”“高等飞行动力学”“材料科学基础”“高等数学”“马克思主义基本原理概论”5门课程参与“优秀课程思政案例课征集·展播·分享活动”。

推动“门门课程讲好思政”。一是落实课程思政“全覆盖”。西工大全面推进课程思政进专业培养方案、进课程教学大纲、进课堂教学内容，实现专业全覆盖、课程全覆盖。组织各学院开展课程思政教学资源素材库建设工作，共建设2595个课程思政素材案例，建立了全校共建共享的课程思政教学资源素材库。二是强化课程思政“出精品”。西工大全面强化课程思政示范课程建设工作，共组织立项校级课程思政示范课程218门，评选校级课程思政教学研究示范中心12个，评选校级课程思政优秀教师81名，11门本科课程被评定为陕西省课程思政示范课程，材料学院课程思政教学研究中心被评定为陕西省课程思政教学研究示范中心。

2.2 坚持人才培养中心地位

2.2.1 西工大人才培养的时代使命

西工大脉源三支、强强融合，由诞生于抗战烽火中的国立西北工学院、汇聚了新中国航空教育科技力量的华东航空学院和“哈军工”空军工程系共同组成。在80余年的办学历程中，西工大形成了“公诚勇毅”校训和“三实一新”校风。

党的十八大以来，以习近平同志为核心的党中央始终把科教兴国、人才强国和创新驱动发展战略放在国家发展的重要位置，统筹推进教育、科技、人才一体化高质量发展，西工大坚持为党育人、为国育才，扎根西部、服务国防，致力于“总师型”人才培养的探索和实践，将凝练出的“低调务实、兼收并蓄，厚积薄发、为国铸剑”总师特质内涵融入人才培养全过程，着力造就以“总师型”人才为代表的堪当民族复兴重任的时代新人，充分展现了践行时代使命的责任担当。

作为全国唯一同时发展航空、航天、航海“三航”工程教育和科学研究的高校，西工大始终牢记“育国之栋梁、铸国之重器”初心使命，把培育国防科技拔尖创新人才作为办学的出发点和落脚点，致力于培养具有家国情怀，追求卓越、引领未来的领军人才。据不完全统计，在西工大为国防科技事业发展和国民经济建设输送的35万多名校友中，有50余位省部级以上领导和67位将军、63位两院院士。在航空领域，以杨伟、唐长红等为代表的约半数以上的重大型号总师、副总师为西工大校友。新中国航空事业发展70周年纪念表彰的5位“航空报国功勋奖”获得者中4位为西工大校友，10位“航空报国杰出奖”获得者中6位为西工大校友。大批西工大学子成为行业精英、国之栋梁，在人才培养领域形成了独有的“西工大现象”。

2.2.2 西工大人才培养目标的演进

西北工学院历史源远流长，西工大人才培养的目标定位不断紧跟时代发展而变化，进一步加强培养适合时代发展、带动时代发展的人才（见图2-4）。

图2-4 西工大人才培养目标的演进历程

1938年因抗战而内迁的国立北洋工学院、国立北平大学工学院、国立东北大学工学院和私立焦作工学院四所学院合并，组建国立西北工学院，校址为陕西城固县古路坝。抗战胜利后，1946年国立北洋工学院、国立东北大学工学院和私立焦作工学院相继复员，西北工学院保留下来的部分迁至咸阳和西安办学。

成立于1952年10月8日的华东航空学院由交通大学航空工程系、南京大学航空工程系和浙江大学航空工程系合并而成，院址在南京，1956年内迁西安，更名西安航空学院。根据国务院决定，1957年10月5日西北工学院和西安航空学院合并成立西北工业大学。当时国家进一步推进社会主义工业化，迫切需要建立社会主义工业化的基础，西工大因此制定了“培养又红又专的国防科技建设人才”的人才培养目标。

1970年，哈尔滨工程学院航空工程系——原中国人民解放军军事工程学院空军工程系（简称“哈军工”空军工程系），整建制并入西工大。1977年，国家高度重视教育科技工作，召开科学和教育工作座谈会，为今后教育事业发展指明方向。西工大根据国家发展需求提出“培养理论基础扎实，较强能力、较高水平的新型知识分子”的人才培养目标。

随着改革开放和现代化建设深入，社会主义物质文明和精神文明建设对高等教育提出了更新更高的要求，1991年西工大将人才培养目标调整为“培养德、智、体全面发展的社会主义建设者和接班人”。

进入21世纪，高等教育的办学条件得到了显著改善，高等教育发展出现了可喜的局面。2001年，西工大积极总结人才培养经验，发掘人才培养中存在的一系列基本矛盾，将人才培养目标调整为“培养具有高尚道德修养、健康心理身体素质，扎实知识与能力、强烈事业心与责任感，为社会主义现代化建设服务的合格人才”。

西工大在办学实践中逐渐形成了“以学生为根、以育人为本、以学者为要、以学术为魂、以责任为重”的办学理念，2014年确立了“着力培养基础扎实、专业能力强、有社会责任感和国际视野、德智体美全面发展的高素质拔尖创新人才”的人才培养目标，积极推进本科教育教学改革，努力打造“厚基础、宽口径、重实践、求创新”的人才培养特色。

2019年西工大开展了题为“立德树人 守正创新 培养一流本科人才”的讨论工作，教职工及学生代表广泛参与，认真学习研讨，在学校第十三次党代会上确立了新的人才培养目标，即“培养具有家国情怀，追求卓越、引领未来的领军人才，使学生具备健康体魄、高尚品格、广博学识、创新精神、全球视野与持久竞争力，德智体美劳全面发展”。

2024年9月，中国共产党西北工业大学第十四次代表大会召开，确立了“天下工大、世界三航”远景目标，指出要坚持以“总师育人文化”引领，大力推进“总师型”拔尖创新人才自主培养，着力培养学生“专业精、系统强、重实践、能担当”的基本素养，厚植“低调务实、兼收并蓄，厚积薄发、为国铸剑”的“总师型”人才特质内涵。

2.3 实施“通专融合”大类培养改革

2.3.1 优化一流本科人才培养方案

人才培养方案是学校贯彻落实党的教育方针、实现人才培养目标的纲领性文件，是学校组织开展教育教学活动、保证人才培养质量的基本依据。为深入贯彻落实党的二十大精神，加快建设高质量教育体系，持续深化本科教育教学改革，全面提高本科人才自主培养质量，西工大推行大类招生大类培养，积极开展人才培养方案制定工作。

1. 工作思路

2018年12月，西工大印发了《西北工业大学人才培养大讨论工作方案》，围绕“落实立德树人根本任务，强化人才培养核心地位”“明晰人才培养目标定位，完善三位一体培养体系”“优化本科专业结构布局，推进大类培养大类招生”“建设优质教学资源体系，重塑教学新形态新模式”“拓展国际交流培养平台，提升学生全球胜任能力”“健全体育美育劳动教育，夯实学生全面发展基础”“深化学生工作机制改革，落实时代发展育人要求”“完善科研育人多维协同，推进军民融合人才培养”等八个方面进行研讨。

西工大于2019年1月起，正式启动“2019版人才培养方案”修订工作。“2019版人才培养方案”是学校根据高等教育发展新形势，以培养具有家国情怀，追求卓越、引领未来的领军人才为目标，使学生具备健康体魄、高尚品格、广博学识、创新精神、全球视野与持久竞争力，德智体美劳全面发展。以“超前识变、积极应变、主动求变”的改革行动，主动对接学生自身发展需求，构建多元化、个性化的教育教学体系，着重培养学生运用知识的能力、创造知识的能力和可持续发展的能力，制定具有西工大风格的中国特色世界一流大学本科人才培养方案。

经过四年一轮本科人才培养实践，西工大在2023年再次启动了培养方案修订工作，印发《西北工业大学一流本科人才培养方案指导意见（2023版）》。2023版培养方案修订以习近平新时代中国特色社会主义思想为指导，深入贯彻落实党的二十大精神，立足新发展阶段，贯彻新发展理念，构建新发展格局，坚持为党育人、为国育才，落实立德树人根本任务，深化“以学生为根、以育人为本、以学者为要、以学术为魂、以责任为重”的办学理念，以培养具有家国情怀，追求卓越、引领未来的领军人才为目标，使学生具备健康体魄、高尚品格、广博学识、创新精神、全球视野与持久竞争力，德智体美劳全面发展。坚持“三航”特色，弘扬“总师育人文化”，聚焦总师所具有的敏锐战略思维、强大组织能力、优秀科研攻关能力、开阔国际视野等特质，从思想品德、思维方法、知识水平、能力素养等方面，培养具有强烈使命担当、牢固整机观念、宽广学术视野、扎实知识结构、卓越创新意识、良好沟通能力、深厚人文素质的“总师型”人才，形成多元化、特色化、个性化的高质量本科人才自主培养体系。

2. 工作组织与制定原则

为保障大类与专业培养方案的科学合理，西工大注重分析借鉴国内外一流大学的成功经验，各大类与专业在学校教学委员会指导下，建立由大类首席教授领衔，相关教学负责人、学生工作负责人、专业负责人、同行专家、行业专家、用人单位代表、校友代表、在校生代表组成的本科人才培养方案修订工作组，全面推动修订优化人才培养方案和指导性教学计划，同时要求各大类与专业应在各大类首席教授的负责（非大类培养专业由所在学院主管教学的负责人负责）下召开培养方案论证审议会议，进行充分研讨、论证。另外，西工大进一步规划培养方案管理流程，统筹培养方案规划，负责组织相关专家进行培养方案评审工作，为所在学院制定培养方案提供指导和建议，为“总师型”人才培养做好支撑保障。

3. 培养方案类型

为进一步培育和弘扬社会主义核心价值观，构建多元化、个性化的人才培养体系，西工大建立了以大类培养为主，多样化并存的培养格局。目前西工大有大类培养方案、单独培养专业培养方案、各类特色班培养方案、支持区域经济社会发展个性化培养方案、国际学生个性化培养方案、港澳台学生个性化培养方案、第二学士学位专业培养方案、辅修专业培养方案等8种类型的培养方案。

4. 培养方案制定历程

西工大自2014年起实施完全学分制改革，即以学分为计量单位、以选课制为核心，以取得培养方案设定的毕业所需的最低学分作为毕业和获得学位的标准，规定各类课程比例，确定每门课程类别和学分，体现以学生为本，因材施教。西工大全面启动了新一轮本科生培养方案重构工作，初步确立了通识教育基础上有特色的专业教育体系。理顺了通识与专业、宽泛与精深、个性与共性、单领域与复合领域等关系。在

2014级学生全面执行新培养方案的基础上，2015级试点开展材料类和计算机类的大类培养和大类招生。

2019年，西工大全面推进按类培养大类招生，经过几年的优化调整，目前分为航空航天类、海洋工程类、材料类、智能制造类、力学类、能源动力类、信息类、理学类、化工类、管理类、哲学社会科学类等11个大类，明晰了大类培养的目标与内涵，修订了培养方案，形成了以大类培养为主，单独培养、特色班、支持区域经济社会发展等多样化并存的培养格局，进一步打破了学科专业间的壁垒，满足学生全面发展。

2023年，西工大聚焦“总师型”人才培养，落实多项举措。一是坚持立德树人，强化价值引领目标。全面推进高质量课程群建设，加强以习近平新时代中国特色社会主义思想为核心内容的课程群建设，完善全面覆盖、类型丰富、层次递进、相互支撑的课程思政体系。将思政育人融入培养方案、教学大纲、授课计划、课程设计等方面，推动“课程思政”与“思政课程”同向同行，注重涵养学生的家国情怀，厚植军工报国的使命担当。二是明晰通识课程和专业基础教育两条主线，持续强化通识教育，由西工大集中建设不少于100门公共基础和通识教育核心课程，打造具有西工大特色的高质量通识教育课程群，涵盖人文社会科学及自然科学等，培养学生人文情怀与科学精神、社会责任与视野格局、批判思维与辩证思维、独立思考与创新能力。突出专业基础教育，要求各专业围绕专业内涵与特色，重构专业课程知识结构，开设不少于6门高质量核心课程，其中学科基础课程均应为高质量核心课程，打造专业核心课程群，培养学生扎实的知识结构。三是针对新工科、新文科、基础学科、基础学科拔尖创新人才、“三航”特色班等分类形成指导意见。

5. 培养方案主要内容

西工大培养方案主要包括大类概况（或专业概况）、培养目标、思政育人、毕业要求、学制与学位授予、学分学时、课程模块设置、课程对培养目标和毕业要求的支撑关系矩阵、指导性教学计划。其中，大类概况主要介绍大类基本情况及专业设置情况，非大类培养的专业介绍专业概况。培养目标主要围绕培养具有家国情怀，追求卓越、引领未来的领军人才目标，突出“总师型”人才培养特色，结合大类特色优势和办学实际，结合社会经济发展趋势，明确学生毕业后5年左右能够达到的能力与成就。思政育人贯彻落实立德树人根本任务，用习近平新时代中国特色社会主义思想铸魂育人，着力培养学生的家国情怀，使学生具备强烈使命担当的“总师型”人才素养，充分发挥专业中的思政育人功能，明确思政育人目标，强化价值引领，把思想政治工作贯穿教育教学全过程，实现全员、全程、全方位的育人新格局。毕业要求分项对学生在毕业时应获得的知识、能力和素质进行明确的、可衡量的具体描述。学制与学位授予要求本科四年学制，专业授予学士学位的类型，应与该专业获批时明确的学科门类一致。课程体系设置共包含通识通修课程、学科专业课程、个性发展课程、素质拓展课程四个模块。在学分学时方面，四年学制本科培养方案总学分一般为150+X学分左右，其中150学分是通识通修课程模块与学科专业课程模块需要达到的学分要求，原则上不超过160学分，X是学生根据自身的学业规划和发展规划需求而获得的个性发展与素质拓展模块的学分合计，建议修读20学分左右。

西工大构建了“通识通修课程、学科专业课程、个性发展课程、素质拓展课程”四大模块课程结构、“150+X”学分的课程体系（见图2-5），突出“总师型”人才培养特色，以一流专业、一流课程、一流教材、一流实验平台、一流科研反哺为保障，以通识通修课程、学科专业课程为支撑，进一步加强通识教育，突显专业基础教育。

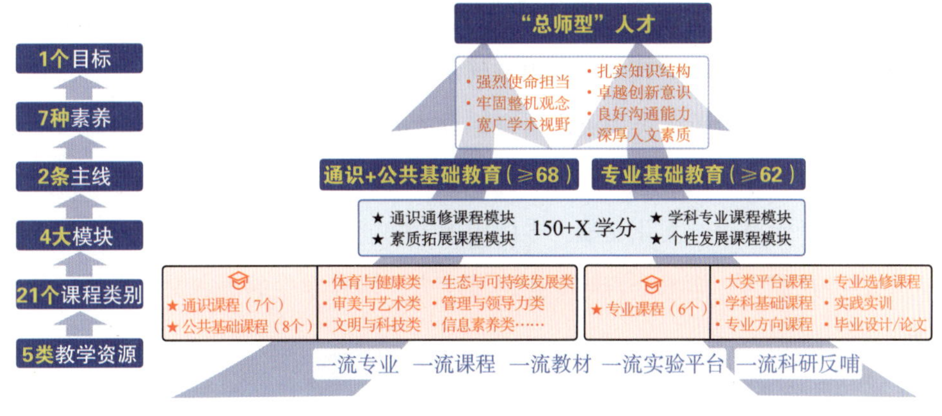

图2-5 西工大“总师型”人才培养的课程体系

其中通识通修课程主要包括思想政治理论类、军事类、体育与健康类、审美与艺术类、安全教育类、语言类、数学与自然科学类、新生研讨类、信息类、文明与科技类、创新创业类、管理与领导力类、全球视野类、生态与可持续发展类、写作与沟通类等课程。学科专业课程主要包括大类平台课程、学科基础课程、专业方向课程、专业选修课程、实践实训、毕业设计/论文等课程类别。个性发展课程包括综合素养类课程、学科拓展类课程、学术深造类课程及其他认定课程，旨在鼓励学生根据自己的兴趣、爱好、特长，修读综合素养类课程、学科拓展类课程、学术深造类课程，毕业学分要求之外的通识通修课程、学科专业课程也可认定为个性发展课程学分。素质拓展课程包括思想教育活动、公益活动、创新创业活动、文体活动、劳动实践、社会实践活动等，旨在充分调动学生积极性，挖掘学生活力和潜力，引导学生主动参加思想教育活动、公益活动、创新创业活动、文体活动、劳动实践和社会实践活动等。除西工大开设课程外，学生参加的校内外、境内外学习实践活动依据相关规定予以学分认定。

6. 提高人才培养成效，持续开展课程改革

自2019年学校实施大类培养以来，人才培养方案和课程体系已经比较完善。为不断优化培养方案，科学设置课程体系，西工大近年持续开展课程改革，优化内容涉及语言类课程、思想政治理论类课程、高等数学类课程、安全教育类课程等。

1）大学外语课程改革。2020年起，西工大开展大学外语课程改革。大学外语是面向全校开设的基础类通识教育课程，在课程设置中遵循“学以致用，能力为重，贯通培养，国际素养”的教育理念和原则，构建个性化多元教学体系，因材施教、分层教学，充分满足不同语言水平等级、不同学习目标的各类学生的需求。为满足学生的多元化需求，将学生分成A+、A、B、C进行培养，将课程设置成通用基础、拓展提高、定制课程三个模块。其中，通用基础模块课程分为“综合英语类”与“核心能力类”两大类型，综合英语类为英语语言综合能力的培养，核心能力类对每项英语语言技能进行专门训练，使学生得到针对性较强的专项指导；拓展提高模块的课程分为“高阶技能、学术英语、文化文学、专门用途、非通用语”五个类型，旨在提高学生的外语综合应用能力、学术语言与专业语言能力，培养学生的语言文化素养、第二外语能力。

2）高等数学类课程改革。为深化基础课程改革，提升高等数学类课程的人才培养成效，实现因材施教，数学与统计学院围绕学生成长成才需求，以学习成效为导向，综合考虑学生个人能力与水平，推进数学课程实施分层级教学，先后对高等数学、线性代数、概率论与数理统计等课程实施分层级教学，为学生提供不同难易程度的课程资源，引导、指导学生选择修读适合的高等数学类课程。调整后的高等数学类课程分为微积分Ⅰ（上、下）、微积分Ⅱ（上、下）、大学数学（上、下）、文科数学、微积分Ⅲ（上、中、下）；调整后的线性代数分为线性代数Ⅰ、线性代数Ⅱ；调整后的概率论与数理统计分为概率论与数理统计Ⅰ、概率论与数理统计Ⅱ。其中，微积分Ⅰ（上、下）与微积分Ⅱ（上、下）课程主要讲授高等数学内容，提升数学类知识的内容广度、深度和高阶性，注重学生综合运用能力培养与思维能力培养，学生可根据自身基础进行修读；大学数学（上、下）主要讲授微积分、线性代数和概率统计

基本内容，难度适中，供经济、生物学等专业学生进行修读；文科数学主要面向文科生开设，使学生掌握一元函数微积分学的基本知识，体会数学的科学价值、应用价值，提高文科学生的文化和数学素养；微积分Ⅲ（上、中、下）主要讲授单变量和多变量微积分，面向留学生进行全英文授课。

3）思想政治理论类课程优化。西工大把握新时代、推进一体化、突出创新性、增强针对性、注重统筹性的基本要求，自2021年起，先后对思想政治理论类课程体系进行优化，调整课程思政类课程修读学分，并按照《教育部关于加强新时代高校“形势与政策”课程建设的若干意见》文件精神，落实“形势与政策”课程“不断线”的要求，设置“形势与政策（1）”“形势与政策（2）”“形势与政策（3）”“形势与政策（4）”等系列课程，要求学生分四学年、7学期完成修读，每学年修读8学时课程、0.5学分，共计修读32学时、2学分。同时设置思想政治理论类选择性必修课程，要求学生在开设的“中共党史”“新中国史”“改革开放史”“社会主义发展史”课程中至少选择修读一门，至少获得1个学分。思想政治理论类课程体系的优化，是西工大进一步全面贯彻党的教育方针，深入落实《关于深化新时代西工大思想政治理论课改革创新的若干意见》文件精神的重要一步，充分发挥了思想政治理论类课程在立德树人中的关键作用，增强了学生的使命担当，使学生自觉践行社会主义核心价值观，尊重和维护宪法法律权威，识大局、尊法治、修美德，争做社会主义合格建设者和可靠接班人。

4）新增安全教育类课程。根据《大中小学国家安全教育指导纲要》文件精神，西工大在坚持正确方向、坚持依法开展、坚持统一规划、坚持遵循规律、坚持方式多样的基本原则上，经前期多方调研陕西高校在安全教育类课程方面的设置情况，西工大在培养方案通识通修课程模块中新增安全教育类课程，开设不少于1学分的国家安全教育公共基础课作为本科生必修课程，要求各学院每学年开设不少于1次国家安全专题教育，每次不少于2学时。使学生系统掌握总体国家安全观的内涵和精神实质，理解中国特色国家安全体系，树立国家安全底线思维，将国家安全意识转化为自觉行动，强化责任担当。除开设安全教育类课程与国家安全专题教育外，西工大同时鼓励将安全教育融入各大类与专业教育教学，结合学科专业领域特点，在课程中有机融入国家安全教育内容，引导学生主动运用所学知识分析国家安全问题，充分体现了西工大发展航空、航天、航海等领域人才培养的特色。

2.3.2 统筹推进“五育并举”

著名教育家、思想家蔡元培提出，教学过程中应充分融合军国民教育、实利主义教育、公民道德教育、世界观教育、美感教育5个部分。2018年9月，习近平总书记在全国教育大会上首次提出：“培养德智体美劳全面发展的社会主义建设者和接班人，加快推进教育现代化、建设教育强国、办好人民满意的教育。”这一重要讲话，进一步明确了我国全面发展教育的基本素质要求为德智体美劳“五育并举”。“五育并举”是对马克思主义“人的全面发展”理论的继承和发展，是我国创新发展阶段对育人工作提出的新要求，是新时代我国教育改革与发展的基本方向。

为深入贯彻党的教育方针，落实立德树人根本任务，牢固树立人才培养核心地位，全面深化教育教学改革，西工大坚持“五育并举”，准确把握高等教育发展规律和人才成长规律，聚焦学生全面发展和个性化成长，强化思想引领，深化教育教学改革，加强改进体育育人、美育育人，创新劳动教育，培养具有家国情怀，追求卓越、引领未来的领军人才，努力培养德智体美劳全面发展的社会主义建设者和接班人。西工大印发了《西北工业大学统筹推进学生德智体美劳全面发展的实施意见》，明确工作形式和任务分工，成立统筹推进学生德智体美劳全面发展工作专班，分管本科教学和研究生培养的校领导任组长，党委学生工作部、教务部、研究生院、马克思主义学院、体育部、艺术教育中心等6个单位的相关负责人为工作专班成员。各单位坚持“五育并举”，加快推进“三全育人”“十育人”工作，不断优化培养方案、丰富资源供给、强化协同育人、改进学习模式，促进学生德智体美劳全面发展。

西工大不断创新德、智、体、美、劳过程性评价办法，努力构建高质量“五育并举”融合发展育人体系，制定《西北工业大学本科生综合测评办法》，将思想品德、学业成绩、体质健康、美育素养、劳动素养统筹纳入综合测评体系，积极探索学生成长增值评价，形成“勤学笃行”的优良学风。突出德育实效，多路径助力学生成才。西工大创新资助理念和资助模式，推动保障型资助向发展型资助转变。设立“翱翔筑梦港”学生发展奖励基金，由传统的奖助学金评选发放向“持续关注、一人一策”转变；推进“助梦翱翔”素质拓展计划，选拔经济困难学生赴国（境）外短期交流，提高学生综合素质；设立“强基计划”专项奖学金，促进“强基计划”基础学科拔尖创新人才培养。通过优化和完善多学科、多类型的学生资助项目，形成“解困—育人—成才—回馈”的良性循环。

1. 重视德育，强化学生价值塑造核心任务

西工大坚持不懈用习近平新时代中国特色社会主义思想铸魂育人，将党史、新中国史、改革开放史、社会主义发展史融入教育教学各环节，教育引导学生树立共产主义远大理想和中国特色社会主义共同理想。例如将习近平新时代中国特色社会主义思想贯穿学生思政教育全过程，第一时间组织学生认真学习贯彻习近平总书记系列重要讲话精神及贺信、回信精神，在各类教育活动中加强宣传、贯彻，武装学生头脑；通过开展主题教育宣讲、主题实践、竞答争先、微党课大赛、“红色寻访”Vlog（即视频博客、视频日记）大赛等，在学生中广泛开展形式多样、内容丰富的“四史”学习教育。坚持用爱国主义精神教育和激励学生，培育和践行社会主义核心价值观，认真学习贯彻教育系统关于学习宣传贯彻落实《新时代爱国主义教育实施纲要》的工作方案，把爱国主义教育与新生军训、入学教育、毕业教育等重要时间节点的教育相结合，与“四史”学习教育、党史学习教育等主题教育相结合，与3月5日学雷锋纪念日、国庆节等重要纪念日相结合，与西工大学院特色相结合，抓在日常、融入经常。持续开展法律法规、廉洁诚信、学术道德、职业道德等教育，引导学生踏踏实实修好品德，将法律法规、廉洁诚信、学术道德教育、职业道德教育列为学生入学教育及毕业教育重要内容；以“廉洁诚信教育月”“法律文化宣传月”“宪法小卫士”“灵犀学术殿堂”“工大职讲堂”等第二课堂品牌活动为载体，加强教育及引导。持续开展中华优秀传统文化教育，引导学生做有自信、懂自尊、能自强的中国人，依托翱翔名家讲堂、翱翔人文讲堂等翱翔系列报告会，邀请名家大家来校举办中华优秀传统文化讲座；结合传统节日、纪念日，线上线下相结合开展“清明祭英烈”“博物馆日”等校园文化活动及传统文化传播活动。持续开展校训、校风、校史、校情等教育，引导学生爱校荣校，将校训、校风、校史、校情教育列为新生入学教育的重要内容，开展校史校情报告会、校友思政课、新生参观校史馆等教育活动，上好“第一课”；通过校史教育月、校友报告会、校史知识竞赛、校史校情报告会及主题宣讲等丰富多彩的第二课堂活动，将西工大元素融入学生的日常教育。

2. 提升智育水平，系统构建学业发展评价体系

西工大深化校院两级学业指导协同体系，确保学业指导工作成效。优化学业指导工作流程，修订《西北工业大学本科生学业指导实施方案》《西北工业大学本科生学业指导教师管理办法》，不断完善本科生导师工作机制，开展包括选课指导、培养方案解读、专业介绍等活动，进一步做好精准学业指导工作。

3. 强化体育锻炼，优化“421X”体育工作体系

一是完善制度，健全体育育人体系。加强组织领导，成立体育运动委员会，印发《西北工业大学新时代学校体育工作实施意见》，构建“健康知识+基本运动技能+专项运动技能”的体育育人体系。二是全面部署，实施体育合格“421X”标准。修订完善《西北工业大学本科生421X体育人才培养方案实施细则》，要求学生毕业时必须达到西工大体育合格421X标准，即修满4个体育必修学分；掌握2项运动技能；达到1项《国家学生体质健康标准》测试合格要求；学生本科期间可根据个人兴趣修读体育类素质拓展课程，获得X体育素质学分。引导学生养成良好锻炼习惯和健康生活方式，掌握至少两项终身受益的体育锻炼项目。根据2018—2021年上报“国家学生体质健康标准数据管理与分析系统”的数据分析，2018年本科生体质健康监测的合格率为88%、2019年合格率为94%、2020年合格率为97%、2021年合格率为99%。三是以需求为导向，建设多元课程体系。持续优化建设西工大经典体育课程，西工大目前共开设体育类课程135门。

4. 增强美育熏陶，丰富美育课程体系

西工大美育工作的开展，以立德树人为根本，以社会主义核心价值观为引领，以提高学生审美和人文素养为目标，弘扬中华美育精神，以美育人、以美化人、以美培元，把美育纳入西工大人才培养全过程，培养德智体美劳全面发展的社会主义建设者和接班人。到2025年，西工大美育工作取得突破性进展，美育课程全面开齐开足，教育教学改革成效显著，师资队伍建设和场馆设施建设明显加强，美育工作及其效果评价体系逐步健全，管理机制更加完善，育人成效显著增强，学生审美和人文素养明显提升，形成浓厚的美育育人文化氛围。到2035年，基本形成全覆盖、多样化、高质量的具有西工大特色的美育体系。在推进美育方面，一是聚焦价值引领，不断完善美育工作体制机制。成立了美育工作委员会以及艺术教育中心教学委员会、教材委员会等美育工作质量保障管理机构，在国内理工科高校率先单列美育类教师任职条件。强化美育的思政效应，提出“崇德尚美，至真创新”的理工科高校特色美育理念。二是以公共艺术教育改革发展为重点，构建“三位一体”美育教学体系。课程教学方面，在国内高校率先建设覆盖全校本科生的通识必修课“大学美育”（2学分），打造“1门通识必修课+8类限选艺术鉴赏课+X门艺术实践课”的通识课程体系，近五年开设课程380余门次，覆盖学生近5万人次。艺术实践方面，以艺术的方式弘扬社会主义先进文化，传播科学家精神，建设陕西省中华优秀传统文化传承基地等艺术实践平台，形

成了“一校多品”的格局。校园文化方面，结合西工大“三航”办学特色，将航空报国、航天强国、海洋强国的家国情怀融入原创文艺作品。以国家最高科学技术奖获得者、杰出校友师昌绪院士真实事迹为题材的原创话剧《寻找师昌绪》入选国家级平台2项。三是汇聚资源，形成课堂内外、西工大内外、线上线下的“多维联动”创新协同机制。柔性引进50余位文化艺术名家，建设“文化艺术大师工作室”；打造线上线下美育课堂“南山艺堂”，开展讲座、展演200余场，受众5万余人次；创新校园文艺作品培育机制，形成示范性原创文艺作品。

5. 加强劳动教育，创新劳动教育新模式

党的十八大以来，习近平总书记多次围绕劳动、劳动者、弘扬劳模精神、劳动精神、工匠精神、提高劳动者素质等进行深刻阐述。习近平总书记这些重要论述，充分阐释了劳动的巨大作用和价值，对全社会进一步树立劳动意识、培养劳动观念，通过劳动创造更加美好的生活具有重要指导意义。西工大不断加强劳动教育。一是加强顶层设计。出台《西北工业大学新时代大学生劳动教育实施方案》，成立劳动教育工作委员会，加强劳动教育工作统筹协调。二是将劳动教育纳入西工大本科人才培养方案。确定劳动教育主要依托课程，形成劳动教育的依托课程体系，明确劳动教育学时总数不少于32学时，各学院每一年级累计引用100余门劳动教育依托课程。大部分学院将“生产实习”“金工实习A”“金工实习B”“金工实习C”以及其他实践实训类课程作为劳动教育的依托课程。同时，西工大开设了“大学生社会实践”“劳动创新与创造实践”“大学生烹饪”等劳动教育素质拓展课程。以不断强化马克思主义劳动观教育，注重围绕创新创业，结合学科专业开展生产劳动和服务性劳动，积累职业经验，培育学生创造性劳动能力和诚实守信的合法劳动意识。三是丰富劳动教育项目。不断完善创新创业、实习实训、社会实践、志愿服务、勤工助学、生活技能等劳动教育实践平台，累计注册志愿者2.1万人，每年参与社会实践学生超1万人次，服务时长20万小时。定期开展文明宿舍评比等活动，强化劳动自立意识和生活技能。开展以科学家精神、劳模精神、劳动精神和工匠精神等为主题的典型事迹宣传和报告活动，使学生将劳动精神内化于心、外化于行，开展“百名总师校友讲思政课”，通过分享劳动创新实践历程讲授航空报国精神、科学家精神等，引导学生心怀“国之大者”；通过“翱翔榜样力量”等平台，开展大国工匠、全国劳动模范、首批援鄂医疗队成员等劳动典型事迹宣传，引导学生树立正确的劳动观，崇尚劳动、尊重劳动；以植树节、劳动节、“中国航天日”等重大时间节点为契机开展各类主题实践活动。每年组织开展陈士橹院士先进事迹宣讲、创新创业文化月活动等100余场，在校园中弘扬劳动光荣、创造伟大的主旋律。2021年，西工大获批陕西省首批劳动教育实践基地，为学生拓展了更系统化、专业化的劳动实践平台。

2.4 本章小结

长期以来，西工大扎根西部、服务国防，以“总师育人文化”引领人才培养，以培养“具有家国情怀，追求卓越、引领未来的领军人才”为目标，不断深化“总师型”人才培养模式改革，将“低调务实、兼收并蓄，厚积薄发、为国铸剑”总师特质内涵融入人才培养全过程，着力培养学生具备“专业精，系统强，重实践，能担当”的“总师”雏形特质，源源不断为国家培养造就了一大批又红又专的优秀人才。

（注：本章由王海鹏、孙中奎、刘昕等人编写。）

第三章

全校联动拓宽『总师型』人才选拔之源

本科招生工作是高校人才培养的首要环节，本科招生指标是高校人才培养的关键资源，本科招生宣传是保障生源质量的重要手段。为了更好地让社会、高校同行、中学和广大考生及家长了解高校本科招生工作，更好地促进大学中学教育衔接，西工大以国家政策为指导，结合学科专业特色及办学经验系统总结了西工大本科招生工作概况，包括招生计划及其配置、招生宣传模式及创新等，以期为相关教育管理部门提供基础参考，为中学提供面向与大学合作的参考点，为考生、家长系统全面了解高校本科招生进而进行生涯规划和志愿填报提供参考。

3.1　招生专业与计划配置

3.1.1　本科招生专业（类）

1. 本科专业设置

普通高等教育本科专业是在教育部颁布的《普通高等学校本科专业目录（2012年）》基础上，增补了近年来批准增设、列入目录的新专业而形成的。截至2024年3月，专业目录共包含12个学科门类（不含军事学）、93个专业类、816种专业。12个学科门类包括自然科学4个：理学、工学、医学、农学；人文和社会科学8个：文学、历史学、哲学、经济学、管理学、法学、教育学、艺术学。

2. 大类招生

大类招生的全称是按学科大类招生，是指高校将相同或相近学科门类，通常是同院系的专业合并，按一个大类招生。考生通过大类招生被录取入校后，在本科阶段前两年（有的大类是一年）统一学习基础课，大二或大三时再根据学校要求，自身兴趣、专长和发展方向，以双向选择的原则进行专业分流，可分流至其他大类专业，或者在大类所含专业中重新选择专业。

从专业名称来说，与专业招生相比，大类招生的专业大类名称没有专业名称划分得详细，一般是某一学科领域内的一级学科或者二级学科。例如，西工大能源动力类包括飞行器动力工程、能源与动力工程2个专业；自动化类包含自动化、电气工程及其自动化、机器人工程等3个专业。

从招生计划来说，对于大类招生的学院，西工大招生计划数不再按专业划分，而是下达到按当年计划招生的专业大类，考生在填报志愿时只需填报相应的大类，不需要选择具体专业。

3. 西工大本科招生专业（类）

2024年，西工大共63个专业招生，本科招生专业（类）目录如表3-1所示。

表3-1 西工大2024年本科招生专业（类）目录

序号	学院	招生专业（类）	涵盖专业
1	教育实验学院/未来技术学院	航空航天类（智慧三航本研衔接班）	飞行器设计与工程、计算机科学与技术（本硕/本博贯通培养）
		工程力学（航宇力学拔尖基地班）	工程力学（本硕/本博贯通培养）
		柔性电子学（本研衔接班）	柔性电子学（本硕/本博贯通培养）
2	航空学院	航空航天类（黄玉珊航空班）	飞行器设计与工程（本硕/本博贯通培养）
		航空航天类（航空）	飞行器设计与工程、飞行器控制与信息工程、航空航天工程
3	航天学院	航空航天类（陈士橹飞天班）	航空航天工程（本硕/本博贯通培养）
		航空航天类（航天）	飞行器设计与工程、飞行器动力工程、飞行器控制与信息工程、航空航天工程
4	民航学院	航空航天类（民用航空）	飞行器设计与工程、飞行器控制与信息工程
5	航海学院	海洋工程类（黄震中海洋班）	船舶与海洋工程、水声工程、信息工程（本硕/本博贯通培养）
		海洋工程类（智慧海洋试验班）	船舶与海洋工程、水声工程、信息工程、海洋工程与技术
6	材料学院	材料类（航宇新材料试验班）	材料科学与工程、材料成型及控制工程、复合材料与工程、增材制造工程
7	机电学院	机械类（航宇智能制造试验班）	飞行器制造工程、微机电系统工程、机械电子工程、机械设计制造及其自动化、工业设计、工业工程
		产品设计	产品设计（艺术类）
8	力学与土木建筑学院	力学类（航宇力学与工程试验班）	工程力学、土木工程
		建筑学	建筑学（五年制）
9	动力与能源学院	能源动力类（航空动力与新能源试验班）	飞行器动力工程、能源与动力工程
10	电子信息学院	电子信息类	电子科学与技术、电子信息工程、探测制导与控制技术、通信工程
11	微电子学院	电子信息类（集成电路）	微电子科学与工程、集成电路设计与集成系统
12	自动化学院	自动化类	自动化、电气工程及其自动化、机器人工程

续表

序号	学院	招生专业（类）	涵盖专业
13	计算机学院	计算机科学与技术（计算机科学拔尖基地班）	计算机科学与技术（本硕/本博贯通培养）
		计算机类	计算机科学与技术、物联网工程、数据科学与大数据技术、人工智能、智能交互设计
14	网络空间安全学院	计算机类（网络安全）	网络空间安全、信息安全、保密技术
15	软件学院	软件工程	软件工程
16	数学与统计学院	数学类（数学与交叉科学试验班）	数学与应用数学、信息与计算科学、统计学
17	物理科学与技术学院	物理学类（空天应用物理试验班）	应用物理学、材料物理、光电信息科学与工程
18	化学与化工学院	化学类（先进高分子试验班）	高分子材料与工程、化学工程与工艺、分子科学与工程
19	生命学院	生物技术（生命科学试验班）	生物技术
20	生态环境学院	生态学（生态文明交叉试验班）	生态学
21	管理学院	管理科学与工程类（管理试验班）	工程管理、信息管理与信息系统
		工商管理类（管理试验班）	工商管理、会计学、市场营销
22	公共政策与管理学院	经济与贸易类（国贸、法学、行管）	国际经济与贸易、法学、行政管理
23	外国语学院	外国语言文学类	英语、德语
24	西北工业大学伦敦玛丽女王大学工程学院	材料科学与工程（中外合作办学）	材料科学与工程（中英双学位）
		高分子材料与工程（中外合作办学）	高分子材料与工程（中英双学位）

注：培养学制除建筑学为五年外，其余均为四年制。

3.1.2　高考综合改革与选考科目

1. 高考综合改革进程

党的第十八届中央委员会第三次全体会议通过的《中共中央关于全面深化改革若干重大问题的决定》提出，推进考试招生制度改革，探索招生和考试相对分离、学生考试多次选择、高校依法自主招生、专业机构组织实施、政府宏观管理、社会参与监督的运行机制，从根本上解决一考定终身的弊端。义务教育免试就近入学，试行学区制和九年一贯对口招生。推行初高中学业水平考试和综合素质评价。加快推进职业院校分类招考或注册入学。逐步推行普通高校基于统一高考和高中学业水平考试成绩的综合评价多元录取机制。探索全国统考减少科目、不分文理科、外语等科目社会化考试一年多考。试行普通高校、高职院校、成人高校之间学分转换，拓宽终身学习通道。

作为中央部署全面深化改革的重大举措之一，《国务院关于深化考试招生制度改革的实施意见》于2014年9月4日正式发布，这也是恢复高考以来最为全面和系统的一次考试招生制度改革。

2019年4月23日，河北、辽宁、江苏、福建、湖北、湖南、广东、重庆等8省市发布高考综合改革实施方案。8省市均试行“3+1+2”高考新模式，从2018年秋季入学的高中一年级学生开始实施。

黑龙江、甘肃、吉林、安徽、江西、贵州、广西公布从2021年秋季入学高一学生开始实施“3+1+2”模式高考。

四川、河南、陕西、宁夏、云南、山西、青海、内蒙古公布从2022年秋季入学高一学生开始实施“3+1+2”模式高考。

此次高考改革路线图的内容包括：一是实施将普通本科和高等职业教育入学考试分开的人才选拔方式；二是完善高中学业考试和综合素质评价，引导学生学好各门课程，克服文理偏科现象；三是部分科目实行一年多考，减轻学生高考压力；四是完善高考招生名额分配办法，清理规范升学加分政策，维护考试招生公平公正；五是加快建立多渠道升学和学习立交桥，为学生成长成才提供多次选拔机会。

2. 高考改革模式

作为中央部署全面深化改革的重大举措之一，此次改革是恢复高考以来最为全面和系统的一次考试招生制度改革。改革从考试科目、高校招生录取机制上都作出了重大调整，目的就是探索招生录取与高中学习相关联的办法，更好推进素质教育，增加学生的选择性，分散考试压力，促进学生全面而有个性地发展。

目前，全国非高考改革的地区，仍按文理分科，考查语文、数学、英语三门，外加文科综合或理科综合的成绩，也就是大家所说的3+X，高校在招生时依据这些考试的高考总分数进行录取。高考改革地区主要分为以下两类：

（1）“3+3”模式

“3+3”模式的第一个“3”，指全国统一高考的语文、数学、外语3个科目的成绩，150分的分值不变。第二个“3”，是从包括思想政治、历史、地理、物理、化学、生物、技术（技术只供浙江考生选择）等7个科目中自主选择3个科目。

此次考试招生制度改革同时对招生录取机制进行了重大改革，探索基于统一高考、高中学业水平考试成绩、参考综合素质评价的多元录取机制，简单地说就是“两依据、一参考”，目的是破解“唯分数论”“一考定终身”等问题，发挥高考“指挥棒”的正确导向作用，增加学生的选择机会，减轻学生的应试压力，全面推进素质教育，促使高校科学选才。

（2）“3+1+2”模式

“3+1+2”模式，即“3”为全国统考科目语文、数学、外语，所有学生必考；“1”为首选科目，考生须在高中学业水平考试的物理、历史科目中选择一科；“2”为再选科目，考生可在化学、生物、思想政治、地理4个科目中选择两科。

2021年起，河北等8省市普通高校招生依据统一高考和高中学业水平考试成绩、参考综合素质评价进行录取。普通高中学业水平考试分为合格性考试和选择性考试。合格性考试成绩是学生毕业、普通高中同等学力认定的主要依据；选择性考试成绩计入普通高校统一考试招生录取的考生总成绩。8省市均将高中学业水平考试的选择性考试安排在统一高考期间一并进行，并且将考试次数确定为1次。

从2024年起，另有7个省市启动实施“3+1+2”模式高考，此后全国共有15个省份实施“3+1+2”模式高考。

（3）选考科目要求

2021年7月27日，教育部办公厅印发了《普通高校本科招生专业选考科目要求指引（通用版）》（简称《指引》）。《指引》从2021年秋季开学的高一新生开始实行，适用范围为已经实行高考改革的省份和将要实行高考改革的省份，以及后续会实行高考改革的省份，其中包括第五批进入新高考改革的陕西省。

《指引》要求，高校招生专业选考科目从物理、化学、生物、思想政治、历史、地理6门科目中确定。包括指定1科、2科、3科或“不提科目要求”。高校指定1门科目的，考生必须选考该科目方可报考；高校指定2科或3科要求均须选考的，考生须同时选考规定的2科或3科方可报考；高校指定“不提科目要求”的，考生选考任意3科均可报考该专业。

西工大根据《指引》制定了选考科目要求（2024年起），如表3-2所示。

表3-2　西工大选考科目要求（2024年起）

序号	招生目录	【3+3】高考综合改革省份选考科目要求（上海、浙江、北京、天津、山东、海南）	【3+1+2】高考综合改革省份选考科目要求（河北、辽宁、江苏、福建、湖南、湖北、广东、重庆）	
			首选科目要求	再选科目要求
1	航空航天类（智慧三航本研衔接班）	物理+化学	物理	化学
2	工程力学（航宇力学拔尖基地班）	物理+化学	物理	化学
3	柔性电子学（本研衔接班）	物理+化学	物理	化学
4	航空航天类（黄玉珊航空班）	物理+化学	物理	化学
5	航空航天类（航空）	物理+化学	物理	化学
6	航空航天类（陈士橹飞天班）	物理+化学	物理	化学
7	航空航天类（航天）	物理+化学	物理	化学
8	航空航天类（民用航空）	物理+化学	物理	化学
9	海洋工程类（黄震中海洋班）	物理+化学	物理	化学
10	海洋工程类（智慧海洋试验班）	物理+化学	物理	化学
11	材料类（航宇新材料试验班）	物理+化学	物理	化学
12	机械类（航宇智能制造试验班）	物理+化学	物理	化学
13	产品设计	物理+化学	物理	化学
14	力学类（航宇力学与工程试验班）	物理+化学	物理	化学
15	建筑学	物理+化学	物理	化学
16	能源动力类（航空动力与新能源试验班）	物理+化学	物理	化学
17	电子信息类	物理+化学	物理	化学
18	电子信息类（集成电路）	物理+化学	物理	化学
19	自动化类	物理+化学	物理	化学
20	计算机科学与技术（计算机科学拔尖基地班）	物理+化学	物理	化学
21	计算机类	物理+化学	物理	化学

续表

序号	招生目录	【3+3】高考综合改革省份选考科目要求（上海、浙江、北京、天津、山东、海南）	【3+1+2】高考综合改革省份选考科目要求（河北、辽宁、江苏、福建、湖南、湖北、广东、重庆）	
			首选科目要求	再选科目要求
22	计算机类（网络安全）	物理+化学	物理	化学
23	软件工程	物理+化学	物理	化学
24	数学类（数学与交叉科学试验班）	物理+化学	物理	化学
25	物理学类（空天应用物理试验班）	物理+化学	物理	化学
26	化学类（先进高分子试验班）	物理+化学	物理	化学
27	生物技术（生命科学试验班）	物理+化学	物理	化学
28	生态学（生态文明交叉试验班）	物理+化学	物理	化学
29	管理科学与工程类（管理试验班）	物理+化学	物理	化学
30	工商管理类（管理试验班）	不限	历史	不限
31	经济与贸易类（国贸、法学、行管）	不限	历史	不限
32	外国语言文学类	不限	历史	不限
33	材料科学与工程（中外合作办学）	物理+化学	物理	化学
34	高分子材料与工程（中外合作办学）	物理+化学	物理	化学

3.1.3　招生计划及动态配置

1. 学校招生总控制规模的论证

本科招生工作是一项系统性工作，招生总控制规模的编制需要紧扣国家相关政策，综合考虑学校发展规划、办学水平、条件保障等各项因素，招生总控制规模的论证关系学校的发展，科学、严密地推进论证环节非常必要。基于此，在每一年度编制招生计划前，西工大招生办公室均协同发展规划处、党委学生工作部、研究生院等相关部门就总控制规模的设置开展深入论证。

（1）指导思想

以习近平新时代中国特色社会主义思想为指导，全面贯彻党的二十大精神，落实党的教育方针和全国教育大会精神，紧密结合自身实际，服务国家重大战略需求和经济社会发展，坚持规模适度发展、着力优化招生结构、切实提高教育质量，为建设教育强国、人才强国奠定基础。

（2）近年招生计划总规模

西工大2019—2024年普通本科招生计划总规模见表3-3。随着学校基本办学条件的持续改善，2019—2024年计划总规模连续提升，2023年4400人，2024年4420人，2024年较2019年提升540人，提升幅度达13.9%，见表3-3。

表3-3　2019—2024年普通本科招生计划总规模

年份	2019年	2020年	2021年	2022年	2023年	2024年
招生规模	3880	4200	4300	4346	4400	4420

（3）西工大发展规划情况及基本办学条件

1）发展规划情况。西工大规划“十四五”末办学规模将达到39 600人，其中本科生17 700人。按照西工大规划，2021—2025年本科生招生计划总量，在规划范围内逐年小幅递增。

2）学生宿舍情况。招生办公室会同发展规划处、研究生院和党委学生工作部等部门，综合考虑学校研究生招生名额、学生宿舍床位总规模等数据进行测算，统筹确定可以支撑下一年度新生住宿需求的招生规模。

3）教学条件保障情况。招生办公室会同人力资源部、科学技术研究院、发展规划处等部门，测算专任教师总数、教学科研仪器设备、实践教学、体育设施、图书、校园网等基本办学条件是否能够支撑招生计划总规模，以满足基础课教学在内的全过程培养需求。

（4）确定下一年度招生计划总规模

根据高等教育事业发展要坚持规模适度发展、着力优化招生结构、切实提高教育质量的原则，结合学校“双一流”建设目标和实际办学条件，确定下一年度普通本科招生计划申报总规模，并先后经招生工作领导小组会审议和校长办公会审定后，报教育部。

2. 基于招生—培养—就业深造联动的招生计划动态配置原则与指标体系

招生—培养—就业深造联动，指的是建立以就业为导向的招生、培养、就业深造一体化运行机制。招生生源质量影响着人才培养质量，人才培养质量的高低影响着学生的就业率和就业质量，就业情况又会影响到招生生源的质量。三者密不可分，相互影响，只有实现良性互动，才能得到可持续发展。而人才选拔的调控在整个人才培养的闭环中是最基础、最关键的因素。

《教育部关于推动高校形成就业与招生计划人才培养联动机制的指导意见》在涉及主动对接国家需求，深化招生制度改革的问题时明确指出：加强高等教育招生计划宏观调控，完善中央、地方两级管理体制，完善国家招生计划编制办法，增强招生计划编制的科学性、规范性。发挥政策引导和调控作用，主动对接国家重大战略需求，解决重大战略问题，储备战略人才。改进完善招生计划分配方式，动态调整区域间、培养单位间和学科专业间的招生结构，促进人才培养结构与社会需求相适应。

本科招生计划的动态调整建立在招生—培养—就业深造的大数据库的基础上，必须充分考虑我国经济社会发展的需求以及高校建设需要，结合各学校现状及发展、各大类（专业）近年生源情况、培养条件和人才培养质量等情况统筹考虑，制定符合实际情况的招生计划分配体系，并建立动态调整机制。

西工大制定出台了《西北工业大学本科招生计划动态配置办法》，以此为依据开展招生计划的配置工作，动态调整主要遵循以下几项基本原则：

（1）坚持“四个面向”，服务国家急需

计划配置充分考虑我国经济与社会发展，主动对接国家和区域发展战略，以社会发展需求为导向，立足学校办学特色、学科发展和专业布局，联动学校的学科专业动态调整，优先支持优势学科和基础学科，为建成“工、理、文、医”协调发展的特色学科体系提供支撑。

（2）提升本科生源质量

计划配置着眼国家高考综合改革发展进程和大类招生的实施，针对录取学生的分数和位次“扁平化”程度较高的问题，优化省份、学院、专业（类）三个维度间的计划配置，保障生源质量持续提升。

（3）提高培养和就业深造质量

计划配置以提高学校本科人才培养和就业深造质量为导向，向生源质量高、培养条件优、培养质量高、就业深造好的学科专业倾斜。

（4）加强招生、培养和就业深造联动

计划配置坚持动态调整，涵盖招生、培养和就业深造的重要指标，实现人才培养和就业深造对招生工作的联动反馈。

西工大建立的招生计划动态配置指标体系如图3-1所示，包括办学条件、生源质量、培养质量、就业和深造质量四个一级指标，在一级指标下设立生师比、平均分、调剂率、一次毕业率、及格率、深造率和毕业去向落实率等7个二级指标。体系充分考虑了招生、培养、就业三个环节的重要指标因素。

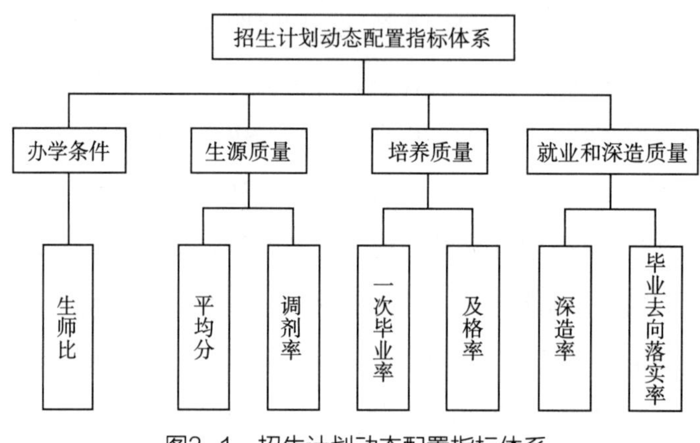

图3-1　招生计划动态配置指标体系

1）办学条件。根据高等教育质量监测数据填报数据项和本科教育教学审核评估相关指标要求，综合考虑专业和课程建设质量等因素，强化对专业生师比、师资队伍水平、教学科研平台对本科生的开放度、对全校人才培养的支撑度、服务国家急需的贡献度等因素的重点考虑。生师比超出上级部门要求的专业（类）不予增加计划，并严格控制招生计划，保障培养质量。

2）生源质量。主要以学校各专业（类）近年生源情况，包括各专业（类）报考热度、在各省份录取分数（含最低分数、平均分数、最高分数及相应位次在所在省份考生中的占比）、调剂率等指标为依据。原则上生源质量偏低的专业（类）不予增加计划。

3）培养质量。主要以各专业（类）近年毕业率、在读学生的学业状态、专业的教学质量保障等指标为依据。原则上培养质量偏低的专业（类）不予增加计划。

4）就业和深造质量。主要以各专业（类）近年国（境）内外深造率、就业率等指标为依据，重点参考国（境）内外深造率。原则上深造率偏低的专业（类）不予增加计划。

3. 招生计划动态配置工作程序

1）上报年度招生计划总控制规模。每年年底前，根据教育部文件要求，招生部门会同党委学生工作部、发展规划处等相关职能部门共同研究，提出建议的招生计划总控制规模，并经招生工作领导小组等决策机构审定后，完成上报。

2）制定招生目录。以上一年度招生专业（类）目录为基础，综合考虑大类招生、新专业设置、已有专业撤销等需要，制定当年招生目录，并提交招生工作领导小组审定。

3）确定招生计划配置基数。根据确定的招生目录，将招生专业（类）按照理工类和人文社科类进行划分并分别进行配置。为保证各学院招生计划的相对稳定，原则上将上一年度各专业（类）招生计划规模的90%作为存量计划，即各学院招生计划配置的基数。存量计划之外的剩余计划总额作为动态配置额度使用。学校可视发展实际情况对存量计划比例做适当调整。

4）测算各专业（类）相关指标数据。在招生总规模和招生目录基础上，测算各学院各招生专业（类）的办学条件、生源质量、培养质量、就业和深造质量等指标数据，分别按照数值由高至低排序，并按照相应权重进行综合计算。各指标相应的具体权重数值根据当年学校办学实际综合研究确定，原则上培养质量所占权重不低于50%。根据测算结果，原则上将学院按照排名靠前、居中、靠后分为三档。

5）计划动态配置。根据各学院各招生专业（类）的相关指标测算结果，将可使用的动态配置额度进行调整分配。原则上配置额度优先支持新增专业招生，剩余额度再行配置。对于排名靠前的第一档学院，在保证存量计划基础上，可使用配置额度给予适量增加；对于排名居中的第二档学院，原则上当年计划规模即为存量计划，即上一年度计划规模的90%；对于排名靠后的第三档学院，原则上在存量计划的基础上进行适量调减。

6）各专业（类）计划在省份间招生计划调整。各省份间计划调整主要根据教育部相关文件要求、年度招生总规模、各省份生源质量及学校具体工作实际执行，原则上不调减。

7）上报计划。根据以上配置依据和程序调整完毕后的招生计划，经招生工作领导小组会审议通过后，按照教育部相关要求上报。

3.2　分类招生丰富人才选拔路径

3.2.1　实施多类型招生力促教育公平

西工大招生工作始终服务国家战略，除普通批次招生之外，学校积极拓展多类型招生工作，持续组织开展国家专项、高校专项“筑梦计划”、艺术类、保送生、港澳台、少数民族等招生工作，丰富人才选拔路径，着力促进教育公平。

1. 高校专项“筑梦计划”

（1）教育部高校专项计划

高校专项计划，是国家为更好地促进教育公平、让更多的农村学生上大学而出台的一项优惠政策，定向招收边远、脱贫、民族等地区县（含县级市）以下高中勤奋好学、成绩优良的农村学生。具体实施区域由有关省（区、市）确定。

高校专项计划与地方专项计划、国家专项计划隶属于高考三大计划，由教育部直属高校和其他自主招生试点高校承担，招生计划不少于学校当年本科招生规模的2%，中央部属高校要求将调减的特殊类型招生名额优先安排给高校专项计划，具体实施区域由有关省（区、市）确定。考生及其父母或法定监护人户籍地须在实施区域农村，考生本人具有当地连续3年及以上户籍和当地高中连续3年学籍并实际就读。

（2）西工大高校专项“筑梦计划”

为深入贯彻落实国家考试招生制度改革的有关精神，促进教育公平，让更多勤奋好学的农村学子共享优质高等教育的机会，根据教育部相关文件精神，近年来，西工大持续实施高校专项“筑梦计划”（简称“筑梦计划”）。

“筑梦计划”定向招收边远、脱贫、民族等地区县（含县级市）以下高中勤奋好学、成绩优良的农村学生。具体实施区域由各省（区、市）确定。

2024年，“筑梦计划”招生计划按教育部核定的高校专项计划招生数执行，计划总人数89人。招生专业包括电子信息类、自动化类、海洋工程类、材料类、智能制造类、力学类、能源动力类、数学类、物理学类、管理科学与工程类、工商管理类等。

2. 艺术类专业

（1）艺术类专业招生

艺术类专业考试是指各大院校的音乐学院、美术学院或者艺术系等进行的专业招生考试，以普及艺术教育、提高国民素质为宗旨，坚持公开、公正、公平和自愿原则，考试合格者获得专业合格证，持此证书参加高考，高考成绩出来以后，各学校再择优录取。

艺术考试是指依照2004年7月1日原文化部颁布并开始实施的第31号令即《社会艺术水平考级管理办法》，取得资格的艺术考级机构（简称“考级机构”），通过考试形式对学习艺术人员的艺术水平进行测评和给予指导的活动。艺术考试的宗旨是“普及艺术教育，提高国民素质”。它的原则是“遵循艺术教育规律，坚持公开、公正、公平和自愿应试的原则，把社会效益放在首位”。

艺术类专业招生是高校艺术类专业或者教育部批准确认的具有艺术属性的非艺术类专业，经过省级招生机构组织的专业测试和（或）学校的专业测试，结合高考成绩择优为艺术类专业选拔人才的一种招生方式。设置艺术类专业的高校有两类：独立设置的本科艺术院校和普通高等学校。

艺术类专业考试的三大门类是音乐、舞蹈和美术，分为省级统考和高校校考。省级统考已涵盖的专业，高校一般情况下直接使用统考成绩作为考生的专业考试成绩。确有必要进行补充考核的艺术类本科专业，高校可面向省级统考合格生源组织校考。

（2）西工大艺术类专业

西工大艺术类招生专业为产品设计，隶属于机电学院工业设计系，该系于2002年正式成立，是机电学院的五个专业系之一。经过多年的建设，现拥有完备的“本科—硕士—博士”培养体系：拥有理工类工业设计和艺术类产品设计两个本科专业，工业设计专业现为国家级一流本科专业建设点、陕西省特色专业、教育部卓越工程师培养计划实施专业，产品设计专业为陕西省一流本科专业建设点；拥有“设计学（原设计艺术学）”一级学科硕士学位授权点、“工业设计”及“工业设计工程”两个二级学科硕士学位授权点和“设计学”一级学科博士学位授权点、“工业设计”二级学科博士学位授权点。2021年获批教育部中外合作办学项目（西北工业大学-德国品牌应用科学大学联合举办的工业设计硕士学位教育项目）。工业设计系已为我国工业设计领域培养了大批高素质人才，人才培养质量和数量均居全国前列，“‘上天入海、四维融合’构建工业设计创新人才培养体系”，2018年获国家级教学成果二等奖。

（3）艺术类专业招生计划

西工大艺术类产品设计专业面向陕西、河南、安徽、山东、北京、天津六省

（市）计划招生30名（见表3-4），具体分省计划以当年各省（市）招生考试机构公布的招生计划为准。

表3-4　2024年西工大艺术类专业招生计划

专业	学制	科类	陕西	河南	安徽	山东	北京	天津	合计
产品设计	四年	艺术文	3	3	6	6	3	3	30
		艺术理	3	3					

（4）报考程序

1）专业课考试：陕西、河南、安徽、山东、北京、天津的考生须参加生源所在地省级招生考试机构统一组织的美术学和设计学类专业基础课统考，西工大不再单独组织专业基础课校考。

2）文化课考试：报考西工大艺术类专业的考生，须参加生源所在地当年全国普通高等学校招生统一考试。

3）考生须按照生源所在地艺术类专业招生的要求填报相应的志愿。

（5）成绩要求

1）专业课成绩要求：考生的高考美术学和设计学类专业基础课统考成绩达到所在省艺术类相应本科批次专业课同科类录取控制分数线，且不低于统考成绩总分的75%（四舍五入取整）。

2）文化课成绩要求：考生投档成绩须达到所在省艺术类相应本科批次文化课同科类录取控制分数线，且达到同科类普通本科第二批次录取控制分数线；对于实施高考综合改革及合并本科批次的省份，投档成绩须达到当地省级招生考试机构确定的艺术类专业本科文化课录取控制分数线。

（6）录取原则

1）在学校所属批次实行平行志愿的省份，按省级招生考试机构投档规则择优录取。

2）在学校所属批次实行非平行志愿的省份，按综合分由高到低择优录取。

综合分=（专业基础课成绩/专业基础课满分）×400+（高考文化课成绩/高考文化课满分）×600

文理兼收的省份，按照综合分从高到低不分文理统一排序，依据计划数择优录取；区分文理招生的省份，按照综合分从高到低文理分别排序，依据计划数择优录取。综合分相同的考生，优先录取专业基础课统考成绩高者，专业基础课统考成绩和高考文化课成绩均相同者，依次优先录取数学、语文、外语成绩高者。

3. 外语类保送生

为深入落实《国务院关于深化考试招生制度改革的实施意见》，根据《教育部办公厅关于做好2024年普通高等学校部分特殊类型招生工作的通知》及《关于做好2024年部分外国语中学推荐保送生工作的通知》的有关规定，结合外语类人才选拔和培养需要，西工大于2024年起招收外语类保送生。

（1）招生专业及计划

2024年外语类保送生招生专业为德语。

招生计划：20人，根据生源情况择优录取。

（2）报名条件

具有教育部规定的外语类推荐保送生资格，综合素质优秀、热爱外语专业、身体健康的应届高中毕业生。

（3）选拔流程

初审。对在规定期限内申请西工大外语类保送生且申请材料符合要求的考生进行初审。

考试确认。初审通过的考生须登录报名系统，完成考试确认。未在规定时间内按要求完成考试确认的考生，视为自动放弃综合素质测试资格。

综合素质测试。通过初审并完成考试确认的考生须到西工大参加综合素质测试，测试形式为笔试和面试。

1）笔试：总分100分，时长2小时，主要考核学生的语言水平。

2）面试：总分100分，时长15分钟以内，主要考核学生的综合素质。

（4）录取原则

学校根据考生的综合素质测试成绩排序，综合素质测试成绩（满分100分）由笔试成绩（占50%）、面试成绩（占50%）组成，划定综合素质测试成绩合格线为60分。在学校划定的合格线（含合格线）上的考生按照综合素质测试成绩从高到低进行排序，择优录取。

4. 港澳台招生

（1）港澳台侨联考

港澳台侨联考，全称为“中华人民共和国普通高等院校联合招收华侨及港澳台地区学生考试”，是指由教育部单独组织命题并划定分数线的全国性选拔性考试，是由中华人民共和国教育部门承认学历的大学或者学院开展的针对港、澳、台及华侨等考生的单独招生形式，是在中国内地（祖国统一规定的除外）学习的外省学生参加全国联招所参加的升学考试制度。港澳台侨联考是中国教育部单独为海外华侨和港澳台学生设计的专门高考，以满足海外华侨及港澳台学生回祖国内地接受高等教育的愿望，为他们提供入读内地大学的机会。华侨港澳台学生入学后与内地学生基本享受同等待遇。

经教育部批准，西工大于2020年取得华侨港澳台学生招生资格，通过“普通高校联合招收华侨港澳台学生”途径，截至目前共招收25人。

（2）台湾地区高中毕业生

招收台湾地区高中毕业生全称为“普通高等学校依据台湾地区大学入学考试学科能力测试成绩招收台湾高中毕业生”（简称“台湾学测生”）。台湾学测生是面向持有“台湾居民居住证”或“台湾居民来往大陆通行证”，以及在台湾居住的有效身份证明，且当年学测成绩在语文、数学、英文考试科目中任意一科达到均标级以上的台湾高中毕业生的招生。

为进一步便利台湾高中毕业生来大陆接受高等教育，为台湾学生来大陆学习创造更多机会，西工大自2020年起开始招收台湾学测生，截至2024年共招收32名学生。

（3）澳门保送生

西工大目前已与澳门大学、澳门科技大学等高校和机构建立教育交流合作关系，合作领域主要包括联合科研、学生交换、联合培养等。2016年以来，西工大与澳门大学合作日益频繁，来自生态与环境学院、生命学院和无人系统研究院的多名教师与澳门大学教师在生态环境科学、计算机科学、材料物理与化学等领域开展了深入合作。2022年，西工大与澳门大学签署校级合作协议，双方意向通过合作开展学术研究和教育活动；举办学生交流活动；交换科研人员以进行科研合作、讲座和讨论；联合举办学术会议、研讨会及课程等，拓展两校师生交流新途径，搭建深度融通新平台，促进两校学生培养、科研合作向更高水平发展。同年，西工大生态环境学院与澳门大学健康科学学院签署学生交换协议、学生研究员计划协议，为双方本科生和研究生到对方学校交换学习、访问研究等打下坚实基础。为进一步落实教育部等六部门联合印发的《普通高等学校招收和培养香港特别行政区、澳门特别行政区及台湾地区学生的规定》，吸引澳门地区青年学生来陕学习深造，增强澳门学生群体的国家认同，维护祖国和平统一，加深与澳门地区高校的学术交流，推进对澳门招生工作，2023年西工大首届开展招收澳门保送生工作，截至2024年共招收20名学生。

（4）香港中学文凭考试

香港中学文凭考试也称为“香港高考”，是一项综合类型的评估考试，起源于香港中学会考，是每年由香港考试及评核局（考评局）主办的公开考试，被视为学生进入高等教育阶段的重要门槛。2024年起，西工大为进一步落实教育部办公厅有关要求，经批准，首次开展香港中学文凭考试学生招生工作，以吸引更多香港地区青年学生来陕学习深造，增强香港学生群体的国家认同，加深与香港高校的学术交流，推进对港招生工作。首年共招收7名学生。

5. 少数民族地区招生

多年来，西工大持续推进新疆内地高中班、西藏内地高中班、新疆协作计划（预科班）、南疆单列计划及普通类招生录取工作，近五年面向新疆、西藏、宁夏、内蒙古、广西5个少数民族地区招收本科生1451名，面向13个省份招收少数民族预科生362名。

3.2.2　“强基计划”培养基础拔尖人才

1. 教育部“强基计划”

基础学科招生改革试点，也称强基计划，是教育部开展的招生改革工作，2020年1月13日，《教育部关于在部分高校开展基础学科招生改革试点工作的意见》印发，决定自2020年起，在部分高校开展基础学科招生改革试点。

（1）目标定位

强基计划主要选拔培养有志于服务国家重大战略需求且综合素质优秀或基础学科拔尖的学生。聚焦高端芯片与软件、智能科技、新材料、先进制造和国家安全等关键领域以及国家人才紧缺的人文社会科学领域，由有关高校结合自身办学特色，合理安排招生专业。要突出基础学科的支撑引领作用，重点在数学、物理、化学、信息学、生物学及历史、哲学、古文字学等相关专业招生。建立学科专业的动态调整机制，根据新形势要求和招生情况，适时调整强基计划招生专业。

（2）招生办法

在保证公平公正的前提下，探索建立多维度考核评价考生的招生模式。高校根据有关拔尖创新人才培养需要，制定强基计划的招生和培养方案。符合高校报考条件的考生可在高考前申请参加强基计划招生。高校依据考生的高考成绩，按在各省（区、市）强基计划招生名额的一定倍数确定参加高校考核的考生名单。考生参加统一高考和高校考核后，高校将考生高考成绩、高校综合考核结果及综合素质评价情况等按比例合成考生综合成绩（其中高考成绩所占比例不得低于85%），根据考生填报志愿，按综合成绩由高到低顺序录取。有关高校要认真研究制定高中学生综合素质评价使用办法，并在招生简章中提前向社会公布。

对于极少数在相关学科领域具有突出才能和表现的考生，有关高校可制定破格入围高校考核的条件和破格录取的办法、标准，并提前向社会公布。考生参加统一高考后，由高校组织相关学科领域专家对考生进行严格考核，达到录取标准的，经高校招生工作领导小组审定，报生源所在地省级高校招生委员会核准后予以破格录取。破格录取考生的高考成绩原则上不得低于各省（区、市）本科一批录取最低控制分数线（合并录取批次省份应单独划定相应分数线）。

（3）培养模式

教育部要求，招生高校要对通过强基计划录取的学生制定单独人才培养方案和激励机制，增强学生的荣誉感和使命感。实施基础学科拔尖学生培养计划的高校，要加强对人才培养的统筹。对通过强基计划录取的学生可单独编班，配备一流的师资，提供一流的学习条件，创造一流的学术环境与氛围，实行导师制、小班化等培养模式。畅通成长发展通道，对学业优秀的学生，高校可在免试推荐研究生、直博、公派留学、奖学金等方面予以优先安排。探索建立本—硕—博衔接的培养模式，本科阶段培养要夯实基础学科能力素养，硕博阶段既可在本学科深造，也可探索学科交叉培养。推进科教协同育人，鼓励国家实验室、国家重点实验室、前沿科学中心、集成攻关大平台和协同创新中心等吸纳这些学生参与项目研究，探索建立结合重大科研任务进行人才培养的机制。强化质量保障机制，建立科学化、多阶段的动态进出机制，对进入强基计划的学生进行综合考查、科学分流。建立在校生、毕业生跟踪调查机制和人才成长数据库，根据质量监测和反馈信息不断完善培养方案和培养模式，持续改进招生和培养工作。高校要加强对学生的就业教育和指导，积极为关键领域输送高素质后备人才。

2. 西工大“强基计划”

（1）目标定位

西工大“强基计划”主要选拔有志于服务国家重大战略需求且综合素质优秀或基础学科拔尖的学生，突出基础学科的支撑引领作用，为国家重大战略领域积极输送后备人才。

（2）招生专业及招生计划

申请报名考生分为以下两类：

第一类：综合素质全面且高考成绩优异的考生。

第二类：在基础学科领域具有突出才能和表现的考生，考生在高中阶段获得全国中学生数学、物理、化学奥林匹克竞赛中任一科目全国决赛二等奖及以上奖励。

结合相关专业优势与办学特色，2024年西工大“强基计划”招生专业有航空航天类、数学类（数学与应用数学、信息与计算科学）、应用物理学、化学类，总计划数140人。

对于第一类考生，依据高考成绩（不含任何政策加分，下同），按分省招生计划数的4倍人数确定各省入围考核考生名单并公示入围标准，末位同分同入围。

2024年起，西工大对第一类考生制定了新的破格入围要求，适当给予单科成绩特别优异的学生更多的机会，即数学单科成绩145分及以上，且高考成绩进入分省招生计划数4～5倍之间的考生，可申请破格入围西工大考核。

对于第二类考生，达到西工大破格入围的条件即可入围考核环节。

入围考生高考成绩须达到生源所在省份本科一批录取最低控制分数线，对于实施高考综合改革及合并本科批次的省份，按照该省份确定的相应最低录取控制分数线执行；对于第一类考生，高考成绩还须达到生源所在省高考满分的75%。

（3）培养模式——小班化、导师制等

西工大“强基计划”强化制度保障，构建“顶层指导意见+学业奖励激励、国际交流资助、保研名额保障+学院动态进出”的强基计划“1+3+4”制度体系和长效机制。培养过程中实施单独编班，小班化管理，班级人数30人。从大一入学开始，为每名学生配备一名学术导师，为每一位学生配备一位青年导师。双导师负责学生的培养方案制定、选课、科研训练，选择科研方向，培养学术志趣，撰写学术论文、发明专利、毕业设计（论文）、科研实践等学业指导，同时负责学生的思政工作。

西工大为班级选配最强师资，采用研究型教学、团队式学习、项目式科研等教学模式，同时在西工大相关部门的支持下，针对每个学生的自身特点和成长变化，在导师的指导下，允许学生每年度动态调整培养方案实施计划，在课程免修、选修、学分置换等方面，提供最大的灵活性。班级定制化开设科学研讨与实践课等特色课程，注重培养学生的系统思维和解决问题的能力。

3.3 “拔高峰”式特色招生宣传

3.3.1 建强招生队伍

西工大高度重视招生宣传工作，坚持以“总师育人文化”引领本科招生工作，贯彻“全年、全员、全力、全方位”招生工作理念，夯实由党委统一领导，全校各学院、各职能部门等全员参与的招生工作体系，充分发挥招生工作领导小组作用，建强以校领导、各学院招生组骨干教师、党政管理人员、在校学生、知名校友等为主的“多元协同”招生宣传队伍，全方位、多维度提升招生工作聚合力（见图3-2）。

1. 校领导靠前指挥

实行校领导包干学院招生组工作机制，校领导可通过走访中学、招生宣讲、科普讲座、举办论坛等多种形式指导、参与、支持各招生组工作。每位校领导每学期至少参与1次招生宣传活动。校领导带队走进重要生源中学调研对接，摸清中学人才培养需求，与中学领导、师生和学生家长直接对谈、深度交流，鼓励中学生服务国家发展战略需要，投身于铸国之重器的伟大实践中（图3-3为学校主要领导参加招生活动）。

图3-2 “五维一体”招生宣传队伍建设

图3-3 学校党委书记李言荣院士、校长宋保维院士为新生代表签名赠书、颁发录取通知书

2. 招生组常态化联系生源中学

西工大根据招生计划及生源情况将全国招生省份划分为若干招生区域，由相应学院负责，各学院成立招生组，负责所划定区域的招生宣传工作。各学院设招生工作负责人和招生组长，招生工作负责人由学院领导担任，招生组长由学院领导或经验丰富的教职工担任。

3. 多部门协同联动助力招生宣传

机关各职能部门积极参与各省份本科招生宣传工作，指定专人负责协调组织本部门人员参与所联系招生组的招生宣传工作。机关职能部门主要负责人每学期至少参与1次招生宣传活动。对外联络办公室负责建立各地校友会与招生组的直接联系机制，会同各地校友会明确招生工作专门联系人，并鼓励引导校友积极参与当地招生工作，做到各地校友会参与招生宣传 100%全覆盖。

3.3.2　提升宣传效能

1. 建立优质生源基地

通过分析历年录取数据，西工大主动与各省份重点生源中学联络沟通，通过签订合作协议，在科普讲座、来校研学、人才创新培养等方面为中学提供全面服务，架起双方紧密合作的桥梁，促进与重点生源中学的良性互动。招生办公室和各学院招生组统筹安排好招生走访、优质生源基地合作、各类科普宣讲等活动的时间、内容和方式。各招生组聚焦优质生源基地，确保“一校一人”（每个生源中学有专人对接联系）、“一校一策”（每个生源基地有针对性的宣传和支持政策），加深与各优质生源基地常态化、长效性的日常联系交流，推进招生宣传活动工作时段全覆盖和优质高中全覆盖（图3–4为西工大为优质生源基地授牌）。

图3–4　西工大为优质生源基地授牌

2. 做强线上媒体矩阵

招生办公室联合党委宣传部加强招生工作新媒体平台建设，充分展示西工大办学实力、学科专业发展、人才培养成效、科技创新平台、校园文化生活等内容，积极打造宣传热点，讲好“西工大故事”，传递好“西工大声音”，让招生工作更有底气、更加自信，进一步提升对优质生源的吸引力。

3. 优化招生工作信息化系统

推进数字赋能招生，持续对招生系统进行迭代升级，逐步实现大数据分析、高考志愿填报AI（人工智能）答疑等功能，以信息化手段助力西工大招生工作高质量内涵式发展。

3.3.3 打造特色品牌

1. 重磅推出“院士、总师进中学”活动

两院院士、杰出校友积极参与西工大招生宣传工作，成为招生宣传队伍中一支重要力量。校友总师杨伟、唐长红、邓景辉为新生见面礼“3D打印飞机模型”亲笔签名。运-8、空警-200、空警-500等多个型号总师欧阳绍修，中国航天科技集团有限公司第五研究院西安分院研究员、卫星副总设计师苏继东，中国航发四川燃气涡轮研究院专项总师邓远灏等总师相继走进中学与广大中学生面对面交流（见图3-5）。两院院士宋保维、张卫红、李贺军（见图3-6）等到中学开展科普讲座，在中学生心中播撒了科技强国、“三航”报国的种子。

图3-5 校友总师欧阳绍修走进中学

图3-6 李贺军院士开展科普讲座

2. 精心组织“中学校长论坛”

探索大学与中学教育的衔接、合作、融合发展有效途径，探讨新时代考试招生制度改革进展和大中学校选才育才之道，分别于2021年4月、2023年4月及10月组织举办三届“百所中学校长论坛”。来自全国共计近400所中学的近600名校领导和老师齐聚西工大，共商教育大计，共话“总师型”人才培养。2024年，举办“湘桂重点中学卓越人才协同培养论坛”“重庆市重点中学教育论坛”“天津市重点中学教育论坛”等区域性高水平教育研讨活动。西工大领导与相关省份考试院领导、各地校友代表、全国各地中学校领导齐聚一堂，深入研讨大学中学衔接教育，助力提高“总师型”人才自主培养质量，更好地践行“为党育人、为国育才”的初心使命。中学校长论坛的成功举办，使西工大与各重点生源中学间的交流互动更加密切，加深了各中学对西工大及“总师型”人才培养理念的认同，并为搭建协同培养机制，共享优质教育资源，提升我国拔尖创新人才自主培养质量作出了贡献。

3. 全力开展“学生大使”回访中学母校活动

“学生大使”回访中学母校活动指的是在校大学生利用假期归乡之际，返回中学母校进行招生宣传，这也为在校大学生提供了良好的社会实践平台。招生办公室联合校团委对“学生大使”活动进行全过程指导和管理，规范化开展对该活动的考核与评比表彰。2024年寒假，西工大“学生大使”回访母校活动共有3800余名在校学生参与，覆盖全国1200余所中学。“学生大使”们回访母校，为西工大争取一流生源贡献了青春力量（见图3–7）。

图3–7　“学生大使”回访中学母校开展招生宣传活动

3.3.4　强化奖励激励

西工大制定出台了《西北工业大学本科招生工作先进集体和先进个人评选专项奖励办法》，招生办公室根据学校与各学院签订的目标责任制任务书，每年初与各学院招生组商定本年度招生工作目标，约定各省招生最低位次、平均位次、最高位次的基准达标线和评优达标线。每年9月份，按照招生工作相关奖励激励政策，评选出一等奖、二等奖、优秀奖共三类先进集体和“招生领航人”、招生先锋奖、“优秀招生大使”共三类先进个人。其中，“招生领航人”颁发给积极带队或参与各招生组走进中学，开展高水平科普讲座、科技活动等各类招生宣传活动，在规模和质量方面有效发挥示范引领作用，广受好评并取得良好实效的招生组长、知名专家等。招生先锋奖颁发给积极参与西工大招生工作，努力动员拔尖考生报考，为西工大选拔一流生源作出突出贡献的教职工。“优秀招生大使”颁发给热心参与招生宣传，积极助力西工大招生工作，动员高质量考生报考并完成新生入学，为西工大选拔一流生源作出重要贡献的西工大教职工和在校学生。每年10月份，召开招生工作总结表彰大会，对本年度表现优异的集体和个人进行表彰奖励，形成工作闭环。首届“招生领航人”李华星，全年奔赴全国各地中学开展科普讲座，引导中学生早立军工报国之志。

3.4　本章小结

西工大不断完善支撑“总师型”人才培养的招生工作体系。立足西工大办学特色、学科发展和专业布局，以提高西工大本科人才培养和就业深造质量为目标，持续优化招生专业目录和计划编制，吸引选拔具有“总师型”人才潜质的高质量生源。不断建强西工大领导、高层次人才、校友总师、学生大使等多元协同招生队伍，做优西工大“三航”特色科普报告品牌和“总师型”人才培养课程共建，做强新媒体平台建设，持续提升招生宣传效能。近年来，西工大生源质量屡创新高。

（注：本章由王克勤、马婷婷、龚思怡、李佩等人编写。）

第四章

多措并举建设特色专业体系

专业是人才培养的基本单元，是建设高水平本科教育、培养一流人才的“四梁八柱”，专业建设的高质量发展在推进高等教育现代化、建设教育强国中具有重要的基础性作用。新时代，西工大按照“固优势、强基础、拓新兴”的专业建设理念，始终将服务国家重大战略需求、服务国防科技工业、服务国家现代化建设和促进经济社会发展作为专业发展的基本定位，注重基础宽、厚、实，激发专业新、精、活，持续推进工工、工理、工文等交叉融合，形成了多学科融合、布局合理、适应性强的本科专业结构布局。

4.1　优化专业布局

4.1.1　布局新增急需紧缺专业

党的二十大报告指出："教育、科技、人才是全面建设社会主义现代化国家的基础性、战略性支撑。"高校作为科技创新和人才培养的重要阵地，要始终坚持以需求为导向，应国家之所需，对接国家重大战略需求，着力发展国家急需专业，充分发挥好在国家急需人才培养方面的主力军作用，为我国建设教育强国和科技强国提供有力支撑。

党的二十大报告提出到2035年基本实现新型工业化，加快建设制造强国。对于高校来说，聚焦新型工业化产业需求，顺应新一轮科技革命和产业变革趋势，促进数字化深度赋能教育融合就势在必行。在学科专业建设方面，要以服务国家战略为动力，围绕生物技术、集成电路、量子科技、人工智能、储能技术、智能制造、数字经济、高端装备等急需领域加快相关学科专业建设，进一步提高专业建设精度，延展复合交叉深度，强化科研支撑力度，加快人才培养速度，促进人才培养与社会需求相融合，实现教育链、人才链与产业链、创新链的有机衔接。

高校加强国家急需专业人才的培养，有利于为我国科技创新发展提供智力支撑和技术后盾，通过加强国家急需专业的建设与人才的培养，造就和输送大批国家重要领域领军人才和科研队伍，能够有效加快关键领域核心技术攻关，加快推进人工智能、区块链等专项行动计划，努力攻克新一代信息技术、现代交通、先进制造、新能源、空天地海、生物育种、生命健康等重要领域的"卡脖子"技术。

培养国家急需专业人才，首先要聚焦国家重点领域、重大规划、重大科技任务，服务国家经济发展和战略需求，在教学实践中，积极弘扬胸怀祖国、服务人民的爱国情怀和勇攀高峰、潜心钻研的科学家精神，培养一批心怀"国之大者"的拔尖人才，真正担负起时代赋予的使命和重任，引导学生把"重品德、肯担当、有作为"当作自己的目标追求和价值取向，帮助学生树立正确的人生导向，要着力推进国家急需领域高质量人才的精准输送，培养堪当民族复兴大任的时代新人，探索从人才强到国家强的发展新路径，打造深耕基础研究的主力军和实现重大科技创新的生力军。

高校要结合实际的办学情况，进行前瞻性战略部署，重点布局一批国家急需的战略新兴专业，瞄准关键核心技术领域特别是“卡脖子”的问题，解决“高精尖缺”领域人才短板问题，提升教育为经济社会发展服务的能力。要将国家急需领域相关专业纳入重点支持专业清单，在人才培养等方面予以优先考虑，加大支持力度。同时，对接国家战略需求，结合“双一流”建设，进一步推动交叉复合专业发展，形成较为完善的交叉学科人才培养体系。更重要的是要把握社会新动向以及产业未来发展方向，明确新型工业化的发展重点和方向，聚焦前沿科技，围绕新一代信息技术、先进制造、新能源、航空航天航海等重点领域持续推进新工科建设；鼓励和其他学科专业深度交叉融合，激发专业综合优势，打造交叉创新高地；积极运用数字时代新概念、新技术推动传统文科专业改革创新，探索新工科、新文科理念下专业建设新途径和人才培养新模式，培养在前沿交叉与未来技术领域具有话语权和影响力的科技创新“总师型”人才。

4.1.2 优化调整专业结构

专业建设是体现学校办学水平、特色和综合实力的重要标志，具有综合性、长期性、根本性特点。西工大不断促进本科教育教学规模、结构、质量综合协调发展，始终面向国家重大战略需求和国防科技发展前沿，遵循“固优势–强基础–拓新兴”的专业建设思路，科学规划专业建设，健全专业动态调整机制。2019年以来，西工大主动布局设置柔性电子学（全国首个）、海洋工程与技术、机器人工程、人工智能、增材制造工程、集成电路设计与集成系统、保密技术等14个本科专业，逐步构建了支撑引领、交叉融合的西工大特色专业体系。

西工大现有本科专业72个（见表4–1），涵盖工学、理学、管理学、文学、法学、经济学、艺术学、教育学等8个门类，其中工学门类专业50个，占专业总数的69.4%；理学门类专业9个，占专业总数的12.5%；管理学门类专业6个，占专业总数的8.3%；文学、经济学门类专业均为2个，各占专业总数的2.8%；法学、艺术学、教育学门类专业均为1个，各占专业总数的1.4%（见图4–1）。西工大对一些不适应社会需求、发展缺乏后劲的专业实施动态调整，主动撤销专业9个，停招专业8个。西工大持续深化大类招生及大类培养工作，目前设置航空航天类、海洋工程类、材料类、智能制造类、力学类、能源动力类、信息类、理学类、化工类、管理类、哲学社会科学类等11个大类，6个专业单独培养。

表4-1　西工大本科专业分布

专业所在学科门类	数量／个
工学	50
理学	9
管理学	6
文学	2
法学	1
经济学	2
艺术学	1
教育学	1
合计	72

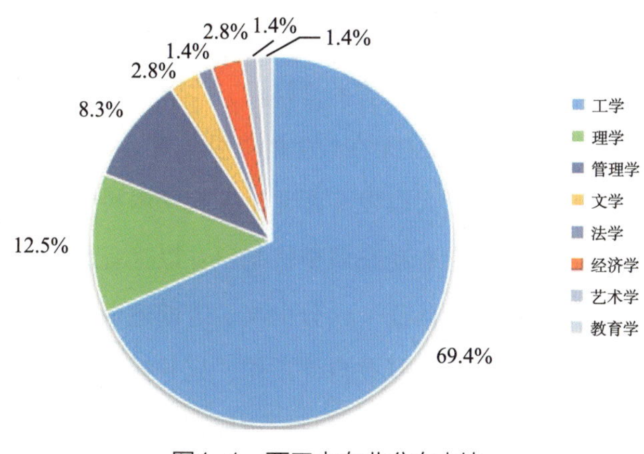

图4-1　西工大专业分布占比

4.1.3　实施专业动态调整

2023年4月，教育部等五部门印发《普通高等教育学科专业设置调整优化改革方案》，提出到2025年优化调整高校20%左右学科专业布点，新设一批适应新技术、新产业、新业态、新模式的学科专业，淘汰不适应经济社会发展的学科专业。随后，教育部公布了2022年度普通高等学校本科专业备案和审批结果。各高校新增备案本科专业1641个，新增审批本科专业176个，高校申请撤销专业925个。2024年3月，教育部公布了2023年度普通高等学校本科专业备案和审批结果，各高校共新增备案专业1456个、审批专业217个，申请撤销专业1670个。根据教育部公布的数据，近年来，我国高等教育学科专业结构调整工作深入推进，目前全国普通高校本科专业布点总数6.6万个，较2012年新增1.7万个、撤销和停招了近1万个专业点，每年调整幅度近5%。由此可见，高校专业结构调整优化是未来几年专业建设的重点任务。

西工大始终聚焦国家需求与学科前沿，紧密对接国家急需关键领域和战略新兴交叉学科人才需求，不断优化专业布局，推动本科专业内涵建设，按照“总师型”人才培养要求，加强“招生–培养–就业”协同联动，实施专业动态调整，健全完善本科专业动态调整机制。为进一步规范学校本科专业设置与建设管理，提高人才培养与经济社会发展的契合度，鼓励和支持各专业加强内涵建设与特色发展，打造符合西工大办学定位和目标的专业布局和专业发展体系，全面提升本科人才培养质量，西工大制定了《西北工业大学本科专业建设管理办法》《西北工业大学本科专业动态管理实施细则》，依据上一年各专业高等教育质量监测数据等相关指标，以及工程教育认证受理和考查情况等定期开展专业自评估，将评估情况与专业招生指标、学院绩效考核等挂钩，实施专业预警、专业停招、专业退出等措施。近六年，新增人工智能、增材制造工程、保密技术等14个本科专业（见表4–2），主动撤销理论与应用力学、安全工程、环境工程、环境科学等9个停招且无在校生的专业（见表4–3），进一步优化专业动态调整机制。2023年10月，西工大印发《西北工业大学本科专业设置调整优化改革实施方案》，进一步完善西工大专业动态调整机制，并以工程教育认证为抓手，持续推进专业建设，做到“应认证、尽认证”，分批次、定期邀请校内外专家围绕专业面向产出的内部评价机制建设情况开展专业自评工作，充分挖掘教学状态数据，促进专业不断完善对于课程目标、毕业要求、培养目标达成情况的自我评价结果应用，建立专业建设质量持续改进长效机制，提升专业建设质量，并面向全校所有本科专业，力求实现五年内专业自评估100%全覆盖，不断强化评估结果应用，推进西工大优势特色专业发展。

表4–2　西工大近六年新增本科专业

序号	专业名称	门类	学院（研究院）名称	获批时间（年份）
1	人工智能	工学	计算机学院	2019
2	机器人工程	工学	自动化学院	2020
3	网络空间安全	工学	网络空间安全学院	2020
4	分子科学与工程	理学	化学与化工学院	2020
5	金融科技	经济学	管理学院	2021
6	海洋工程与技术	工学	航海学院	2021
7	柔性电子学	工学	柔性电子研究院	2021

续表

序号	专业名称	门类	学院（研究院）名称	获批时间（年份）
8	行政管理	管理学	公共政策与管理学院	2022
9	生态学	理学	生态环境学院	2022
10	增材制造工程	工学	材料学院	2023
11	集成电路设计与集成系统	工学	微电子学院	2023
12	保密技术	工学	国家保密学院	2023
13	智能交互设计	工学	计算机学院	2024
14	运动训练	教育学	体育部	2024

表4-3　西工大近六年撤销本科专业

序号	专业名称	门类	学院名称	撤销时间（年份）
1	理论与应用力学	工学	航空学院	2022
2	安全工程	工学	航空学院	2022
3	环境工程	工学	航海学院	2022
4	武器发射工程	工学	航海学院	2022
5	车辆工程	工学	机电学院	2022
6	社会工作	法学	公共政策与管理学院	2022
7	信息对抗技术	工学	航海学院	2023
8	环境科学	理学	化学与化工学院	2024
9	保密管理	管理学	网络空间安全学院	2024

4.2　深化专业内涵建设

围绕习近平总书记关于“培养什么人、怎样培养人、为谁培养人”作出的系列重要论述，西工大结合人才培养特色，深度挖掘国防军工元素，与各类专业特色深度浸润，对标教育部《普通高等学校本科专业类教学质量国家标准》，强化专业内涵建设，建设54个一流专业建设点（见表4-4和表4-5），98.2%的在招专业（除新设专业）为一流本科专业建设点，已实现工科专业全覆盖，“三航”专业国家级一流专业全覆盖。深化专业建设，提升与国家战略和经济社会发展需求的契合度，聚焦学科专业前沿发展趋势以及社会需求，加强对专业内涵建设的认识与研究，主动布局国家急需新兴专业，加强传统优势专业改造升级。

表4-4 西工大国家级一流本科专业建设点汇总表

序号	专业名称	门类	学院	获批年份
1	飞行器设计与工程	工学	航空学院、航天学院、民航学院	2019
2	水声工程	工学	航海学院	2019
3	材料科学与工程	工学	材料学院、西北工业大学伦敦玛丽女王大学工程学院	2019
4	飞行器制造工程	工学	机电学院	2019
5	机械设计制造及其自动化	工学	机电学院	2019
6	微机电系统工程	工学	机电学院	2019
7	工业设计	工学	机电学院	2019
8	飞行器动力工程	工学	动力与能源学院、航天学院	2019
9	探测制导与控制技术	工学	电子信息学院	2019
10	自动化	工学	自动化学院	2019
11	电气工程及其自动化	工学	自动化学院	2019
12	计算机科学与技术	工学	计算机学院	2019
13	材料物理	理学	物理科学与技术学院	2019
14	工程管理	管理学	管理学院	2019
15	软件工程	工学	软件学院	2019
16	航空航天工程	工学	航天学院、航空学院	2021
17	船舶与海洋工程	工学	航海学院	2021
18	材料成型及控制工程	工学	材料学院	2021
19	复合材料与工程	工学	材料学院	2021
20	工业工程	工学	机电学院	2021
21	工程力学	工学	力学与土木建筑学院	2021
22	能源与动力工程	工学	动力与能源学院	2021
23	电子科学与技术	工学	电子信息学院	2021
24	物联网工程	工学	计算机学院	2021
25	数学与应用数学	理学	数学与统计学院	2021
26	光电信息科学与工程	理学	物理科学与技术学院	2021
27	高分子材料与工程	工学	化学与化工学院、西北工业大学伦敦玛丽女王大学工程学院	2021
28	信息管理与信息系统	管理学	管理学院	2021
29	英语	文学	外国语学院	2021
30	信息安全	工学	网络空间安全学院	2021
31	飞行器控制与信息工程	工学	航空学院、航天学院、民航学院	2022
32	机械电子工程	工学	机电学院	2022
33	土木工程	工学	力学与土木建筑学院	2022
34	通信工程	工学	电子信息学院	2022

续表

序号	专业名称	门类	学院	获批年份
35	机器人工程	工学	自动化学院	2022
36	信息与计算科学	理学	数学与统计学院	2022
37	应用物理学	理学	物理科学与技术学院	2022
38	化学工程与工艺	工学	化学与化工学院	2022
39	工商管理	管理学	管理学院	2022
40	会计学	管理学	管理学院	2022
41	国际经济与贸易	经济学	公共政策与管理学院	2022
42	法学	法学	公共政策与管理学院	2022
43	微电子科学与工程	工学	微电子学院	2022

表4-5　西工大省级一流本科专业建设点汇总表

序号	专业名称	门类	学院	获批年份
1	产品设计	艺术学	机电学院	2019
2	信息工程	工学	航海学院	2021
3	电子信息工程	工学	电子信息学院	2021
4	电磁场与无线技术	工学	电子信息学院	2021
5	统计学	理学	数学与统计学院	2021
6	生物技术	理学	生命学院	2021
7	建筑学	工学	力学与土木建筑学院	2022
8	人工智能	工学	计算机学院	2022
9	数据科学与大数据技术	工学	计算机学院	2022
10	德语	文学	外国语学院	2022
11	网络空间安全	工学	网络空间安全学院	2022

4.2.1　专业建设之“固优势”

习近平总书记在清华大学考察时强调，要用好学科交叉融合的“催化剂”，加强基础学科培养能力，打破学科专业壁垒，对现有学科专业体系进行调整升级，瞄准科技前沿和关键领域，推进新工科、新医科、新农科、新文科建设，加快培养紧缺人才。

近几年来，西工大大力推进“新工科”建设，对传统优势工科专业进行升级改造。一方面是结合已有专业、课程、师资和教学平台建设等优势基础，从新经济、新业态中的工程应用出发，以需求为导向明确专业定位，面向行业、人才培养的目标和培养模式。重点考虑学科和专业建设之间的融合、新专业和老专业的交叉协调发展，对电气工程及其自动化、电子信息工程、通信工程等11个国防重点和紧缺专业（见表4–6）以及其他老牌优势工科专业进行优化升级。另一方面是推动工工、工文等学科之间的交叉融合，将新理念、新结构、新模式、新质量、新体系融入专业建设中，深入理解新工科建设的内涵，梳理传统专业升级改造建设中存在的问题，进一步推动培育新的优势工科领域和新兴交叉学科专业。以下为3个典型案例。

1）船舶与海洋工程专业，以国家海洋战略为指导，结合水中兵器和海洋装备向深海、无人化、自主化、智能化方向发展的趋势，适应新时代对卓越领军人才的需求，践行新工科核心理念，调整专业培养方案，完善课程体系，优化实践课程体系，体现新工科特色。构建了“学科基础课程—专业方向核心课程—专业选修/创新创业课程”的多级递进式矩阵化课程体系，以责任教授为核心，建设海洋工程、动力和振动与噪声3个方向的特色课程群，构建了专业实践训练与学科创新竞赛相结合的递进式创新实践模式。

2）工程力学专业，融合新工科理念，优化人才培养方案。紧密结合新工科建设需要，面向国家航空、航天、航海发展的重大需求，瞄准国内外学科发展前沿，以提升学生工程创新能力、服务国家战略需求和参与国际竞争的能力培养为核心，以“为天才留足空间，为通才创造条件”为理念，制定了力学大类培养方案，进一步优化实践教育、创新创业教育和社会责任教育“三位一体”人才培养模式。

3）航空航天工程专业，实施本科和研究生贯通制培养，进一步确立本、硕、博各阶段的教育定位，科学设计航天卓越人才培养方案，并与研究生阶段培养结合、与国际航空航天教育接轨；构建了专业基础课程、核心课程探索“讲一学二考三”新型教学模式，培养了学生知识自我更新、自我拓展的能力。

表4–6　国防重点和紧缺专业

序号	专业名称
1	电气工程及其自动化
2	电子信息工程
3	通信工程
4	自动化
5	飞行器制造工程
6	飞行器动力工程
7	探测制导与控制技术
8	能源与动力工程

续表

序号	专业名称
9	飞行器设计与工程
10	电磁场与无线技术
11	水声工程

为主动应对新一轮科技革命和产业变革，推动工程教育改革创新，加快培养适应未来社会发展所需的卓越工程师，新工科建设成为近年我国高等教育人才培养面向未来、主动求变、影响最大、范围最广的改革之一。“复旦共识”“天大行动”和“北京指南”等系列文件的推出，对于指导广大教师正确理解新工科的内涵及特征，明确新工科的建设目标及路径选择发挥了引领作用。西工大以新工科建设为契机，聚焦专业建设优布局、课程建设强特色、培养体系推改革、协同育人搭平台、教学模式塑形态、质量保障立标准等六个方面，积极开展新工科建设的理论研究与实践探索，形成了特色鲜明的新工科建设西工大实践。

2022年8月5日，由西工大承办的第57届中国高等教育博览会“新工科”论坛在西安成功举办（见图4-2），以“交叉融合再出新，深化新工科建设，全方位助力西部高等教育振兴”为主题，聚焦新工科建设发展前沿、培养模式改革、教学资源建设、多学科交叉融合、校企协同育人等开展交流报告，300余人到会观摩，千余人次在线观看同步直播，共同探索新工科建设新发展，寻求多维协同与合作共赢。论坛的成功举办进一步凝聚新工科创新发展共识，提升新工科建设的广度、力度和高度，对助力西部高等教育振兴有着重要意义。

图4-2　西工大承办第57届中国高等教育博览会“新工科”论坛

4.2.2 专业建设之“强基础”

2022年2月28日召开的中央全面深化改革委员会第二十四次会议审议通过的《关于加强基础学科人才培养的意见》，指出要全方位谋划基础学科人才培养，走好基础学科人才自主培养之路，全面贯彻党的教育方针，落实立德树人根本任务，遵循教育规律，加快建设高质量基础学科人才培养体系。党的二十大报告指出，加强基础学科、新兴学科、交叉学科建设，加快建设中国特色、世界一流的大学和优势学科。这些重要论述为推进基础学科人才培养提供了根本遵循。

西工大注重工理融合，以理强工，以工促理，培养“理工复合型”领军人才。比如复合材料与工程专业，秉承新工科理念，构建多学科交叉课程体系，将物理、化学、力学、机械等学科与复合材料专业深度融合，建设结构功能一体化复合材料新方向，凝练复合材料“共性原理”和“特性原理”，形成理论与实践相结合、第一课堂与第二课堂相结合的“厚基础、强能力、铸特色”的三层次课程体系，面向国家、国防和区域建设的主战场，以超高温结构复合材料及其制备技术为特色，培养具有家国情怀、追求卓越的高尚品格，掌握坚实的自然科学基础与专业知识，能够从事复合材料相关领域设计开发、生产制造、工程管理和科学研究等工作，具有国际视野、创新创业精神、团队协作精神、组织管理能力以及良好职业道德和社会责任感的复合型领军人才。

应用物理学专业，以空间应用物理、智能材料物理、薄膜物理和微纳光子学等优势学科研究方向为引领，将物理应用与“三航”、材料等工科紧密结合，构建特色课程体系。在基础课程方面，建设了以“四大力学”为代表的物理荣誉核心课程；在专业课程方面，建设了以魏炳波院士讲授的“空间科学与技术概论”为代表的高阶特色专业课；在本研衔接课程方面，建设了“空间材料科学导论”“电介质材料导论”“高等光学”等研究生预修课程。

4.2.3 专业建设之“拓新兴”

教育部在2024年初公布了2023年度普通高等学校本科专业备案和审批结果，并发布了《普通高等学校本科专业目录（2024年）》，电子信息材料、软物质科学与工程、大功率半导体科学与工程、生物育种技术、生态修复学、健康科学与技术等24种新专业正式纳入本科专业目录。为支持高校积极探索推进学科专业交叉融合，培养复合型拔尖创新人才，首次在工学门类下增设交叉工程专业类。截至目前，本科专业目录共包含93个专业类、816种专业。

由此可看出，科技前沿、交叉融合都是专业发展的新态势。学校要紧跟社会发展的步伐，对接新产业、新业态，开设符合学校发展特色的新专业。要聚焦科技前沿，强调学科交叉，加强需求调研，对接新技术、新模式，开设相关融合专业，注重培养复合型人才。

近年来，西工大始终立足当前“卡脖子”技术和未来发展战略需求，布局设立新兴、新型、新生专业。2019年以来，主动布局设置柔性电子学（全国首设）、机器人工程、人工智能等14个专业。2024年获批智能交互技术、运动训练等2个专业。同时，西工大高度重视第二学士学位专业布局工作，2020年申请并获批飞行器控制与信息工程、材料科学与工程、软件工程、信息安全、微电子科学与工程、工程管理、市场营销等7个第二学士学位专业，2024年获批英语第二学士学位专业（见表4-7）。第二学士学位新专业的建设进一步推进了专业建设可持续发展，切实提高了人才培养质量。

表4-7　西工大第二学士学位专业设置汇总表

序号	专业名称	学科门类	学院	获批年份
1	飞行器制造工程	工学	机电学院	2002
2	飞行器控制与信息工程	工学	航空学院	2020
3	材料科学与工程	工学	材料学院	2020
4	软件工程	工学	软件学院	2020
5	信息安全	工学	网络空间安全学院	2020
6	微电子科学与工程	工学	微电子学院	2020
7	工程管理	管理学	管理学院	2020
8	市场营销	管理学	管理学院	2020
9	英语	文学	外国语学院	2024

1）柔性电子学专业依托柔性电子前沿科学中心（柔性电子研究院）和教育实验学院共同建设，专业坚持以习近平新时代中国特色社会主义思想为指导，师资力量雄厚，办学条件一流。专业秉承“协同育人、交叉创新、中西融汇、追求卓越”的培养理念，遵循“厚基础、宽口径、重实践、求创新”培养特色，面向国家重大需求和柔性电子学科前沿，以化学和电子科学与技术为核心学科，高度交叉融合以化学、物理学、力学为核心的理学学科群和以电子科学与技术、材料科学与工程、光学工程和生物医学工程为代表的工学学科群。构建柔性电子学科特色开放协同育人格局，坚持科

研育人，探索建立结合重大科研任务的人才培养机制，搭建具有学科交叉、前沿性、国际化特色的本科人才培养方案，致力于培养在信息、材料、健康、国防、空间科技等领域，以柔性电子学为知识背景，具有扎实理论功底、独立创新精神和广阔国际化视野的未来科学家和科技领军人才，助力区域经济社会发展、服务国家重大战略需求，推动国民经济的转型升级。施行“四制五化”（完全学分制、首席教授负责制、双导师制、压力分流机制和小班化、个性化、卓越化、国际化、本研一体化）的特色培养模式，以内生动力激励、高阶性课程挑战、探究式学习、研究型实践等为“四大培养抓手”，在培养高素质人才的同时，产出一流科研和教学成果，助推柔性电子学及相关学科发展，为西工大的“双一流”建设贡献力量。

2）飞行器控制与信息工程专业面向国家“新工科”背景下先进飞行器控制与信息领域的迫切人才需求，服务国家航宇产业发展对制导、导航与控制电子综合系统、安全工程、适航等领域技术的重大需求，以飞行器相关知识与控制理论、信息科学等的交叉融合为特色，为国家未来信息化、智能化、体系化飞行器领域培养拥有家国情怀、国际视野及飞行器综合知识结构的领军人才。该专业基于国内领先的飞行器设计与工程专业，与力学、系统工程、控制学、信息学、计算机及人工智能等优势专业交叉，融入智能控制、信息感知与综合处理等先进技术，培养信息化时代高素质航空宇航专业人才。针对数字化、信息化、智能化等新工科发展要求，充分利用现代技术创建优质教学资源，在复杂抽象的飞行器设计与控制实验中创新应用虚拟仿真技术；以顶石课程、综合实践课程为抓手，探索航空专业人才的创新创业能力培养；并构建了“基础实验—工程实践—专业综合实践—创新实践”的多层次实践平台，实现对学生基础知识、实践能力和创新能力的递进式培养；开放专业课程与专业环节，集合全校软硬件资源，打通各学院师资和教学实验条件，清除专业藩篱，突破学科壁垒，打造学科交叉融合、专业跨界整合的课程体系方案，重点突出基础性、前沿性、交叉性和国际化；依托学院与国防军工院所建立深入合作关系，共建课程、教材与实践基地，首创“飞控信”专业联盟，搭建高校交流平台，形成一流协同育人格局。

3）机器人工程专业以机器人技术发展和国防领域重大战略应用为背景，结合航空航天航海的国防特色，培养基础扎实、专业能力强、有社会责任感和国际视野、德智体美劳全面发展的高素质拔尖领军人才。该专业涵盖航空、航天、航海、民用等领域机器人理论、技术、方法，是国内唯一具有鲜明“三航”特色的机器人工程专业。该专业依托“控制科学与工程”国家重点学科、“信息融合技术教育部重点实验室”

等多个国家和省部级重点实验室、“陕西省实验教学示范中心”等多个教学与工程研究中心，建立了“理实同步–虚实结合–资源共享”线上线下混合人才培养模式，激发学生创新能力。构建了通识教育和专业特色教育协同、兼顾个性发展的培养方案：低年级设置大类平台课程群和学科基础课程群，实施通识培养；中、高年级设置多个专业方向课程群，包括为机器人“主体”赋能量的机器人技术课程群，为机器人“大脑”输智慧的人工智能技术课程群，为机器人“应用”拓空间的互联网技术课程群，为人才培养“修身心”的思政理论课程群；高年级学生学习专业选修及行业应用课程群，因材施教，结合兴趣、培养专才，注重学生的个性培养，同时与时俱进，跟踪技术前沿和跟进人才需求，动态调整课程体系。

4.3　推进拔尖创新人才建制化培养

4.3.1　建强基础学科拔尖学生培养基地

“基础学科拔尖学生培养计划2.0”是教育部实施的一项基础学科领域的战略性人才培养计划。西工大先后获批计算机科学拔尖学生培养基地、力学拔尖学生培养基地等两个基础学科拔尖学生培养计划2.0基地以及陕西省物理学拔尖学生培养基地。通过完善拔尖人才选拔、培养模式和健全培养机制，凸显基础学科拔尖学生培养计划引领示范作用，使一批勇攀科学高峰、推动科学文化发展的优秀拔尖人才崭露头角，在未来能够成长为具有家国情怀、人文情怀、全球视野，引领人类文明进步的计算机科学家和力学科学家，为把我国建成世界主要科学中心和创新高地提供人才支撑。

1）计算机科学拔尖基地秉承康继昌先生“勇于担当、敢于创新”的探索精神，涵盖了计算机科学与技术、物联网工程、数据科学与大数据技术、人工智能等面向国家重大需求的专业，其中计算机科学与技术学科ESI（基本科学指标数据库）国际排名进入全球前3%。基地以“大师引领、开放式、国际化”为总体思路，采用全程化导师引领、全科式基础强化、全球化资源导入等方式开展人才培养，为学生提供到国际顶尖学术科研机构的合作研究与实习，以及赴海外一流实验室或国内领域顶级企业（如华为、阿里巴巴等）或研究所（如航空工业631所等）从事科研的机会。基地面向计算机科学未来发展，面向国家和国防战略计算需求，面向世界重大科学问题，构建智能时代“计算机+”课程体系，深度融合、以研促教，发挥学科优势，依托大平台大项目，提高专业教育质量，提升学生学术能力和科研水平。开展小班试点，大胆探索，先后设立了“图灵班”、系统能力培养试点班、康继昌智能系统试点班（简称“康继昌班”）、华为鸿蒙操作系统创新班等多种拔尖人才小班，致力于培养数理基础与专业知识扎实，能够设计中国自己的计算机芯片、操作系统、数据库、智能系统等，解决“卡脖子”问题的智能时代计算机系统拔尖创新人才。

基地由杨学军院士作为首席教授，计算机学院院长（国家级领军人才）作为班主任，对培养方案进行针对性的设计、指导，计算机专业核心课程包括计算机网络原理、计算机操作系统、编译原理、数字逻辑、数据库五门课程理论，再加上实验课进行整合，强化了对学生在计算系统能力方面的培养。

基地采用“3+1+N”分阶段培养模式，保障拔尖班教育学习成效，实行本研贯通培养。支持方式有：通过“拔尖筑基荣誉导师”计划，由国家级人才担任荣誉导师进行学业科研指导；优先进入ACM（国际大学生程序设计竞赛）基地及足球机器人基地；优先给予国家级大学生创新训练项目经费支持；组织参加学院“01学术沙龙”；毕业生将被授予“康继昌计算机科学拔尖基地班”荣誉证书。每年对拔尖班学生进行考核，考核包括专班课程成绩、竞赛成绩、创新项目、科研成果等情况，依据考核结果对拔尖班构成进行“分流+增补”的动态调整。学生获国家级及以上学术竞赛类奖项55人次，学生获省部级学术竞赛类奖项10人次，学生获国家级及以上其他奖项3人次，学生获省部级其他奖项2人次。

2）力学拔尖学生培养基地为教育部2021年度批复的基础学科拔尖学生培养计划2.0基地。基地以工程力学专业为核心，融合力学与土木建筑学院、航空学院、极端力学研究院和教育实验学院教育资源。以航空、航天、航海等国家国防建设重大需求为导向，以解决航空、航天等领域中的极端条件下等前沿工程力学问题为牵引，注重力学前沿热点方向和学科交叉方向，培养建设成为中国特色、世界水平的力学学科青年英才培养基地。基地坚持“使命担当、大师引领、科技牵引”的育人理念，以“校所联合、学研融合、双导协作”的育人模式，培养“三航”素养、营造学研环境、开展个性定制培养；以“海外引智、交叉融通、荣誉书院”的育人思路，构筑交流平台，拓宽国际视野，提高协作能力，确保培养成效；形成“全员、全过程、全方位”的三全育人格局。引导优秀学生投身力学研究，实现教育理念与模式、教学内容与方法的改革创新，通过小班化、个性化、导师制等系列改革，完善拔尖人才选拔和培养模式，健全拔尖人才培养机制，培养具有家国情怀、人文情怀、世界胸怀，能够勇攀世界科学高峰、引领人类文明进步的力学科学家。

基地由郑晓静院士作为首席教授，亲自指导设计培养方案。课程以工程力学为基础，重新设计数学、物理基础贯通课程，加强数理的基础、难度和挑战度，设计固体力学、流体力学等贯通课程，避免知识的重复讲授，削减不必要的课时；加强学生在“三航”领域的行业实践和交流机会，避免基础知识学习脱离实际问题；配备国家级人才作为学生班主任，汇聚院士、领军人才和青年人才为学生讲授主要课程并担任本科指导老师，在本科阶段接触科技前沿，提升创新实践能力。2022级力学拔尖基地班获得了全校模范班级称号，是全校唯一一个在大二获得此荣誉的班级，班级中大一学年平均学分积位列年级第一，英语四级一次通过100%，出国研学率65%。

3）物理学拔尖学生培养基地依托于物理科学与技术学院。学院现设材料物理与化学、物理学、光学工程3个学科硕士点、博士点及博士后流动站。材料物理与化学为国家“双一流”建设学科和国家重点学科；物理学为工业和信息化部重点学科，且进入ESI全球学科排名前1%；光学工程为陕西省一流学科。学院开设有材料物理、应用物理学及光电信息科学与工程3个本科专业，并于2020年获批应用物理学强基计划招生资格，所有本科专业均为国家一流本科专业建设点。基地以应用物理学专业为核心，依托学院优势教学资源，获批陕西省2023年度基础学科拔尖学生培养计划2.0基地。基地瞄准空间科学等领域中的国家重大战略需求，以解决极端条件下的空间站物理技术与应用、空间材料科学、深空探测等问题为牵引，将物理应用与航天、航空、材料等学科紧密交叉结合，打造国防特色鲜明的高水平物理学科精英人才培养基地；健全和完善拔尖人才选拔与培养机制，引导优秀学生投身物理基础学科研究，通过改革教育模式、创新教学内容与方法等，培养具有家国情怀，追求卓越、引领未来的物理学家。

4.3.2　做优航空航天、数理化生强基班

西工大为强基计划学生定制一流培养方案，重构一流课程，配备一流师资，提供优势资源和平台，面向航空、航天、航海等领域的科技前沿和“卡脖子”技术所蕴含的重大基础科学问题，发挥特色优势，实施“3+1+N”本研衔接培养模式，实行导师制、小班化、探究式教学，加强通识教育、夯实数理化基础、提升国际化交流水平，培养有志于长期从事国家急需关键领域和重大基础学科，具有优秀综合素质、扎实理工基础的领军人才。

1. 航空航天类强基班

航空航天类强基班是全国唯一一个以飞行器设计与工程专业开设的强基班，其依托“航空宇航科学与技术”国家级A+学科、“双一流”建设学科等优势资源，服务国家航空、航天及国防领域高端装备研发重大需求，培养具有家国情怀和国际化视野、德智体美劳全面发展，掌握航空航天多学科知识，专业精、系统强、重实践、敢担当的领军人才。航空航天类强基班自2022年开始招生培养，每年面向全国在提前批次招生。实行“3+1+N”的“本博直读”或“本硕连读”模式（见图4-3），单独编班，小班化管理，本科阶段学制四年，按照学分制弹性管理，达到毕业要求则授予飞行器设计与工程专业工学学士学位和毕业证书，并获免试攻读研究生资格。

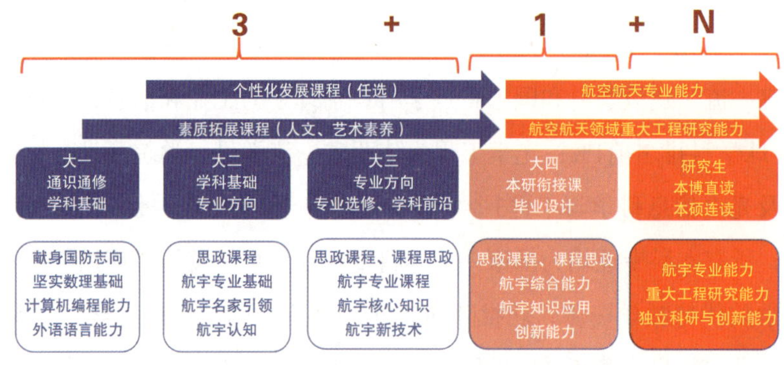

图4-3　航空航天类强基班“3+1+N”培养模式

航空航天类强基班以服务国家航空航天领域重大需求为导向，瞄准航空航天科技前沿和关键领域，将通识教育与航空航天专业教育融合，以飞行器设计与工程这一核心专业为基础，重构了少、深、通的课程体系。实行双导师制：一方面，汇集校内优秀师资，为学生配备国家级青年导师，遴选优秀教师担任辅导员、班主任；另一方面，与航空航天领域研究院所合作，开展校企协同培养，企业师资进课堂、编教材、拓实践，邀请领域重点院所专家，特别是以总师/副总师为代表的行业专家参与授课，开设“大国重器：运输机的研制历程”“大国重器：战机的研制历程”“大国重器：华夏龙腾-中国飞机发展侧记”等管理与领导力类课程。邀请杰出校友、中国航空工业集团有限公司原总工程师汪亚卫以及中航工业一飞院、611所多名设计师、工程师讲述新中国航空工业从修理到仿制，从测绘到自主研发，走过的从无到有、从小到大、从弱到强的奋进历程，厚植家国情怀；走进庆安集团、中国飞行试验研究院等企业院所开展实习实践，了解国防领域高端装备研发重大需求和前沿技术。

航空航天类强基班汇集校内外优秀师资，邀请数学与统计学院一流教师资源，单独开设“微积分H（上）”“微积分H（下）”“线性代数H”“计算方法H”“概率论与数理统计H”“复变函数与积分变换H”等六门数学与自然科学类课程，在提升课程难度的基础上，更注重实践教学。“航空航天技术概论”“空气动力学（双语）”“飞行动力学（H）”等课程单独小班授课，拓宽航空航天类课堂理论知识，夯实航空航天类核心理论基础。学校大力支持强基班学生出国出境，除众多的海外交流项目外，于2023年开展“学生全球胜任力提升项目”，全额资助强基班22名学生参加俄罗斯莫斯科航空学院航空航天暑期学校项目以及2名学生参加香港理工大学暑期国际项目，为强基班学生提供海外交流学习平台，加深了学生对航空航天领域相关知识和发展前景的认识，进一步拓宽了学生的国际视野。同时设置学业预警、学籍评议，实施动态分流增补，坚持“优中选优、宁缺毋滥”的原则，将符合条件的学生分流至同年级航空航天类飞行器设计与工程专业，并面向符合西工大转专业资格的全校本科同年级学生选拔基础学科拔尖或综合素质优秀者进入强基班学习。设置“强基计划”专项奖学金，用以支持“强基计划”学生在学业导师指导下进行创新创业、实践实训、参与科研任务等方面的工作或学业优秀学生。2023年，2022级航空航天类30名学生（首届）全部获得强基计划学业专项奖学金，获奖率100%。

2. 数学类强基班

数学类强基班结合数学与统计学院数学与应用数学、信息与计算科学专业优势资源，聚焦数据科学、智能科技、先进制造和航空宇航等国防安全领域对于分析、代数、几何、统计等基础数学的强烈需求，面向科学计算理论与方法、网络大数据与人工智能、复杂系统动力学与控制、统计与复杂性科学、计算几何与图像信息处理等国际科技前沿，致力于为数学和国防科技领域培养“数理基础坚实、实践能力突出、专业思维宽广、综合素养深厚”的高层次创新型数学拔尖领军人才。

数学类强基班贯彻落实国家基础学科拔尖人才培养战略行动（简称“419计划”）要求，秉承重基础、强应用、求创新、积素养培养理念，夯实数学基础，强化专业特色，突出课程的高阶性和挑战性、系统性和创新性，施行“3+1+N”本研贯通，动态进出、定制培养、协同育人的培养模式，构建个性化、动态化、国际化、导师制、项目制培养特色。聚焦数理基础和交叉研究能力，打造12门“高阶性、创新性、有挑战度”荣誉课程（见表4-8），设置学科交叉类、学术深造类、个性发展类课程。将航空航天类、计算机类、电子信息类等工科重要课程纳入专业选修课，推行小班教学与研讨，设立低年级小班荣誉课程及讨论班、高年级前沿学术研讨班，培养学生面向国防重大战略需求交叉应用能力。将部分研究生课程列入学术深造类课程。结合前沿专题研讨、科研训练等个性发展环节激发学生的学习兴趣和求知欲望，培养学生的自主学习能力、创新思维与实践能力。

表4-8 数学类强基班12门“高阶性、创新性、有挑战度”荣誉课程

核心课程	学分	建设水平	课程负责人	负责人简介
数学分析H	256理论+80讨论	校级一流课程	郭千桥	教授、博导、省杰青
高等代数H	128理论+64讨论	/	刘哲	教授、新世纪人才
数值分析H	64理论+16讨论	/	聂玉峰	教授、博导、教指委委员
概率论H	64理论+16讨论	国家级一流课程	孙浩	教授、博导、国家教学名师
数理统计H	56理论+16讨论	省级一流课程	许勇	教授、博导、杰青
空间解析几何H	40理论+16讨论	校级一流课程	宋伟杰	副教授、硕导
常微分方程H	56理论+16讨论	/	雷佑铭	教授、博导、省奖获得者
实变函数H	64理论+16讨论	/	李文娟	教授、博导、省青年人才
抽象代数H	48理论+16讨论	/	刘晓刚	副教授、墨尔本大学博士
复变函数论H	64理论+16讨论	/	王力工	教授、博导
偏微分方程H	64理论+16讨论	/	白学利	副教授、博导
泛函分析H	64理论+16讨论	/	宋曼利	副教授、硕导、北大博士

西工大还聘请了中国工程院院士崔俊芝、中国科学院院士何国威、新加坡国家科学院院士包维柱、香港中文大学蒙民伟数学讲座教授辛周平担任首席科学家，发挥名师大家对学生的引领熏陶作用。打造由名誉班主任、常务班主任、兼职班主任构成的班主任团队。面向全校聘任本科生学业导师，构建由首席科学家、班主任团队、本科生导师构成的复合导师团队，通过全程参与、双向选择、动态调整，全方位开展课程教学、学业指导、学术引导和素养培育。举办袁亚湘院士、何国威院士等院士报告会和总师报告会、师生交流座谈会，让学生近距离领略顶级科学家的独特人格魅力与科研奉献精神。

依托学院智能算法与器材创新型人才国际合作培养项目、俄乌白国家留学基金委人才培养项目等，资助数学类强基班学生参加国际一流大学的交流项目和暑期科研项目，开阔学生视野。2023年，在国际合作处大力支持下，学院组织2020级数学类强基班同学成建制赴英国剑桥大学、部分学生赴俄罗斯新西伯利亚国立大学参加暑期项目。支持2021级学生袁镜程参加俄罗斯新西伯利亚国立大学交流项目，积极开拓海外

毕设项目。

3. 应用物理学强基班

应用物理学强基班结合物理科学与技术学院优势资源，面向未来空间技术与工程中的物理与技术问题，如空间应用物理、凝聚态物理、微纳光子与信息光学等国际前沿问题及国防技术领域的重大战略需求，培养具有家国情怀、坚实物理基础、独立科学精神和创新能力，未来能在引领人类发展进步的国家重大需求领域从事物理学和相关国防关键技术的基础研究和应用基础研究的科学家、总师等各类领军人才。强基班汇聚中国科学院院士、国家杰出青年科学基金获批者等造诣深厚、德才兼备的学术大师担任“荣誉班主任”，定期开展“格物致知——南山讲堂”系列讲座。聘请国家级青年人才和具有丰富学生管理经验的优秀青年教师担任班主任。实行“一人一博导”政策，由博士生导师作为本科生导师，实行一对一指导，强化本科阶段的“研教结合”机制，实现对学生的课业学习、科学研究、学术竞赛、职业规划等的全方位指导。

应用物理学强基班围绕物理专业能力培养的核心，由院士和国家级领军人才领衔，大力建设高阶性专业课程体系。开设“量子力学H”“电动力学H”“固体物理H”等物理核心荣誉课程，在课程内容选择上做到“精”选精炼，选取对学生能力培养最为重要的核心概念和方法进行讲授、训练，选取与现代科技发展结合最为紧密的内容与讲授内容相结合，能够运用在前沿科学研究中，激发学生对专业的志趣热情；加“深”课程学习的内容和难度，提升学生的数学物理基础与解决实际问题的能力。强基班还施行本科生“实验室轮转制度”，组织学生在学院不同专业、实验室进行轮转学习，让学生全面了解学院内各课题组的科研进展和动态，强化以兴趣为牵引、以问题为导向的研教机制，全面提升学生综合素质。强基班以陕西省“空间材料科学与技术”引智基地、西安市前沿物理国际科技合作基地为依托，与境外高水平大学（德国海森堡大学、香港中文大学及新西兰奥克兰大学等）签署一流合作伙伴协议，构建了多个稳定的国际合作渠道，实行“全球实践计划”，邀请海外知名教授指导学生科研训练，加强“强基计划”人才的国际化联合培养，探索建立海外本科毕业设计机制，拓展学生国际化视野，提升全球胜任力。

应用物理学强基班依托国家自然科学基金基础科学中心项目、重大科学仪器研制项目、国防973项目、863计划以及中国空间站计划空间材料科学等国家重大重点项目，带领和指导学生开展“卡脖子”关键核心技术攻关和前沿基础理论研究，全面培养学生的创新思维和科研能力，引导学生作出原创性科技成果，在真枪实干中培养拔尖创新型科研人才。同时，引导强基班学生积极参加“大学生创新创业训练计划”和“中国大学生物理学术竞赛”等科创训练，实现了2020级和2021级应用物理强基班学生100%参与科创训练，其中，2020级强基班学生参与发表了研究论文5篇，获专利授权2项，取得计算机软件著作权2项。

4. 化学类强基班

化学类强基班结合化学与化工学院长期以来服务国防军工的专业优势，面向国家发展中关于新材料和新工艺的重大“卡脖子”难题和基础理论的原始创新，围绕智能与高性能材料、能源与催化、绿色化学过程等国际前沿科学问题及国防技术领域重大战略需求，培养具备扎实的数理化基础、系统深入的化学专业知识，敏锐的化学学科前沿领悟力，强烈的交叉学科融汇意识，饱满的探索创新精神，以及能够利用化学原理方法从事创新工作，具有健康体魄、高尚品格、追求卓越的精神、高度的社会责任感及家国情怀，具有全球视野与持久竞争力、系统性思维、协同发展等能力的领军人才，能够在化学、化工、材料、生命、电子信息、通信及能源领域，尤其是在新材料、先进制造和国家安全等关键领域从事基础研究、设计研发、制造与应用、教育教学、管理决策等的“总师型”人才。

化学类强基班整体采用“3+1+N”的本研一体化培养模式，课程方面单独为强基班开设荣誉课程，聘请省级教学名师和学院教学骨干授课，夯实化学基础，进行小班化培养，采用“强基+深专”的培养方式，设置高分子化学与物理、材料化学、物理化学等三个优势方向的专业模块供学生选择（见图4-4），在审美与艺术类、新生研讨类、安全教育类等通识通修课程中设置化学特色课程。除此之外，为增加实践学习的比重，单独开设了化学综合类实验系列课程，设置了300学时的化学研究训练与学科竞赛的内容，旨在引导学生参与到指导教师的科学研究中，提升科研能力与创新思维。

化学类强基班实行本科生导师、学生双选成才模式，每个新生入学即安排选配导师，导师要求为博导，3年内为其进行学业、科研、职业生涯规划等指导，并进行学生双选，在大四毕业设计阶段，可跟随原导师，也可另选导师。此外，还特邀如张锁江院士、唐本忠院士，以及张越涛、占肖卫、秦安军等国家级领军人才为强基班学生做报告并进行交流，增加学生与学术大师接触的机会，强化学生深专意识，树立远大志向。

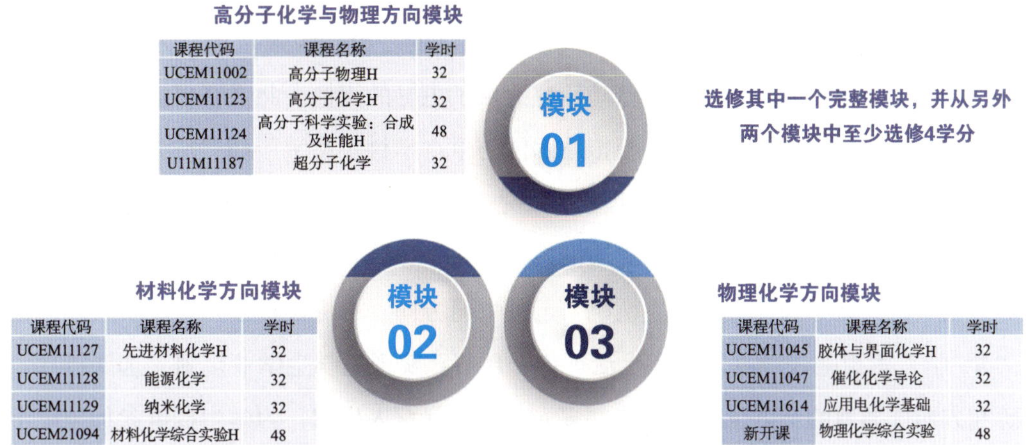

高分子化学与物理方向模块

课程代码	课程名称	学时
UCEM11002	高分子物理H	32
UCEM11123	高分子化学H	32
UCEM11124	高分子科学实验：合成及性能H	48
U11M11187	超分子化学	32

材料化学方向模块

课程代码	课程名称	学时
UCEM11127	先进材料化学H	32
UCEM11128	能源化学	32
UCEM11129	纳米化学	32
UCEM21094	材料化学综合实验H	48

物理化学方向模块

课程代码	课程名称	学时
UCEM11045	胶体与界面化学H	32
UCEM11047	催化化学导论	32
UCEM11614	应用电化学基础	32
新开课	物理化学综合实验	48

图4-4　化学类强基班个性化培养荣誉课程修读模块

化学与化工学院设立强基计划创新专项奖学金和学业专项奖助金，学业专项奖助金对强基计划学生全覆盖，创新专项奖学金支持学生开展创新创业及科学研究项目。同时，在学校奖助学金评选中对强基计划学生进行倾斜。在学校设立的各种奖学金基础上，学院还专门设立“阳光星睿”优才奖学金、“阳光星睿”恩才奖学金、激智科技社会实践奖学金等企业奖学金，激励学生积极投入课程学习、科学研究等。此外，还设立强基计划国际交流专项奖助金，资助学生赴海外知名高校和机构开展交流学习、实习实践、科研训练等；每年暑假，开设暑期国际学堂，聘请海外知名学者为学生开设国际化课程；同时，学院已经与英国伦敦玛丽女王大学、俄罗斯新西伯利亚国立大学、俄罗斯圣彼得堡彼得大帝理工大学也签署了联合培养合作协议。

化学类强基班学生2023年暑期赴香港高校研学，先后在香港中文大学、香港科技大学交流学习，并在香港渠务署昂船洲污水处理厂、T-park源区进行了深入的参访。通过研学，拓宽了视野，加强了对学术的追求；通过参观环保机构，从环境工程的视角理解了学科的发展和先进技术的应用，感受到了科技与环保结合，更加深入地理解了化学专业内涵。

在科学研究实践方面，鼓励化学类强基班学生全部参与大创项目，目前共有16人作为负责人主持大创项目，其中国家级8项，省级6项，两级强基班学生大创项目参与度均达到95%以上。此外，学生还积极参与各类学科竞赛，经过三年培养，在国家级竞赛中获各类奖项15人次，在省部级竞赛中获奖6人次。2021级强基班连续两学年被评为先进班级。

5. 生物技术强基班

生物技术强基班为西工大统筹谋划论证成立的首个校级强基班，为培养生物基础学科拔尖创新人才，加强生物基础研究提供了更好的支撑。此强基班依托生命学院建设，学院拥有“空间生物实验模拟技术国防重点学科实验室”和“空天特殊环境生物诊疗与防护技术装备教育部工程研究中心”等省部级平台。根据“一人一策”理念，构建个性化人才培养路径，聘请国内生命科学领域知名学者和生物技术知名企业负责人担任共同导师，帮助学生明确自己的科研方向，自由选择进入专业实验室，把“导–学”思想融入学生学习和生活等各个环节，实现对学生学业规划、选课指导、研究方向选择等的全方位指导。建立多元化的国际育人模式，为学生提供参加国际学术会议、国际学科竞赛或者赴国（境）外交流，以及申请世界一流大学的本科生交流项目、联合培养或硕博深造的机会。

生物技术强基班构建了研究型“基石课程”体系，建设高挑战度生物技术专业核心课程群。组织优秀师资打造“生物化学与分子生物学”（7学分）、“细胞生物学”（4学分）、“特殊环境生理学”“生物统计学与科学作图”等5门学科基础核心课程，重点提升课程“两性一度”，培养学生自主思考能力和创新性思维。注重生物学与“三航”、材料科学及计算机科学的交叉融合应用。开设“空天医学效应与防护”“三航生物材料”“空间生物学与空间生物技术”等学科交叉课程。同时，根据学生学习兴趣设立生物医学方向和生物材料方向课程群，生物医学方向包括“医学微生物学”“免疫学”“基础医学概论”等课程，生物材料方向包括“生物材料”“生物3D打印”等课程。建立多层次、递进式、创新型生物基础学科研究型实验实践教学体系。将碎片化实验课程整合为综合创新大实验，以研究项目的形式开展。建立了多层次、递进式、创新型生物基础学科研究型实验实践教学体系，致力于为国防领域、国民经济建设和区域经济发展培养众多高素质生物科学拔尖创新人才，目前已开设“生物化学与分子生物学综合创新实验”（6学分）、“生物技术专业综合设计实验”（6学分）等5门5～6学分的专业和学科交叉类综合创新实验课程，培养学生的科学研究能力、实践创新能力、研究成果写作和展示能力。同时，结合为期2周的秦岭生物学野外综合实践一流课程，培养团队协作能力、沟通交流能力、自主学习能力和吃苦耐劳精神。

生命学院为拓宽学生国际视野，提高学生国际胜任力，提升本科生国际化培养质量，支持所有生物技术（强基班）学生在校期间赴国（境）外交流。依托学院优秀本科生导师，确保所有学生依托导师研究项目都能赴国（境）外进行1次国际化学术交流或科研训练，确定每位学生主持1项创新创业项目，并参加1项学科竞赛。设立“生命爱生专项”奖助金、“生命创新专项”奖助金和“生命五洲专项”等奖助金，在强基班学生的学业奖励、创新创业以及参加出国交流等方面提供经费保障，其中学生奖励、支持方面保证覆盖100%学生。此外提供多样化公派留学通道，对所有生物技术（强基班）学生国际交流全额资助。

4.3.3　开设大师引领的“三航”特色班

西工大积极抓住拔尖创新人才培养的政策窗口期，持续推进各项举措落实落地，营造“总师育人文化”氛围，不断挖掘精神文化元素，涵养铸魂育人氛围。瞄准培养更多未来“总师型”人才，西工大充分发挥“三航”特色优势，创立“黄玉珊航空班”“陈士橹飞天班”“黄震中海洋班”等“三航”特色班，深化贯通性培养模式，为培养具备国际化大视野的“三航”领域拔尖型创新人才积聚后备力量，着力培养学生的家国情怀，激励他们将个人的理想信念同国家发展相结合，练就过硬本领，担当时代责任。

1. 黄玉珊航空班

黄玉珊航空班（简称“黄玉珊班”）是以我国著名航空航天科学家、力学家、教育家黄玉珊先生之名命名的，主要是依托“航空宇航科学与技术”国家级A+学科优势资源和“飞行器设计与工程”国家级一流专业，面向“航空强国”和“创新型国家”建设，服务国家航空及国防领域高端装备研发重大需求，培养胸怀理想信念、传承航空文化精神，具有坚实数理基础、融通航空专业知识，具备国际化大视野的航空领域未来学术大师和型号总设计师。自2020年开始，每年面向全国在普通一批次招生，本科阶段学制四年，按照学分制弹性管理，实行动态分流增补机制，达到毕业要求授予飞行器设计与工程专业工学学士学位和毕业证书，同时授予黄玉珊班荣誉毕业证书。黄玉珊班的学生满足相应条件可获得免试攻读研究生推荐资格，并可被优先推荐到国内外一流大学或班主任团队博导名下攻读研究生。2020级首届黄玉珊班学生24人均获推免资格，并可被优先推荐到国内外顶尖大学或班主任团队攻读研究生，其中1人保送至北京大学，1人保送至清华大学，另外22人均在航空学院继续深造。

黄玉珊班由郭万林院士、杨伟院士、唐长红院士等组成“豪华”班主任团队，由班主任团队与航空学院一起负责航空班学生培养方案的制定、师资队伍组建、教学效果监督、学生毕业审核及出国深造推荐等（图4-5为院士、总师直接指导黄玉珊班学生情况）。持续扩大聘请国内外著名专家学者授课规模，让学生近距离接触大师、感受大师魅力，培养情怀的同时在大师的教学中学习如何成为“大师”。同时，学院配备青年教师作为大师教学助手，完成课程作业和考核阅卷等辅助工作，黄玉珊班汇集校内外优秀师资，为学生开设定制化课程，如邀请数学与统计学院一流教师资源，单独开设“微积分H（上）”“微积分H（下）”“线性代数H”“计算方法H”“概率论与数理统计H”“复变函数与积分变换H”等六门数学与自然科学类课程，在提升课程难度的基础上，更注重实践教学；整合本院优质教学资源，对“飞行器结构力学”“可压缩空气动力学（双语）”“航空概论”“航空概论实验”“飞行动力学（H）”等课程单独小班授课，拓宽航空航天类课堂理论知识，夯实航空航天类核心理论基础。

图4-5　院士、总师直接指导黄玉珊班学生

黄玉珊班根据班主任团队每学年给学生的考评定位和每位同学的学习特长、能力，及时调整每一位同学的培养课程体系，实行“一人一策”。从大二学年开始，由班主任团队和学院选派校内外理论实践双导师，确保每一个学生的专长都得到发挥。校内导师主要由国家级青年人才（国家级青年人才担任黄玉珊班本科生导师，

为确保指导质量，原则上每人每届指导人数不超过4人）担任，校外导师以学院杰出的院友，尤其是航空厂所的总师为主。在寒暑假期间，黄玉珊班学生在校外导师直接指导下进入航空工业一飞院、中国飞机强度研究所、航空工业陕飞、北理雷科等多所合作单位进行实习和项目式实践，提高实践能力，明确发展目标。并利用学院与德国亚琛工业大学、俄罗斯莫斯科航空学院、香港理工大学等多所世界著名大学的良好合作关系，拓展多种国际合作形式，实施优秀本科生国际交流项目、双学位培养、校际短期访学、境外实习实践、游学等活动。截至目前，黄玉珊班共有33人次有过境外国际交流项目、学分交换项目、暑期学校等出国境经历，这些加深了学生对航空航天领域相关知识和发展前景的认识，进一步拓宽了学生的国际视野。学院还创办了黄玉珊航空班凌空讲堂，先后邀请航空学院、航空工业西安飞行自动控制研究所、航空工业西安航空计算技术研究所等专家学者围绕“立足三航，崇尚科学，培养高素质创新人才”主题，举办专题讲座，引导学生从入学开始就树立良好的学习科研态度，提升人文艺术修养及学术素养，坚守航空报国精神和航空强国梦，筑牢未来领军人才的品质。

2. 陈士橹飞天班

陈士橹飞天班（简称“飞天班”）以我国航天教育事业奠基人之一、中国工程院院士陈士橹之名命名，成立于2017年，是全校第一个开展总师潜质工程精英培养的试点特色班。依托国家A+/全国并列第一的航空宇航科学与技术学科，以飞行器设计与工程、飞行器动力工程、飞行器控制与信息工程、航空航天工程4个国家一流专业方向为牵引和主攻方向，推行通才教育模式，实行本硕贯通3+X+1培养。由新一代空空导弹之父、中国工程院樊会涛院士任院长领衔高水平一流教师队伍，目的在于培养适应我国航天、国防事业、国民经济和社会发展需要，德智体美劳全面发展，具有坚定理想信念、传承航天精神，坚实基础理论、系统科学知识，创新研究能力、引领技术发展，超前战略思维、宽广国际视野的“航天总师型”领军人才。

2019年之前，飞天班采用入学后申请选拔的模式组班，即在全校范围内，由学生自主申请，学院组织评选，确定30名同学进行培养；2019年开始，飞天班的招生纳入学校的本科招生目录，每年在全国范围内招收30名优秀学生。依据综合评价考核结果，对学生进行分流，分别进入3+2+1，3+4+1，或航天学院相关专业。同时从学院本科专业遴选优秀学生补充进入试点班。

飞天班以航天本科大类教育为基础，以通识教育和航天工程教育为主线，采用具有国际航空航天特色、全面衔接本研统筹的“3+X+1”培养育人模式。科学配置本、硕、博阶段的基础课程和专业课程体系，突出本研衔接，实施个性化的培养。其中，本科阶段通过开设飞行器设计、航空宇航推进理论与工程、导航制导与控制三个学科方向的专业课程，使学生掌握航天技术方面的专业知识，具备航天专业研究与应用的能力。研究生阶段分设制导武器技术、天地往返技术、空天飞行器及其应用技术、空天动力技术等四个研究方向，要求学生系统地掌握本学科领域的专门知识；合理配置课程类型，采用中文课程、双语课程、全英文课程、外教课程、讲座课程多类型结合的方式；灵活安排修学时间，制定个性化培养方案，学生可适应性选择高年级或低年级的相应课程；联合体育部在飞天班试点进行翱翔国防体育课程教学，全方位打造“总师型”人才，强化体育、美育育人；全面贯通本科毕业设计与研究生论文开题流程，即将本科毕业设计作为研究生硕士论文选题的基础，做到本科毕业与研究生开题无缝衔接；实施博导学业导师制，在全院选拔优秀教师（具有正高级职称或具备博士生导师资格）作为飞天班学生学业导师，在学科方向选择、个人学习计划制定、职业生涯设计等方面进行专业指导，引导学生树立正确的世界观、人生观和价值观，促进学生知识、能力、素质协调发展。

开展针对性、特色化培养，首先是要强化院所做总师助手的科研实践：飞天班学生被推荐进入国家一流航天研究机构、院士工作室、国家级专家组等担任院士、总师、总指挥、首席科学家的助手，培养航天领域的大局观、全局观、前沿观和战略观。目前已先后选派学生到中国空空导弹研究院、上海航天技术研究院、中国航天科工飞航技术研究院等相关单位给总师当助手。其次是需要夯实校内做“总师”的科研训练：依托学院三个国家级重点实验室、两个省部级科研平台和航天创新实践中心，制定创新实践规划，有组织、有层次、有引导地开展创新创业活动。再次是要提升国际化视野能力养成：依托空天飞行技术创新型人才国际合作培养项目、先进航天器设计与控制国际合作培养项目等进行国际化培养，提升学生国际视野。目前已选派学生到剑桥大学、莱斯特大学、爱尔兰高威大学等高校参加国际交流，参加俄罗斯鲍曼国立技术大学课程研学；每年均会邀请国际宇航科学院孙功凌院士、爱尔兰皇家科学院Henry Curran院士、新加坡国立大学杨文明教授，日本大阪产业大学田原弘一教授等国内外知名学者给飞天班学生专项授课。学生毕业后可在航空、航天、兵器等科研院所以及高校从事飞行器设计、控制与信息工程、飞行器动力工程等方面的科研、教学工作。

3. 黄震中海洋班

黄震中海洋班（简称“黄震中班”）以我国水中兵器教育事业奠基人之一、西工大水中兵器系（航海学院前身）首任系主任黄震中之名命名。面向“海洋强国”战略，培育数理基础扎实、机电融通、综合应用能力强，掌握水下航行器、水声工程、电子信息处理、通信及控制技术等领域专业知识和综合应用能力，具有家国情怀和国际化视野，创新意识突出，德智体美劳全面发展的海洋科学与工程技术领域行业卓越领军人才。

黄震中班实行双班主任制，由海洋工程大类首席教授、专业责任教授或负责人担任荣誉班主任，由学院优秀青年学者担任执行班主任。2022级黄震中班名誉班主任由航海学院院长、国家教学名师潘光教授担任。黄震中班实行双导师制，大一大二由学院优秀青年教师担任学业导师；大三大四由学院知名教授担任创新实践导师，充分开展科研训练。

黄震中班实施本硕一体化培养模式，学生学年学业考核通过可获得专项奖学金，不通过的学生退出黄震中班，并遴选“智慧海洋试验班”优秀学生进入。大三后考评合格，优先推免进入高水平科研团队并提前修读硕士课程，提前开展本科毕业设计。根据学生个性发展，制定“一人一策”式培养方案，选配优秀师资担任黄震中班授课教师，设置海洋工程类课程、电子信息类课程等两个优势方向的专业模块供学生选择，并加入数学与自然科学类、语言类、机械、电子等挑战度大的课程。

优秀学生代表

万恒远，2022级力学拔尖基地班本科生，担任班级团支部副书记。主持一项国家级大创项目和一项学院荣誉攀登项目。获得优秀大学生称号，获得校级二等奖学金。参加的社会实践活动“天文科普——筑梦星河”获评优秀实践项目。获得第四届国际大学生工程力学竞赛（亚洲赛区）个人赛、团队赛二等奖，团体赛总分特等奖。

甘　琦，2022级力学拔尖基地班本科生，成绩优秀，积极参加各种科技竞赛。荣获全国高校青年互联网人才技能大赛理论赛二等奖、中国大学生工程实践与创新能力大赛陕西赛区二等奖、国际大学生工程力学竞赛（亚洲赛区）团队赛二等奖等。在研国家级大创项目一项。参与剑桥大学暑期交流项目，顺利答辩结业并被评为优秀营员。

王　鑫，2022级力学拔尖基地班本科生，担任学院国际化委员，闪翼英文社团支书。主持一项国家级大创项目和一项学院荣誉攀登项目。获评校级一等奖学金、社会实践先进个人、学院文艺先进个人。获得国际大学生工程力学竞赛（亚洲赛区）团队二等奖、中国大学生工程实践与创新能力大赛铜奖、“建行杯”全国大学生节能减排社会实践与科技竞赛三等奖、“BETT杯”全国大学生英语阅读大赛二等奖等国际及国家级、省部级、校级竞赛奖励。带队参与暑期剑桥大学交流项目，并被评为优秀营员。

陈思远，2020级计算机科学拔尖基地班本科生，担任计算机学院康继昌班班长。目前保送至北京大学集成电路学院。在校期间荣获国家奖学金、校级一等奖学金和优秀共青团员等荣誉。作为团队组长，带领团队参与“龙芯杯”“华为毕昇杯”等多项团体竞赛，并取得优异成绩。

夏康翔，2020级计算机科学拔尖基地班本科生，担任10012002班班长，曾为计算机学院学生会主席团成员。在校期间荣获国家奖学金，校级一等奖学金。参加“龙芯杯”并在决赛获奖，获全国大学生机器人大赛RoboMaster机甲大师超级对抗赛二等奖。参与国家级大创项目。

宋向南，2022级计算机科学拔尖基地班本科生，为计算机学院学生会外联部负责人、学院本科生助管、2022级计算机科学拔尖基地班副班长。学习成绩优异，获得2022—2023学年国家奖学金、校级一等奖学金，获评优秀大学生称号、学业先进个人荣誉称号。

张昊博，2020级黄玉珊航空班本科生。多次获评优秀大学生及学业先进个人，获全国大学生数学建模竞赛省级一等奖，西工大大学生实验技能竞赛一等奖，西工大大学生数学建模竞赛一等奖。参与两项大创项目，其中一项优秀结题。

赵一星，2021级黄玉珊航空班本科生。成绩优异，获2022—2023学年国家奖学金。获全国大学生可再生能源优秀科技作品竞赛三等奖，“三航杯”课外学术科技作品竞赛二等奖，第九届中国国际“互联网+”大学生创新创业大赛金奖。完成一项省级大创项目、申请一项国家级大创项目。2022—2023学年共获得省级及以上奖励5项、校级奖励20余项。参加志愿服务时长为841.4小时，参与了学业帮扶、航天科普等活动，并在寒假社会实践活动中获评社会实践先进个人。

宋宛芝，2022级黄玉珊航空班本科生。成绩优异，获2023年本科生国家奖学金。参与“三航杯”课外学术科技作品竞赛，制作了一架太阳能无人机；参与校级数模竞赛，负责建模部分；参加“学习二十大”专题实践——“青年观察家”专项实践，探寻各地年俗文化。获得足球空天杯三等奖、小班羽毛球赛参与奖、“我的三航梦”主题征文比赛优秀奖。参与组织所在班级的“班级风采大赛”，获“最具凝聚力班级”奖。

骆轩宇，2020级陈士橹飞天班本科生，学习委员。在校期间，获得优秀共青团员荣誉，获得校本科生二等奖学金三次，获得中国国际“互联网+”大学生创新创业大赛银奖、“挑战杯”全国大学生课外学术科技作品竞赛一等奖、中国飞行器设计创新大赛创新载重飞行项目一等奖等，2项发明专利获得授权，主持一项国家级大创项目并被评为“优秀结题”。

陈朝锦，2021级陈士橹飞天班本科生。获得校级一等奖学金，获评优秀大学生、优秀共青团员、创新创业先进个人、社会服务与劳动先进个人等荣誉称号，获第十四届全国大学生数学竞赛一等奖、陕西省高等数学竞赛一等奖等。

郭祥宇，2021级陈士橹飞天班本科生，电子爱好者协会技术部部长。作为校WMJ战队成员多次参加比赛并获奖，获国家奖学金、吴亚军三等奖学金、校级一等奖学金等，参加多个大学生创新创业项目并被评为“优秀结题”。

叶晨航，2022级黄震中海洋班本科生，学院田径队队长、学院学生会部门负责人。获得校级一等奖学金、吴亚军三等奖学金。获得海洋航行器设计与制作大赛省级特等奖、全国大学生数学竞赛省级二等奖。主持国家级大创项目。获评体育之星等称号，带领田径队获评先进学生团队。

于珺如，2022级黄震中海洋班本科生，担任学院2022级大班班长、扬帆科学社硬件部部长。获校一等奖学金一次、小米优秀奖学金一次，参与国家级大创项目一项，获校优秀共青团员、崇德先进个人、社会服务与劳动先进个人等荣誉。

贺歆媛，2022级黄震中海洋班本科生，担任学生三维设计协会会长，入选国际组织人才培养计划，2023年榜样100全国大学生社团联盟理事。获本科生校级二等奖学金，中国机器人大赛仿真组国家级二等奖、通用组国家级三等奖，全国先进成图与建模技术大赛国家级二等奖，全国大学生英语竞赛国家级三等奖，外研社英语辩论赛校级一等奖、英语阅读理解大赛校级二等奖。

曹雅雯，2022级航空航天类强基班本科生。成绩优异，GPA3.938，排名第二，综合测评成绩排名第一，其中学业测评成绩（G1）项位列第一。荣获2022—2023学年国家奖学金，西工大2023年共青团“五四”优秀共青团员称号。在竞赛方面，获得第九届中国国际“互联网+”大学生创新创业大赛校赛银奖，“外研社·国才杯”全国英语写作大赛校级初赛三等奖，“外研社·国才杯”全国英语阅读大赛校级初赛三等奖。同时参与的大创项目被推荐为国家级，目前在研。在学生工作和实践活动方面主动担当，担任航空学院团委志工部常驻志愿者，累计志愿时长200余小时，寒暑假参与的社会实践活动在评优中获奖。

刘思哲，2020级数学类强基班本科生。平均GPA3.9，位列全年级第一，两次获全国大学生数学竞赛决赛二等奖，获丘成桐大学生数学竞赛优胜奖（西工大在该赛事零的突破），进入阿里巴巴全球数学竞赛前1%，入选北京国际数学研究中心第15期研究生数学基础强化班。

杨子贤，2021级数学类强基班本科生，任兼职班主任、强基班大班长。学业成绩排名1/30，综合测评排名2/30。获国家奖学金等6项、大学生数学建模竞赛国际二等奖等6项。参与寒假抗击疫情专项社会实践、“新筑烛梦”支教活动等。

周钰凯，2022级数学类强基班本科生。学业成绩排名2/30，综合测评排名1/30。任班级班长、数学建模协会活动部部长。获国家奖学金等4项，获大学生数学建模竞赛国家级一等奖、国际级二等奖等3项。

肖楷瀚，2020级应用物理学强基班本科生。带领班级同学申报获批2020—2021学年“模范班级”、2021—2022学年“先进班级”。学习成绩优异，并积极参加各级各类物理学科竞赛，获全国大学生物理实验竞赛一等奖，中国大学生物理学术竞赛省部级及以上竞赛奖7项，主持国家级大学生创新创业训练计划项目1项。

李　凯，2020级应用物理学强基班本科生，担任强基班学习委员。为同学们积极投入课程学习起到带头作用，课程成绩专业排名第一，主持国家级大学生创新创业训练计划项目1项，第一作者发表SCI论文1篇。

王勇畅，2020级应用物理学强基班本科生，担任强基班团支部组织委员。兴趣爱好广泛，任校团委志工部组织建设与项目管理中心副主任，学生红十字会副会长兼宣传部部长，组织同学们积极参与各项竞赛活动，学习成绩优异，连续3年获“77-20”奖学金。

薛怡昕，2021级化学类强基班本科生，强基班一支部团支部书记。获得优秀大学生荣誉，获得校级一等奖学金。获得埃及国际无人军事系统大赛最佳设计奖、中国国际飞行器设计挑战赛冠军、中国大学生飞行器设计创新大赛二等奖等。主持一项省部级大创项目，参与一项国家级大创项目。

王培萌，2021级化学类强基班本科生，强基班心理委员。获得第三届“社团杯”年度风云人物、优秀大学生标兵等称号。获得校级一等奖学金、校级二等奖学金、吴亚军三等奖学金、华萌奖学金。参加专业化学实验竞赛、“外研社·国才杯”全国大学生英语辩论赛等竞赛并获奖。曾担任“五星级”学生社团“学生星星火环保志愿者协会”会长，现为陕西省高校生态环保联盟主席团成员。

4.4　创新推动微专业建设

4.4.1　打造“微、活、新”主+微专业培养模式

微专业教育作为主动适应新形势、新业态、新技术的教育教学组织形式，以其精微性、灵活性、开放性和融合性，为满足学生个性化发展和多样化成长需求提供了具有可操作性、创新性和实用性的新模式。为深入推进西工大人才培养模式改革，促进学生跨学科知识和能力的交叉融合，满足学生个性化、多元化发展需求，鼓励学有余力的学生在学习本专业的同时，根据兴趣自愿选择修读微专业，不断完善“总师型”人才培养体系，提升人才自主培养质量，西工大近年来不断开展微专业建设。

西工大未来技术学院是2023年4月获批的陕西省首批未来技术学院，探索实施“主专业+微专业”（简称“主+微专业”）的人才培养新模式，以满足经济社会发展对复合型人才的需求。学院聚焦“智慧+三航”，瞄准智能技术赋能未来“三航”领域的前沿性、颠覆性发展，以本研贯通的培养模式，探索未来技术人才培养的新形态和新理念。遵循“协同育人、交叉创新、中西融汇、追求卓越”的培养理念，制定“科学通识+学科通识+专业交叉+本研衔接”人才培养方案，打造高挑战度和融合度的荣誉课程体系，构建了闭环性、高阶性、项目制和小班化的“主专业+微专业”本研衔接培养模式，实施“八年本博贯通”培养改革。打造科学通识、学科交叉、专业融合3个层次20门项目制示范课程及跨学科、跨专业的教学团队。将项目式课程由浅入深地贯穿于本科教育全阶段，构建以项目式课程为特色的育人新方案，探索培养学生综合素养和学科交叉能力的新路径。聚焦总师特质和“总师型”人才特征，大力拓展实习实践资源，加大与国防军工院所交流合作的深度与广度，拓展学生实习实践资源，将更多学生送到国防军工院所开展认识实习和生产实习（或专业实习），探索“总师型”人才培养实施路径。

4.4.2　“三航”系列微专业建设情况

2023年，西工大在已开设智慧能源、国际交流与传播和国际组织与全球治理等

3个微专业的基础上，在航空、航天、航海、材料、机电、动力与能源、电子信息工程、计算机等八个学院布局、新增10个微专业，进一步完善了“三航”系列微专业体系，为国防特色高校拔尖创新人才培养提供了新资源、新模式。

1. “智能航空飞行器”微专业

（1）微专业简介

“智能航空飞行器”微专业通过智能技术与敏捷飞行器技术的高度融合，以智能航空飞行器平台与系统为核心引领，拓展、融合智能材料与平台、智能感知与控制、智能信息与大数据、智能网络与安全、智能设计与制造等前沿创新技术，实现智能航空飞行器的设计与应用。

面向世界科技前沿与国家重大需求，培养品德优良、信念坚定、社会责任感强，掌握飞行器敏捷平台、人工智能与大数据、飞行器自主感知与控制、人机复杂网络及其安全等前沿技术的人才，满足未来智能航空飞行器高端人才的需求。

（2）微专业特色

智能技术与敏捷飞行器技术的高度融合是微专业的核心特色，以航空类和智能信息类课程为主线，在飞行器设计技术、材料技术、飞行器控制与信息技术、计算机科学与技术等领域开展多学科交叉教学。“基于项目引领”的人才培养模式是本专业的重要特征，可充分调动学生兴趣、引导学生有序自主学习。“跨领域、学科+校内、外整合”的师资队伍是本专业的有力保障，可构建满足“产、学、研、创、转、用”六位一体教育机制的强有力师资队伍，实现智能航空飞行器高素质领军人才培养。

2. “智能航天飞行器”微专业

（1）微专业简介

“智能航天飞行器”微专业主要针对航天专业技术在新一代国家战略性新兴产业推动下的变革性发展需要，开展学科交叉、领域融合的新时代航天卓越工程师人才培养，属于工学门类下的航空航天类。以未来智能航天器的设计为核心引领，开展“航天+智能”的交叉人才培养模式探索，培养具备掌握智能航天器专业知识及相关学科基础知识，把握智能航天国际前沿发展动态，具备在未来智能航天领域从事科学研究、技术开发、工程设计、经营管理等方面工作能力的人才。

（2）微专业特色

微专业以智能航天飞行器为对象，以航空宇航科学与技术A+学科为依托，以航天智能技术、智能导航原理、智能飞行器系统原理、飞行器智能设计技术等新兴前沿领域的基本理论和方法为教学内容核心，通过专业基础课程引导、“做中学”综合专业核心课程强化、创新创业科研实训拔高的多层级教学体系构建，实现面向未来航天领域“厚基础、善创新、重实践”卓越工程师人才培养的目标。

3. “智能水下航行器”微专业

（1）微专业简介

“智能水下航行器”微专业依托兵器科学与技术和船舶与海洋工程两个一流学科，融合航海学院船舶与海洋工程、水声工程、信息工程等优势专业资源，从智能水下航行器研发系统工程的角度进行课程设置，通过科教融汇、理实融通、任务驱动和导学一体的教学模式，提高学生解决复杂系统工程问题的能力、创新创业与跨界整合的能力等，具有鲜明的海洋工程特色。通过该专业的学习，学生将具有优良的道德品质、扎实的基础理论、较强的工程实践能力。

（2）微专业特色

分析研究国家海洋战略对人才培养的需求，根据海洋装备需求建设“智能水下航行器”微专业，构建理论基础宽广、专业素养突出的新工科人才培养体系。制定知识覆盖面广、实践探索性强、多学科交叉融合的专业课程方案，培养学生的灵活变通能力与工程创新能力。推进校企合作，创新工程教育方式与手段，推动教学模式改革，形成多样性、内外资源结合的创新型人才培养模式。

4. “3D打印技术”微专业

（1）微专业简介

“3D打印技术”微专业面向国家、国防和区域建设主战场，以航空航天等高端装备制造领域增材制造技术为特色，与材料学科、机械学科、化工学科国际前沿交叉融合，培养具有家国情怀、追求卓越、高尚品格的社会主义建设者和接班人，培养掌握坚实的自然科学基础与专业知识，能够从事增材制造技术相关的设计开发、生产制造、工程管理和科学研究等工作，具有国际视野、创新创业精神、团队协作精神、组织管理能力以及良好职业道德和社会责任感的领军人才。

（2）微专业特色

面向航空、航天等领域对高性能、轻量化、整体化结构制备的迫切需求，建立该专业，依托凝固技术国家重点实验室、金属高性能增材制造与创新设计工业和信息化部重点实验室、航宇材料结构一体化设计与增材制造装备国家级国际联合研究中心等科研平台，以及材料科学与工程、机械工程、航空宇航科学与技术“双一流”建设学科，培养增材制造技术领军人才。

5. “空天智能制造”微专业

（1）微专业简介

“空天智能制造”微专业依托“航空宇航科学与技术”国家级一流学科、A+学科和“机械工程”国家级一流学科和优势资源，面向新一代航空航天型号高性能、智能化等新需求，培养德智体美劳全面发展，具有国际化视野、掌握智能制造多学科知识，引领未来的创新型领军人才。该专业主要涉及数学、力学、材料、计算机、机械、智能制造等多个学科基础理论和专业知识，覆盖飞行器及其发动机复杂结构、系统等的设计、成形、加工、装配、检测等全部流程。

（2）微专业特色

以新一代航空、航天重大型号研制人才需求为导向，聚焦航空、航天发展需求，结合新一代航空发动机、飞机等智能制造过程，通过专业基础课筑基、专业核心课强化、专业综合设计课实践的“做中学”模式，培养适应我国空天高端装备发展急需的具有家国情怀，追求卓越、引领未来的创新型高端智能制造领军人才。

6. “智能传感芯片”微专业

（1）微专业简介

“智能传感芯片”微专业面向后摩尔时代的颠覆性发展需求，开展多学科交叉的创新型高端芯片人才培养。该专业以智能传感芯片为对象，以微机电系统工程、集成电路科学与工程学科为依托。使学生掌握微电子、微机械、半导体、自动化等方面的基本理论，掌握先进的智能传感芯片设计、半导体制造、仪器仪表及测控等方面的专业知识，经过智能传感芯片的设计制造的综合训练，具备在电子信息、航空航天、汽车电子、精密仪器、生物医疗等领域从事科学研究、设计开发、技术管理的能力，成为具有创新精神的宽口径智能传感芯片领军人才。

（2）微专业特色

微专业聚焦集成电路、传感芯片产业发展需求，培养适应我国芯片行业发展急需的具有家国情怀，追求卓越、引领未来的创新型高端智能传感芯片领军人才。微专业充分体现“做中学”的人才培养模式，在学习专业知识的基础上，通过综合设计课程，学生能够进入半导体“超净间”，亲手设计制作一颗微传感器芯片。

7. “智能零碳动力”微专业

（1）微专业简介

“智能零碳动力”微专业主要针对未来零碳航空对动力装置变革性技术发展的需求，开展跨学科、多领域交叉的基础创新性实践型人才培养。该专业将以新型低碳、零碳航空飞行器动力为对象，以航空宇航推进理论与工程、动力工程与工程热物理学科为依托，以电动推进装置、氢能动力、太阳能电池、智能控制理论等教学内容为核心，通过专业基础课程引导、专业核心课程强化以及专业实践环节提升三个模块的教学与实践活动，实现面向未来的零碳动力领域高素质创新性人才培养的目标。

（2）微专业特色

微专业以服务未来新型绿色航空动力人才培养为使命，以动力工程及工程热物理和航空宇航科学与技术两个学科为依托，紧密围绕未来零碳动力领域对高素质人才的需求，培养家国情怀强烈、专业基础扎实、综合素质突出、创新思维活跃、善于沟通协作、有国际视野和全球胜任力的行业领军人才，具有强烈的专业特色和前瞻性。该专业课程内容顺畅连贯，系统性强，与专业培养目标契合度高。

8. “智能通信”微专业

（1）微专业简介

“智能通信”微专业，紧密围绕国家信息化发展重大战略，面向信息领域发展前沿以及人才需求，以“通信、计算、人工智能”融合为主导，培养系统掌握通信基础理论、网络前沿技术、大数据分析技术、人工智能技术等，具有创新实践能力的信息领域高素质拔尖创新人才。该专业将整合西工大通信工程国家一流本科专业的优质办学资源，采用线上线下混合教学、模块化教学、项目驱动实践、导师责任制等教学模式，满足不同学科背景学生的发展需要，促进学生的个性化发展。

（2）微专业特色

微专业围绕国家发展战略，探索人工智能时代背景下信息领域复合型人才培养的新模式，融合通信基础理论、网络前沿技术、大数据分析技术、人工智能技术等，通过模块化的教学环节设计强化提升学生的实践创新能力，培养创新实践能力强，具有交叉学科科研能力的高素质人才。培养基础扎实、视野广阔、实践创新能力突出的信息领域复合型人才，以满足国家和区域经济发展需要。

9. “智慧能源”微专业

（1）微专业简介

“智慧能源”微专业属于工学门类下的电气类，在“双碳”目标背景下，聚焦国家能源产业发展导向与人才需求，以“电能源”为核心载体，以智能硬件、物联网、云平台、大数据、人工智能为支撑，研究智慧能源领域的新能源、储能、多能协同、装备制造、安全监控以及智慧运维等。

（2）微专业特色

该专业以能源类和信息类课程为主线，在电气工程、控制科学与工程、计算机科学与技术等领域进行多学科交叉，构建“基于项目驱动”的人才培养模式，将“少精通”项目制课程、“交叉融合”综合实践项目、“产学研”科研创新项目有机融合，提升学生的综合素养、学科交叉和创新实践能力。

10. “智能计算系统”微专业

（1）微专业简介

“智能计算系统”微专业以“三航”关键应用场景驱动的新型智能计算系统为对象，以计算机科学与技术A+学科及国家级一流本科专业为依托，以“系统、数据、算法”为主线，以计算机系统基础、计算机组成原理、操作系统、数据结构、机器学习与模式识别等课程教学内容为核心知识体系。通过专业基础课培养“系统观”，通过专业核心课程强化“系统能力”，通过专业选修课开展“学科交叉”，通过综合实践环节拓展“国际视野和培育创新创业能力”，实现面向未来的“总师型”拔尖创新人才培养目标。

（2）微专业特色

微专业立足“三航”关键应用场景的复杂性，对“先进系统”“数据”和“算法”提出的“计算新挑战”，构建“场景驱动”的“数据+算法+系统”相融合，知识体系“少专尖”和“家国情怀”价值塑造相结合，理论与实践打通的拔尖创新人才培养新模式；采用“跨领域交叉、中青年教师、海外优秀人才”协同的教师队伍组织形式，通过科教融合、产教合作、国际化人才培养，拓宽学生视野，提高其AI知识体系水平和创新创业能力。

11. “国际交流与传播”微专业

（1）微专业简介

“国际交流与传播”微专业立足国家发展战略和区域需求，面向我国对外文化传播和国际文化交流事业迅速发展的需要，以提升“外语能力、国际传播能力、跨文化能力”为抓手，旨在培养富有家国情怀、高尚品格、良好的品德修养、扎实的人文基础、丰富的国际社会知识、良好的跨文化语言沟通能力，既熟练掌握外语和国际传播相关的理论知识和实践技能，又具有国际视野和中西文化底蕴，胜任对外传播中华文化和国际交流的新时代复合型人才。

（2）微专业特色

1）全英文课程体系。取外国语学院各类型课程之精华，凝练成“小而精”、全英文的特色核心课程体系；由多位国内知名国际传播学专家学者助阵教学团队。

2）三位一体教学旨向。以“语言+传播+文化”为核心，既关注学生外语能力的提升，又关注国际传播知识的传授与跨文化素养的培育。

3）多元化实践实训。为学生参加学校各类训练营、模拟联合国基地活动、国内外短期实习项目提供便利条件。

12. “国际组织与全球治理”微专业

（1）微专业简介

“国际组织与全球治理”微专业秉持“文工交叉、文文融通”理念，以国际关系、全球治理、外交实务等为专业学习主线，旨在培养学生国际事务的处理能力，包括谙熟国际规则、依法依据制定国际规则、国际会议管理、国际文件写作能力，协作沟通、负责任决策、国际领导力及组织执行能力等。通过体系化培养，帮助学生成长为具有专业技术能力、跨文化国际沟通能力，能够熟练运用外语参与国际事务和全球治理的高素质国际组织复合型人才。

（2）微专业特色

课程设置以“基础理论+实践能力”为基石，依托多元化课程体系及各类实训项目[如国际公务员能力建设项目、国际胜任力培养工作坊、（国际）模拟联合国活动、联合国青年领袖精英班（GYLA）等]，强化理论，活化实践，知行合一。师资队伍以“专业师资+实务师资”为保障，依托西工大现有优质师资力量，聘请国际组织现任/前任官员（职员）、政府（外交）机构官员（职员）进行授课、专题讲座和开展交流活动。

13. “智能无人系统”微专业

（1）微专业简介

“智能无人系统”微专业以国家、社会发展和未来行业需求为导向，具有产学研用一体化人才培养的鲜明特色，主要针对基础理论扎实、创新能力强的优秀本科生，使其理论与实践水平进一步拔高，具备解决感知、决策、控制、运用等多学科交叉问题的能力，最终成长为具有总师潜质的无人系统领域高层次拔尖创新人才。

学生修读该专业后，能够更好地适应科技发展需要，拓宽知识面，了解智能无人系统领域的新技术发展概况与动向，在学习基础方法的同时思考知识的拓宽方向与学科专业的发展需求，激发专业学习动力，启发创新性设计思维。

（2）微专业特色

微专业以产学研用一体化人才培养为特色，积极优化课程设置，重视学科交叉融合，突出价值塑造，重视实践教育，培养具有创业精神和实践技能的实用人才。建立在“交叉学科”门类学科平台上的多层次、开放式无人系统课程教学体系，鼓励学生参加竞赛，获得“以赛促学、以赛促教”的深度学习体验，提升学生的工程意识与实践能力，改变传统工科教学重理论轻实践的现状，让学生在实践中加深对理论知识的理解，提升产学研一体化建设的育人价值。

4.5 本章小结

西工大围绕培养具有家国情怀，追求卓越、引领未来的领军人才目标，突出“总师型”人才培养特质，构建了具有西工大特色的专业体系。依托A+学科和国家级一流本科专业，聚合特色优势，不断强化基础学科与工科专业交叉融合，建强航空航天类、数学类、应用物理学、化学类强基班，计算机科学、力学拔尖学生培养基地；强化大师引领、行业共建和优势资源共享，建设黄玉珊航空班、陈士橹飞天班、黄震中海洋班等“三航”特色班；聚焦智能技术赋能未来“三航”领域前沿发展，建设未来技术学院，不断深化“主专业+微专业”本研衔接培养模式改革。

（注：本章由孙中奎、刘昕等人编写。）

第五章

建强高水平教学队伍

教育大计，教师为本。习近平总书记强调，强教必先强师。要把加强教师队伍建设作为建设教育强国最重要的基础工程来抓，健全中国特色教师教育体系，大力培养造就一支师德高尚、业务精湛、结构合理、充满活力的高素质专业化教师队伍。为进一步加强教学队伍建设，激发教学队伍内生动力，西工大实施了卓越名师梯队计划，实现教学名师“校—省—国家”进阶式培育，建成“专职教师+型号总师+行业精英”高水平教学队伍，鼓励教师积极开展教学研究与实践，提升教学队伍核心竞争力。

5.1　实施名师梯队建设

5.1.1　本科教学卓越奖励计划

西工大传承办学积淀，实施本科教学卓越奖励计划，构建了本科教学领域全覆盖的荣誉体系。形成了教学成果奖、本科生学业指导教师和最满意教师、招生先进奖、教学研究奖、教材建设奖、卓越奖（成就奖、名师奖、新秀奖、管理奖）、教学组织奖“7种奖励”构成的“国家级—省部级—校级”三级本科教学个人、集体双激励的荣誉体系，鼓舞广大教师勇于拼搏、敢于担当、甘于奉献，不断提升教育教学效果。在教学成果奖、教育教学改革研究项目等评选过程中，坚持向一线教师倾斜，注重对教育教学实绩和学生受益程度的考量。首届卓越成就奖获得者葛文杰，40年如一日深耕三尺讲台，修订再版的《机械原理》获首届全国教材建设奖优秀教材一等奖，被430多所高校作为机械类相关专业选用教材。首届卓越管理奖获得者叶奇，已在教学管理一线以“只有做好了才算做了”的认真态度服务师生32载。

5.1.2　培育国家级、省级名师

1. 国家教学名师奖

随着我国高等教育改革和发展的步伐加快，涌现出了一大批奋斗在教学一线的优秀教师，他们在学术研究领域取得突出成就的同时，积极主动承担大量的教学任务。为表彰既具有较高学术造诣，又能长期从事基础课教学工作，注重教学改革与实践，教学水平高，教学效果好的教师，教育部于2003年启动高等学校教学名师奖（简称“国家教学名师奖”）的评选表彰工作，鼓励获奖教师再接再厉，为全面提高我国高等教育教学质量作出新成绩。

教育部自2003—2011年共进行了六届国家教学名师奖的评选工作，共计600名教师获奖，以此激励广大教师努力探索教育教学规律，运用现代教育教学思想改革传统教育教学过程，在引领教学内容、方法和手段改革、创新课程教材和教学模式、创建合理教学梯队等方面有所突破，不断为高等教育事业的改革和发展作出新的更大贡献。

为贯彻落实中共中央组织部等11部门《关于印发〈国家高层次人才特殊支持计划〉的通知》精神，教育部决定组织开展“国家高层次人才特殊支持计划”教学名师遴选支持工作，用10年左右时间，面向全国各级各类学校，分期分批遴选支持1万名左右代表国家一流水平、具有领军才能的教学名师。2012年，教育部启动了第一批“国家高层次人才特殊支持计划”（简称“万人计划”）教学名师遴选工作，截至2024年已组织开展九批遴选，将师德风范、教学能力与水平、教学梯队建设与贡献及科学研究与学术水平作为遴选的重要指标。

2. 陕西普通本科高等学校教学名师奖

陕西省教育厅于2003年启动“陕西普通本科高等学校教学名师奖”（简称“省级教学名师奖”）遴选表彰工作，于2003年开展首届省级教学名师奖评选工作，截至2023年已组织开展了十三届。“陕西普通本科高等学校教学名师奖”是陕西高校优秀教师的重要奖项，鼓励教师立足教学第一线，不断推进教育教学观念更新，改革教学内容和教学方法，促进课程建设、教学团队建设，为高等教育事业作出新成绩；强化理论武装，锤炼过硬本领，坚持把立德树人作为根本任务，争做新时代“四有”好老师，当好学生四个“引路人”，做“经师”和“人师”的统一者；引导广大教师积极参与本科教学工作，不断提高高校教学水平和人才培养质量，为办好人民满意的教育、促进陕西省高等教育改革和发展作出新的更大贡献。

为贯彻落实中共陕西省委、陕西省人民政府《关于全面深化新时代教师队伍建设改革的实施意见》，发挥教学名师示范引领作用，经过多届省级教学名师奖的遴选、宣传推广经验总结，陕西省教育厅对省级教学名师奖候选人的评选范围及条件进行了进一步明确。

（1）评选范围

承担本科教学任务的专任教师。已获得“省级教学名师奖”的教师不再参评。

（2）评选条件

1）候选人原则上须具有15年以上（含15年）高等教育教学经历；受聘副教授及以上职称；近三年承担校内本科实际课堂教学不少于64学时/年（临床医学类实际授课学时计算可包括临床带教学时数），或承担校内教学任务不少于96学时/年（含实践教学，临床医学类实际授课学时计算可包括临床带教学时数）。

2）候选人年龄不超过55周岁。

3）其他条件依照陕西普通本科高等学校教学名师奖评选指标体系执行。

4）省级教学名师奖评选优先考虑长期承担教学任务并作出突出贡献的一线教师，重点向为低年级学生讲授基础课、公共课的教师倾斜，向长期从事创新创业教育、实验实习实训教学的教师倾斜，同等条件下全国教师教学创新大赛获奖教师优先。

3. 省部级及以上教学名师培育

西工大加快构建“校—省—国家”三级教学人才培育体系，鼓励教师积极开展教学研究与实践，不断提升教学队伍核心竞争力，努力建设一支政治素质过硬、业务能力精湛、育人水平高超的新时代高素质教师队伍，为提高教学质量起着积极作用。一是建立校院两级接续遴选机制，明确培育定位，学院以培育校级卓越名师为主，学校以培育国家级、省级教学名师为主，使教师在接续培养中持续发展。二是建立教学队伍建设梯队，明确梯队培育范围、条件及保障机制等，形成各级梯队教学名师培育库。三是在教学队伍梯队建设过程中，汇聚校内外优质资源，瞄准教学名师的关键能力素养，为教师提供教学理念、教学设计与实施、教学方法与创新、教学效果评价、基层教学组织、教学学术研究、教学项目申报方法等相关指导，为名师培育提供更完善有效的路径。

（1）教学队伍第一梯队

教学效果突出，有较强影响力，近6学年主讲课程的平均课堂教学工作量不少于96学时/学年，其中每学年必须为本科生主讲1门课程。获省级教学名师奖、省级及以上教学成果奖，获批省级及以上教育教学改革研究项目、新工科研究与实践项目、新文科研究与改革实践项目（研究项目获批一类即可），获批省级及以上一流课程等。经过重点培养，为申报国家教学名师奖提供支撑。

（2）教学队伍第二梯队

教学效果优秀，有较大影响力，具有15年以上高等教育教学经历，近3学年承担校内本科实际课堂教学不少于64学时/年，或承担校内教学任务不少于96学时/年（含实践教学）。获校级卓越名师奖、校级及以上教学成果奖，获批校级及以上教育教学改革研究项目、校级及以上一流本科课程等，在省部级教学大赛或讲课比赛中获奖。经过重点培养，为申报省教学名师提供支撑。

（3）教学队伍第三梯队

教学效果良好，有一定影响力，具有10年及以上高等教育教学经历，高级职称，近5学年，承担校内本科实际课堂教学不少于64学时/学年，在专业建设、课程建设、教材建设、“四新”建设（新工科、新医科、新农科、新文科建设）、“互联网+”

教育信息化建设、课堂教学改革等方面为本科人才培养作出了突出贡献，在国内形成了广泛的影响力。经过重点培养，为申报校级卓越名师奖提供支撑。

教育大计，教师为本。高校教师肩负着立德树人使命，培育一流教师是实现高等教育内涵式发展的核心，教学名师更是构建高质量教育体系的重要资源。教学名师奖鼓励教授走上讲台，从而带动师资队伍的建设，有效提升教育教学质量和水平。

4. 西工大省部级及以上教学名师统计

西工大目前共有10位国家教学名师（2位引进），53位省级教学名师。2000—2020年，西工大共5位教师获评国家教学名师，“十四五”以来，西工大新增获批3位国家教学名师，增幅达60%。2023年底引进2位国家教学名师。2022年，西工大共4人获“陕西普通本科高等学校教学名师奖”，获评数量历年最高，为“总师型”人才培养奠定了坚实的基础。

截至2023年，西工大国家教学名师数量在同类高校中位居前列（见表5-1）。2023年西工大推荐的2名国家教学名师候选人均入选，位居全国高校第一。

表5-1　截至2023年部分高校国家教学名师数量汇总表

学校名称	国家教学名师数量
哈尔滨工业大学	17
西北工业大学	10
北京航空航天大学	9
南京航空航天大学	8
南京理工大学	6
北京理工大学	5
哈尔滨工程大学	1

5. 国家教学名师简介

宋保维（图5-1），教授，博士生导师，中国工程院院士，国家教学名师，水下航行器领域专家，“百千万人才工程”国家级人选，享受国务院政府特殊津贴专家。现任西北工业大学校长、党委副书记，兼任重点领域首席科学家、国务院兵器科学与技术学科评议组召集人、中国造船工程学会副理事长、中国兵工学会常务理事和教育部科技委委员。长期从事水下航行器总体技术

图5-1　国家教学名师宋保维

研究和人才培养工作。先后获“全国创新争先奖”“陕西省教书育人楷模”“陕西最美科技工作者”等荣誉称号；获“何梁何利基金科学与技术奖”，国家技术发明奖二等奖2项，国家科学技术进步奖二等奖3项，省部级科技一等奖2项，国家级教学成果奖一等奖1项，全国优秀教材一等奖1项，等等。论文入选“全国优秀博士学位论文”。先后为本科生讲授“走向深蓝”“形势与政策”等课程，编写出版《系统可靠性设计与分析》《水下航行器现代设计理论与方法——可靠性与优化设计》等多部教材及学术专著。

葛文杰（图5-2），教授，博士生导师，国家教学名师，享受国务院政府特殊津贴专家，机械基础课程国家级教学基地及团队负责人。负责的“机械原理”课程先后入选国家精品课程、国家精品资源共享课程、国家精品在线开放课程、国家级线上和国家级线上线下混合式一流课程；主编的“十五”“十一五”“十二五”国家级规划教材《机械原理》（第七版、第八版和第九版新形态教材），获首届全国教材建设奖优秀教材一等奖。获“全国教材建设先进个人”荣誉称号，获国家级教学成果奖二等奖2项和省级教学成果奖特等奖3项、二等奖2项，获“宝钢优秀教师奖”特等奖和“陕西省师德楷模”等荣誉。先后主持国家级教育教学改革项目12项、国家自然科学基金项目4项、“863”计划项目2项，以及国家重点研发与民机专项等。发表论文200余篇，获得67项发明专利授权。

图5-2　国家教学名师葛文杰

史仪凯（图5-3），教授，博士生导师，国家教学名师，国家级教学团队负责人。长期从事电气工程、机械电子工程教学与科学研究工作，主讲本科生、研究生课程10余门。负责的课程和教材入选国家精品课程、国家级精品教材各1项，负责的课程入选国家级一流本科课程2项；获国家级教学成果奖二等奖1项，陕西省教学成果奖特等奖1项、一等奖3项，陕西省优秀教材一等奖2项，其他省部级奖10余项。先后主持国家级、省部级教育教学改革和科研课题20余项，发表科研教学论文350余篇，编写出版教材和学术专著20余部。获得20余项发明专利授权，指导博士、硕士研究生100余人。

图5-3　国家教学名师史仪凯

段哲民（图5-4），教授，博士生导师，国家教学名师，国家级教学团队负责人。1975年进入西工大雷达专业学习；1978年本科毕业留校任教；1983年硕士研究生毕业，并获西安交通大学硕士学位。1988—1989年公派到苏联进修，回国后一直在西工大从事电子信息工程领域的教学与科研工作。负责的课程先后入选首批国家级线上一流本科课程、国家精品课程、国家精品资源共享课程；编写出版“十一五”国家级规划教材、国家级精品教材。获国家级教学成果奖二等奖1项，省级教学成果奖特等奖1项、二等奖2项。先后参加和主持国家自然科学基金、航空基金、国防预研等科研项目。留校以来给本科生授课两万余人次，培养硕士研究生、博士研究生和博士后130余人。

图5-4　国家教学名师段哲民

齐乐华（图5-5），教授，博士生导师，国家教学名师，享受国务院政府特殊津贴专家。负责的课程先后入选首批国家级线上和线上线下混合式一流本科课程、国家精品课程、国家精品资源共享课程。始终坚守本科教学一线，先后获国家级教学成果奖二等奖3项、国家技术发明奖二等奖2项、省部级教学成果奖和科技成果奖12项；获“全国模范教师”、“全国三八红旗手”、“宝钢优秀教师奖”特等奖 、“陕西省师德楷模”、“陕西省高校优秀共产党员”等荣誉及奖励。发表论文300余篇，主编出版教材6部，其中1部教材获全国首届教材建设奖优秀教材二等奖，出版专著3部，获得80余项发明专利授权。

图5-5　国家教学名师齐乐华

范玮（图5-6），教授，博士生导师，国家教学名师，省级教学团队负责人。现任教育部高等学校能源动力类专业教学指导委员会委员，中国工程热物理学会燃烧学分会副主任委员，中国航空学会动力分会燃烧与传热传质专业委员会主任，《航空动力学报》等6个专业期刊副主编或编委。负责的课程先后入选国家精品在线

图5-6　国家教学名师范玮

开放课程、首批国家级一流本科课程。先后主讲9门本科生和研究生主干课程。获国家级教学成果奖二等奖、陕西省高等教育优秀教材特等奖等教育教学相关奖励10余项；获“霍英东教育教学奖”“宝钢优秀教师奖”“陕西省师德标兵”“本科最满意教师”等荣誉及奖励。编写并出版教材3部、学术专著3部。指导的学生论文被评为“省级优秀博士论文”（2篇），指导学生获国家奖学金、学校优秀毕业设计（论文）、研究生标兵等奖励和荣誉80人次。

潘光（图5-7），教授，博士生导师，国家教学名师，国家级人才，入选“国家百千万人才工程”。负责的“船舶与海洋工程”专业入选国家级一流本科专业建设点，“流体力学（双语）”课程入选国家级一流本科课程。长期从事水下无人系统设计、水动力学等方面的科研和人才培养工作。先后获国家技术发明奖二等奖2项，国家科学技术进步奖二等奖2项，中国造船工程学会技术发明特等奖1项，陕西省青年科技奖、陕西省教学成果奖一等奖；获“陕西省教学名师奖”、“陕西省师德标兵”、“宝钢优秀教师奖”特等奖提名奖、“西北工业大学优秀研究生导师”、“本科最满意教师”等奖励和荣誉。

图5-7　国家教学名师潘光

孙浩（图5-8），教授，博士生导师，国家教学名师，享受国务院政府特殊津贴专家。负责的“概率论”课程入选国家级线下一流本科课程。构建了“基础-实践-素养”融合发展的大学生数学创新实践能力培养模式，探索出“实践引兴趣，兴趣带学习，学习提素养，素养促发展”的数学创新人才培养经验，并以第一完成人获2014年国家级教学成果奖一等奖。获陕西省优秀教材一等奖、陕西省自然科学奖二等奖等，获“陕西省教学名师奖”“陕西省师德标兵”“霍英东教育教学奖”“宝钢优秀教师奖”等奖励和荣誉。

图5-8　国家教学名师孙浩

刘思峰（图5-9），教授，博士生导师，国家教学名师，入选国家重大人才计划长期项目和欧盟玛丽·居里国际学者计划。主持完成国家精品课程、国家级一流课程、国家精品资源共享课程、国家精品在线开放课程、国家级精品教材和

“十一五”“十二五”国家级规划教材16项。担任“灰色系统与不确定性分析国际联合会”主席、两种“灰色系统”领域国际期刊（SCI）主编和《灰色系统丛书》（中文版由科学出版社出版、英文版由Springer Nature出版）主编。以第一完成人获省部级科技成果奖21项，其中一等奖7项；2018年获国家级教学成果奖二等奖。

图5-9　国家教学名师刘思峰（引进）

卢黎歌（图5-10），教授，博士生导师，国家教学名师，享受国务院政府特殊津贴专家。现任教育部社会科学委员会马克思主义学部委员，中国高等教育学会思政教育分会常务理事、学术委员会委员。长期从事思想政治教育基础理论与当代方法研究、习近平新时代中国特色社会主义思想研究、道德文化研究、西迁精神研究等。国家精品课程负责人、教育部人文社科基金重大项目首席专家。获国家级教学成果奖二等奖，教育部第六届、第七届科学研究（人文社会科学类）优秀成果奖三等奖2项；获“全国思想政治教育影响力人物标兵”“宝钢优秀教师奖”等奖励和荣誉。发表研究论文170余篇，其他媒体论文20余篇，编写并出版教材和学术专著20余部，其中1部专著入选中宣部主题出版重点出版物项目。

图5-10　国家教学名师卢黎歌（引进）

5.2　强化基层教学组织建设

5.2.1　打造校院两级管理模式

西工大按照《教育部关于深化本科教育教学改革全面提高人才培养质量的意见》和《教育部关于一流本科课程建设的实施意见》，积极开展基层教学组织和虚拟教研室建设，充分发挥基层教学组织在课程体系和教学内容更新、教学方式变革、教学学术创新和文化传承等方面的基础性作用，引导推进课堂教学模式改革（西工大校院两级基层教学组织管理模式见图5-11）。

图5-11　西工大校院两级基层教学组织管理模式

西工大入选教育部首批虚拟教研室建设试点3项（见表5-2），入选陕西省虚拟教研室建设试点2项。葛文杰教授负责的机械原理及机械零件（设计）国家级虚拟教研室，有210余所高校、536位执教机械原理及机械设计课程的一线教师参与，基本涵盖全国所有省份。周军教授负责的微小卫星控制与工程国家级虚拟教研室，有21所高校、研究院所，56位教师参与。於志文教授负责的计算机系统课程国家级虚拟教研室，有30余所高校，74名执教计算机系统相关课程的一线教师参与，覆盖了西部地区的主要高校。

表5-2　国家级、省级虚拟教研室名单

级别	教研室名称	带头人
国家级	机械原理及机械零件（设计）虚拟教研室	葛文杰
国家级	微小卫星控制与工程虚拟教研室	周军
国家级	计算机系统课程虚拟教研室	於志文
省级	面向海洋工程的水下航行器总体性能教研室	潘光
省级	软件工程多域协同教改与数字赋能教学教研室	郑江滨

5.2.2　建设全覆盖基层教学组织

2021年，西工大印发了《西北工业大学基层教学组织建设实施方案》，确立了校院两级管理模式，教务部负责全校基层教学组织建设的总体规划、建设管理、评估考核等工作协调和任务部署，各教学单位负责具体组建、方案实施和绩效管理等工作。在已有教学团队的基础上，经过各单位的组织建设，截至2023年底，西工大共有各类基层教学组织280个。学校对各单位基层教学组织的建设提供条件保障，为基层教学组织提供必要的活动场所、办公设施和经费支持，确保基层教学组织有序运行，发挥实效。西工大也建立了基层教学组织的定期评估机制，要求各教学单位做好首席教授和课程负责人的聘任、日常管理和工作任务监督检查等工作。教务部负责对各教学单位基层教学组织整体工作情况进行考核，在教学经费、教改立项、教学评奖等方面对优秀基层教学组织给予支持。

为进一步优化基层教学组织建设路径，激发组织活力，以现代信息技术为依托，促进“智能+”时代新型基层教学组织建设，建成类型多样、动态开放的虚拟教研室，引导教师回归教学、热爱教学、研究教学，2023年，西工大印发了《西北工业大学优秀基层教学组织奖评选办法》，设置优秀基层教学组织团队奖、优秀基层教学管理团队奖。其中，优秀基层教学组织团队奖评选对象为各教学单位内或教学单位间建设成熟的教学组织，组织形式主要为教学团队、实验教学中心等；优秀基层教学管理团队奖评选对象为在基层教学组织管理中表现突出的教学单位本科教学、实验教学中心管理团队（2023年获奖情况见表5-3和表5-4）。西工大通过不断加强基层教学组织建设，提升教师教学能力，推进基层教学组织在“总师型”人才培养、教学研究等方面发挥重要作用。

表5-3　2023年优秀基层教学组织团队奖获奖名单

序号	团队名称	负责人	单位
1	精确制导与控制研究所	郭建国	航天学院
2	“电工学”课程教学团队	袁小庆	机电学院
3	“机器人工程”课程教学团队	樊泽明	自动化学院
4	计算机基础教学团队	姜学锋	计算机学院
5	“微积分”课程教学团队	张　莹 武海波	数学与统计学院
6	“大学物理”课程教学团队	李　东	物理科学与技术学院
7	化学与化工实验中心教学团队	尹德忠	化学与化工学院
8	“大学英语”课程教学团队	周　爽	外国语学院
9	“马克思主义基本原理”课程教学团队	贺　苗	马克思主义学院
10	羽毛球教研室	牛清梅	体育部

表5-4　2023年优秀基层教学管理团队奖获奖名单

序号	团队名称	负责人	单位
1	航海学院本科教学管理团队	雷　波	航海学院
2	材料学院基层教学管理团队	王永欣	材料学院
3	动力与能源学院本科教学管理团队	刘存良	动力与能源学院

优秀基层教学组织团队案例

1. 精确制导与控制研究所教学团队

负责人：郭建国　　单位：航天学院

团队介绍：团队以微小卫星为载体，以总体、动力学与控制、创新设计和研制为主线，构建了系统性和实践性的课程体系，开设了卫星系统工程、航天器控制原理、现代控制理论基础、导引系统原理和大学生微小卫星综合设计与研制等14门本科课程，其中国家级一流本科课程4门，建成“微小卫星控制与工程”国家级首批课程（群）虚拟教研室，获全国高校黄大年式教师团队、国家级重点领域科技创新团队和工业和信息化部研究型教学创新团队等荣誉称号。先后出版教材11部，获批教育部航空航天类战略新兴领域教材1部，获陕西省优秀本科教材奖一等奖和二等奖各1项，获国家级教学成果奖二等奖2项，省部级教学成果奖3项。

团队承担国家级和省重点攻关教改项目4项，近年来发表教学论文12篇，举办了全国性课程思政教学比赛和微小卫星设计与应用创新竞赛。依托全国高校航空航天类教学会议，与全国高校教师开展教研经验交流，先后有北京航空航天大学、浙江大学和西安交通大学等百余所高校数百余名师生来校学习交流。

2. “电工学”课程教学团队

负责人：袁小庆　　单位：机电学院

团队介绍：团队为国家教学名师史仪凯领衔的国家级教学团队，承担电工学理论和实验相关的11门课程的教学工作，覆盖非电专业学生1000余人/年。建设的“电工学”课程先后入选国家精品课程、国家级线下一流课程、国家级线上一流课程。出版以“十一五”“十二五”国家级规划教材为核心的各类教材教辅20余部。完成教育部教改项目2项、教育部产学合作协同育人项目6项、省级教改项目2项。团队获得国家级教学成果奖二等奖、陕西省教学成果奖特等奖和一等奖、重庆市教学成果一等奖、教育部精品教材奖、陕西省优秀教材一等奖和二等奖等10余项省级及以上成果奖励。团队成员获国家教学名师奖、“宝钢优秀教师奖”、西工大本科教学卓越名师奖和卓越新秀奖、西工大“本科最满意教师”奖、西工大优秀奖教金和华为奖教金、西工大三育人先进个人以及各级教师教学创新竞赛奖励和荣誉20余项。团队获2021年西工大基层教学组织示范点和2023年西工大优秀基层教学组织团队奖。

3. “机器人工程”课程教学团队

负责人：樊泽明　　单位：自动化学院

团队介绍：团队由机器人专业核心课程群教师组成，核心课程负责人（排名不分先后）为：李俨、余孝军、吴娟、杨建华、任建新、王鸿辉、袁朝辉、刘文泉、王京锋、袁学兵、宁飞。团队是一支专业基础厚实、年龄结构合理、和谐团结、具有创新精神的高水平团队，承担了西工大机器人工程专业的基础理论和实践课程教学任务。①团队始终把教书育人、为人师表放在首位，获得卓越名师奖、本科最满意教师奖、“十育人”先进个人、先进工作者、优秀共产党员、机器人工程专业委员会委员等荣誉和奖励。②团队全力开展专业、课程、教材建设，获评机器人工程国家级一流专业，软科评级A+，软科排名全国第6；入选国家级一流课程2门、省级一流课程6门、校级一流课程3门；主编省部级以上规划教材4部，其中教育部战略性新兴领域教材1部，获西工大教材建设奖优秀教材一等奖1项。③团队从教学环节、教学手段、教学内容、教学方法、教学模式等方面展开教学改革研究，参加包括省重点攻关项目在内的教学研究项目10余项，获得6项教改发明专利授权，发表教改论文20余篇，出版教改专著3部，1项教改关键技术获省高校科技奖。④团队将科研成果与教改成果有机融合，建成了“铸魂互融–理实同步–虚实结合–资源共享”线上线下混合式教学模式，获得省级教学成果奖2项、校级教学成果奖5项、首届优秀教学研究一等奖1项、全国高校教师教学创新大赛奖4项。团队未来将继续注重队伍建设，不断培养新教师，使团队成为教学理念先进、教学水平高、团结精神强、可持续发展的专业课程教学团队。

4. “大学物理”课程教学团队

负责人：李东　　单位：物理科学与技术学院

团队介绍：目前团队有任课教师32人，其中省级教学名师1人，西工大卓越名师奖获得者1人、西工大卓越新秀奖获得者1人、教学型“翱翔之星”1人，西工大本科最满意教师奖获得者6人，国家“优青”和“海外优青”多人。团队成员长期从事大学物理课程教学与研究，教学评价优秀率保持96.2%以上，团队被评为陕西省省级教学团队。同时，团队持续进行课程改革与优化、完善教学资源，并注重教学传承与探索。团队成员获国家级、省部级教学成果奖6项，主持省部级以上教改研究项目10余项、校级教改项目30余项；编写具有国防特色的课程教材，并建成与课程内容相匹配的在线资源。团队充分利用学校、学院两级教师教学发展中心的培训，以及教务部相关教学研究项目、教改课程的支持，积极提升青年教师的教学技能和教学研究能力，形成了一支使教学、科研共同发展的青年教师队伍。

此外，团队充分发挥课程理论教学与科研实践紧密结合、发展与创新相互促进的优势，融合讲授式与讨论式课堂的优点，以科创训练为牵引培养学生创新意识，形成了“课堂+网络+科创”三位一体全新大学物理教学模式，指导学生获国家级、省部级大学生竞赛一、二等奖60余项。

5.化学与化工实验中心教学团队

负责人：尹德忠　　单位：化学与化工学院

团队介绍：团队负责化学实验教学示范中心和学院共享测试平台的管理。现有成员15人，开设实验课程20门，包含实验项目162个，年实验人数2200人，实验工作量约为5万人·时。团队坚持立德树人的宗旨，把课程思政作为“三全育人”的生命线，积极弘扬新时代化学化工人热爱祖国、勇于创新的精神。在“双一流”办学理念指导下，积极从事教学改革与研究，主持省部级教改项目5项，校教改重点项目2项。建立了“基础—综合—设计—创新—竞赛”的多层次实验体系，建设省级一流课程1项、虚拟仿真实验项目2项、MOOC（慕课）课程2项，提升了学生的综合创新实践能力。积极将科研成果转化成新实验项目，开设系列化学综合创新设计实验，保障了强基计划专业的实验质量。团队每年组织3项校实验竞赛，每年受益人数400余人；选派参赛队外出参赛，获国家级竞赛奖2项，省级竞赛奖6项。通过系统改革，获得省教学成果奖二等奖1项，校教学成果奖一等奖1项、二等奖2项。

6.“大学英语”课程教学团队

负责人：周爽　　单位：外国语学院

团队介绍：团队有着深厚的历史传承和丰富的教学积淀，长期以来，建立了有效的团队协作模式，持续提升核心竞争力，形成一支可持续发展的外语教师团队。团队始终遵循“学生为中心”“产出为导向”“育人为宗旨”的教育理念，强调国际视野与全球胜任力的人才培养要素。2006年，团队由教育部确立为首批大学英语教学改革示范点，“大学英语”被评为国家精品课程；2009年，获国家级教学成果奖二等奖；2016年，教育部审核通过“大学英语”国家精品资源共享课申请。近年来，顺应新时代教育教学发展趋势和人才培养战略需求，团队重构课程体系，开展分级分层、线上线下混合式教学模式改革，确立了“语言素质+文化素养+思辨应用”三位一体的教学目标，形成了“通用基础+核心能力+拓展提高”分层分级的课程模块，建成了“国家级+省级+校级”多层级的一流课程体系，构建了“慕课线上自学+面授线下研学+实践基地促学”的混合式教学模式，全面形成了大学英语教学新生态。相关成果获得省级教学成果奖一等奖、二等奖。

7.“马克思主义基本原理”课程教学团队

负责人：贺苗　　单位：马克思主义学院

团队介绍：团队的课程开设坚持政治站位，注重推进一流课程高质量发展，助力通识教育体系完善。团队坚持以习近平新时代中国特色社会主义思想为引领，承担全校“马克思主义基本原理”思政必修课教学工作，教学中全面融入哲学社会科学新时代前沿发展和马克思主义中国化时代化最新理论成果，获首批国家级一流线下课程，参与获批第二批国家级虚拟仿真实践教学项目。团队开设14门全校通识课和特色思政课，受到学生广泛欢迎，为学校人文社会科学发展作出重要贡献。

教学改革研究勇猛精进，成果显著反哺教学实效，系统谋划对接专业学院，多点开花。团队立项各级教学改革类项目52项，获得陕西省教学成果奖等各级教学成果奖3项，发表高水平论文81篇（其中教研类论文26篇），获批国家社科基金立项8项，获批教育部思政专项、陕西省社会科学基金、陕西省自然科学基金等省部级课题35项，组织召开全国教学研讨会等20余次。团队对接12个专业学院和19个自然班，开展课程思政教学活动，多位青年教师担任专业学院辅导员和班主任，本科人才培养成果显著。和全校众多学院合作开设“大国三航”特色思政课程，共建多个“大思政课”实践基地；团队教师获评“挑战杯”和“互联网+”双创大赛优秀指导教师。团队教师出版教材、专著、译著共12本，发布课程思政教学案例26项，制作视频微课7项，覆盖7万余人。创设“启真明智”读书会，团队成员均为陕西省重点舆情信息研究中心研究员；多项决策咨询报告获得国家级、省部级领导正面批示和中共中央办公厅、国务院办公厅等采纳。发布舆情转化教学素材100余项，确保以问题为导向推进思政课高质量发展。

团队课程质量获高度认可，并以教育家精神激励担当，培养又红又专青年教师。团队成员在课程质量评价中，获得专家和同行赞誉，得到学习强国、中国教育报、新华网等主流权威媒体报道。团队成员在集体备课基础上根据自己学科背景开发特色课堂，尤其是注重与中国具体实际和中华优秀传统文化、总师育人文化全面结合。团队12人次获得全国教学展示一等奖，省级人才称号和省级教学标兵、校级“本科最满意教师”、本科卓越名师奖、课程思政教学名师、“十育人”先进个人等多项表彰。团队参与国家教育行政学院“教育家精神”课程制作，以此为抓手激励青年教师理想信念。目前团队40岁以下青年教师占比61%，组织青年教师参观国家重点实验室和大院大所，学习了解“总师育人文化”和“总师型”人才培养特质，积极融入和价值引导，青年教师迅速成长，获得本科教学卓越新秀奖、翱翔新星等奖励和荣誉，独当一面。团队将在“总师育人文化”引领下，成为学校新文科建设和思想政治理论课教育教学发展的中坚力量。

8.羽毛球教研室

负责人：牛清梅　　单位：体育部

团队介绍：团队现有主讲教师9人，承担本科羽毛球课程及校运动队训练等工作。团队有国家级裁判员3名，全国高校高级教练员2名，具备高水平的专业素养与丰富的技、战术经验。

在课程建设方面，团队主编羽毛球教程4部、参编2部，其中1部被认定为校级规划教材；建设校教改课程、线上慕课等5项；“羽毛球初级”课程被认定为校级一流课程。

在运动训练方面，团队培养运动健将4名，指导学生获得全运会（群众组）男子单打、男子双打冠军，全国青运会男子单打亚军，全国大学生羽毛球锦标赛冠军等，团队教师多次被评为“优秀教练员”。

西工大羽毛球课程普及程度高，是大学生最受欢迎的体育课程之一。羽毛球教研室团队的每一位成员都在为提高西工大“总师型”人才身体素质而努力。

5.3　提升教书育人能力

5.3.1　实施“一中心两引翼三阶段”教师教学能力培养模式

教师是立教之本、兴教之源。西工大围绕高校立德树人的根本任务，以培养“四有”（有理想信念、有道德情操、有扎实学识、有仁爱之心）好老师为目标，以塑造教师教育教学能力和持续发展能力为核心，发挥特色优势“边研究、边实践”，构建了理念、模式、资源和机制系统集成的教师教学发展体系，特别是系统构建了“一中心两引翼三阶段”教师教学能力培养模式，紧密围绕高质量教师队伍建设新要求、新任务，将数字化教学转型、混合式教学素养融入教师培养，有针对性地提升教师教学胜任力。2023年，西工大教师教学能力培养研究与实践成果荣获国家级教学成果奖二等奖，教师培养工作案例入选教育部“高校教师发展中心建设优秀案例”，案例材料编入教育部《高校教师发展中心建设优秀案例汇编》。

坚持理念培养引领，从教师培养模式革新层面、教师培养资源筑能层面，进行了理念、内涵、能力、模式、标准、保障、对策等7个维度的研究与实践，实现了4个转变：培养理念从以课程教学技能为主向教师教育教学能力“三要素”与“三维结构”全方面发展新理念转变；培养模式从零散式经验传授为主向以多类型教师培养方案为核心的“一中心两引翼三阶段”新模式转变；教学资源由单主体建设为主向政研学多元资源系统集成转变；运行机制由单主体运行为主向共建共享共育的一体化协同转变。进一步发挥西工大办学特色，融入西工大办学精神、西迁精神、“总师育人文化”等，铸师魂、修师德、练师技、育师表，造就教师培育“总师型”人才的能力，培育以德“立身、立学、施教”的“四有”好老师。

1. 问题导向，针对性解决教师培养中的四个问题

（1）教师培养理念不能适应新时代发展要求

对高校教师教学发展能力、教育教学能力等内涵界定不清；在教师培养模式建构中，对教师主体素质、教育教学任务、教育教学效果和效能间的关系缺少学理性指向。

（2）教学内容和方式缺乏科学设计和系统规划

对不同层次、不同学科教师，缺乏层次化、个性化、特色化、成体系的教学内容设计；教学方式普遍停留在碎片化的专家报告、教学工作坊等趋同培训方式上。

（3）教师教育教学发展资源建设离散化

教学资源建设标准缺乏；高校间单一、松散的资源形态难以向服务区域高校链条化、集群化方向升级，优质资源共建、互享不足；区域政府、科研机构、高校间共同体意识差，政研学协同工作机制欠缺。

（4）教师教育教学发展协同机制欠缺

针对区域教师特征的教育教学研究机构缺乏，成果偏少，无法以教育教学研究引领教师教育教学能力的提升，无法以发展性评价促进教师的可持续发展。

2. 深入研究教师教学能力培养的理念与方法

遵循富勒和布朗的教师成长理论，提出了教师教学发展能力“三要素”与“三维结构”新理念，为教师发展提供理论支持。我们研究认为：第一，教师教学发展是由认知、方式与意识等构成的，教学认知力、教学应变力与教学专业自我发展力是教师教学发展能力的“三要素”。第二，教师教育教学能力具备“三维结构”，即，教师主体素质与教育任务间的匹配性是判定教学效能的前提；由教育任务自然衍生的教育教学效果，是判定教学效能的关键；教师主体素质是教学效能形成中最具能动性的选项与变量。

围绕“四有”好老师要求，西工大赴北京、上海、新疆等地调研17次、访谈120余位专家，开展专题研讨25次，从教学认知力、教学应变力与教学专业自我发展力“三要素”入手解析新时代高校教师教育教学内涵，解构教师主体素质、教育任务、教学效能的“三维结构”，并以此为基础构建主线和框架，形成新时代高校一流教师《教师教育教学能力内涵特征》《教师教育教学能力标准》等报告，在《中国高教研究》等CSSCI期刊发表高水平论文29篇，为模式和体系构建提供了指引。

3. 创建了“一中心两引翼三阶段”培养新模式（见图5-12）

以实践立德树人，持续提升教师教育教学能力为“一中心”。实施“两引翼”：“筑基引翼”——国内首创适应不同类型教师教育教学发展的系统化培养方案，“赋能引翼”——构建学校统筹实施层、学院特色实践层、课程团队精准强化层的三层教师培养机制。依据“三维结构”理论，施行教学适应期、教学胜任期、教学卓越期的“三阶段”分类、分层培养。

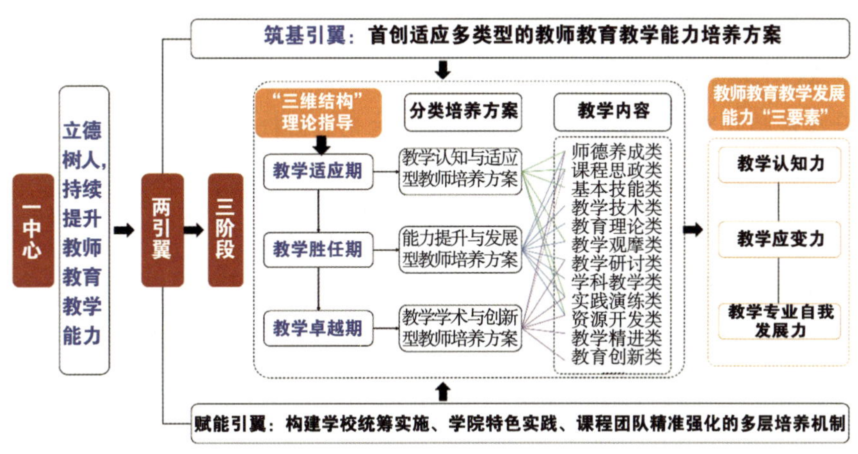

图5-12　西工大“一中心两引翼三阶段”教师培养新模式

基于对教师教学发展能力结构研究，将教师培养过程设置为教学适应期（新入职教师）、教学胜任期（骨干教师）、教学卓越期（优秀教师）三个阶段，系统化、全方位提升教师教育教学能力。一是跨地域实施新入职教师教学能力培养方案。面向友谊校区、长安校区、太仓智慧港新入职教师，围绕“教学技能”“教学设计”“课程思政”等主题开展教师教学实训、教学工作坊、实操演练，线下组织开展理论实践相结合课程，广泛动员并组织教师充分利用翱翔门户教师发展平台、国家智慧教育公共服务平台等优质学习资源组织开展线上研修活动。二是面向一线骨干教师策划实施系列针对性、实操性强的教学专题活动。开展党的二十大精神“三进”（进教材、进课堂、进头脑）

专题培训、教师数字化教学胜任力提升计划等教师培养专题课程，定期举办教师教学技能工作坊（ISW）及教学技能分享会等。三是拓展实施优秀教师国际化教育教学研修项目。开拓实施牛津大学教学设计与实施课程项目（PDI）、赫尔辛基大学数字技术教学实践教师研修项目等国际化研修项目，支持优秀教师去海外研修。四是开展校院两级实练实操的主讲教师资格认证。分类优化实施主讲教师资格认证，将课程思政教学要求、教学实践要求纳入认证标准，组织新入职青年教师参加校级认证（一次通过率为88%），对未通过认证教师安排专家进行针对性“一对一”指导，二次通过率达到95%以上。

4. 科学化、系统化、信息化集成教师培养优质资源

科学化研制了《高校教师教学发展中心平台建设标准》并加以实施。西工大以此标准建设教师教学发展中心，建成校教学法研究会、25个学院教学研究与教师发展分中心和51个名师工作室，支持教师投入教研项目研发。建设教师发展培训线上线下课程33门，集聚陆昉、陆国栋等160余位专家组成师资队伍，与牛津大学等8所一流大学开展国际合作。实践《“互联网+”教师教育教学发展实施方案》，信息化赋能教师发展，面向西北地区、卓越大学联盟、工业和信息化部高校联盟百余所高校，万余名教师受益。

5. 构建教师教育教学发展共同体，建立一体化协同机制

教育部高教司指导，陕西省教育厅、中国高教学会、工业和信息化部人教司共建，西工大主建了国内首个教师教学发展研究院“西北地区高校教师教学名师发展研究院”；联合陕西高等教育研究院、西部师范大学教育创新与发展联盟等教学与智库共融平台，组织制定了机构共建、课题共研、课程共享、教师共育等协同制度，形成了以“教育研究·教学评价·教学发展”为纲要的政研学协同机制。

5.3.2　持续优化“校赛—省赛—国赛”三梯度进阶培育模式

坚持以“总师育人文化”为引领，赛培融合、以赛促教，充分发挥教学竞赛优秀教师的辐射引领作用，推动优秀教师显著提升教学能力。从2020年开始，每年校院两级联动举办教师教学创新大赛，为更多教师搭建展示和交流的平台，扩大教学竞赛的参与面，为参加国家级、省部级等各类教学竞赛培养、选拔和储备高水平赛事参赛选手。近年来，校赛影响力和参与度不断扩大，以赛促教蔚然成风，有效推动了教师教学能力的整体提升。

1. 构建实施教学竞赛三梯度进阶培育模式

围绕“立足谋划、着眼实干、立德树人、成就教师”这条主线，构建实施了“校

赛—省赛—国赛”教学竞赛三梯度进阶培育模式，紧密结合学校一流本科人才培养行动计划的战略规划、总体部署，做好教学竞赛的工作研讨和举措落实，把教学竞赛作为提升教育教学质量、推进教学改革的重要组成部分，为广大教师搭建成长、成才、成功的舞台和平台，鼎力成就教学领军人才。

一是出台《西北工业大学教师教学竞赛奖励办法》，调动广大教师积极、主动投身教学竞赛和教学工作。二是将校赛作为培养优秀教师的重要途径和储备省赛、国赛优秀选手的“蓄水池”和备赛库，加强优秀教师人才储备。三是组建专家库，邀请校内外名师、专家、获奖选手进入其中，加强教学竞赛的引领提升作用。四是紧抓教学竞赛的工作节点推进，协调处理好各类各级竞赛之间的筹备关系，通过校院联动形成各级竞赛常态化机制。五是加强深入摸底、辨析赛况、精准培育、高效备赛、实战演练，多形式、个性化、针对性地培育培养优秀竞赛教师。六是组织开展教学竞赛创新实践案例分享和风采成果展示活动，帮助竞赛获奖教师成为教学创新成果推广示范的重要力量，担当起“以学生为中心”本科教学改革创新的“引领者”，担负起服务“总师型”人才培养的使命责任。

2. 教师教学竞赛获奖成绩显著

近年来西工大教师参加各级各类教学竞赛并获得多项奖励，2020—2023年共获各种竞赛奖395项（截至2023年12月），年均获奖数量与“十三五”同期相比翻了两番。在全国高校教师教学创新大赛（教育部“三评一竞赛”唯一保留项目）中，2023年西工大获一等奖总数并列全国第一。在陕西省高校课堂教学创新大赛中，2022年、2023年西工大获一等奖总数均位列全省第一。在卓越大学联盟高校青年教师教学创新大赛中，2023年西工大获奖数量排名第一。涌现出全国高校青年教师教学竞赛一等奖获得者都琳、李东，全国高校教师教学创新大赛一等奖获得者张莹、张娟、张琳、张磊磊、杨虎，全国高校思想政治理论课教学展示活动一等奖获得者贺苗，卓越大学联盟高校青年教师教学创新大赛一等奖获得者张莹、张娟、王乐、郜璐璐等一大批优秀教师。在全校范围内逐步形成了“赛培融合，以赛促教，以赛促学，以赛促改，以赛促建，以赛促创”的良好氛围。

5.3.3　推进教师教学发展共享平台建设

“十四五”以来，西工大积极服务区域、赋能发展，打造教师教学与智库交叉融通平台，创建了富集西北地区高校教师教学发展研究院、陕西高等教育研究院、中国高等教育学会西部高等教育振兴研究分会（筹）、工业和信息化部高校教师教学发展联盟等交叉共融发展的教学实践和智库资源平台，搭建了平等、开放、包容的教师教学发展共同体。

1. 发挥区域示范带动作用

由西工大主建的国内首个西北地区高校教师教学发展研究院，已成为引领全国区域高校教师发展的标杆。西工大党委常委、副校长杨益新作为第56届中国高等教育博览会“高校教师发展与创新人才培养”唯一主论坛报告人作题为“区域高校教师教学发展研究院的探索与实践”的主旨报告（见图5-13），得到了教育部、中国高教学会领导和与会嘉宾的广泛认可。

图5-13　党委常委、副校长杨益新在第56届中国高等教育博览会作主旨报告

西北地区高校教师教学发展研究院组织课程思政、教学创新、混合式教学、ISW等专题讲座90余场，服务支撑西北地区100余所高校累计5万余名师生教育教学水平提升。持续强化教师教学发展指数研究，发布“陕西省本科院校教师教学发展指数（Top20）排行以及近十年排行榜”，受到教育部、中国高等教育学会、陕西省教育厅和省内高校的广泛关注，为全省高校教师发展形成工作指向。

教师教学发展的引领示范作用受到社会广泛关注，受到上级部门领导和成果鉴定组专家的高度肯定。陕西省教育厅厅长刘建林讲到，“高度契合了国家重视教师队伍建设与研究的大趋势，为提升西北地区高校教师教学能力、教学水平，推动教学质量的提高提供了新契机”。教育部高教司原司长张大良，工业和信息化部人教司二级调研员万建等均对西工大教师教学发展给予了高度肯定。

2. 形成一批高质量智库成果

2022年8月4日，在中国高等教育学会西部高等教育振兴研究分会（筹）筹备期间，西工大成功举办第57届中国高等教育博览会分论坛——“西部高等教育振兴与高校治理创新论坛”（见图5-14）。管培俊、邬大光、眭依凡、宣勇、史静寰、王洪才、李丽荣、周海涛、党跃武等专家学者围绕“西部高等教育振兴和高校治理创新”作了主题报告。

图5-14　西部高等教育振兴与高校治理创新论坛现场照片

陕西高等教育研究院全面推进“学者-智库-政府-行业-高校”五位一体学术共同体建设，研究院成员向中共中央统战部、科技部、陕西省委省政府等上级单位报送咨政报告31份，其中获上级批示8份，部门采纳23份，在《中国社会科学报》等期刊发表研究论文18篇，相关研究成果多次得到中国新闻社等主流媒体的专访报道。围绕聚焦新型智库建设、数字化教育变革等热点，举办“高等教育教学数字化转型研讨会”等学术活动50余次，累计辐射40余所高校2000余人。

3. 持续服务军工特色高校教师发展

牵头组建工业和信息化部高校教师教学发展联盟，邀请国内外2300余位教学名师进入专家库，推荐150门优质课程进入课程库，设立63项特色区域教发研究项目。联合举办教师教学能力提升、教学成果、教改创新等26场专题培训和研讨交流活动，建成具有七校优势特色、交叉融合、内涵发展的资源共享平台。

5.3.4　项目化推进教师投入教育教学改革研究

1. 全面推进教育教学改革研究项目培育与管理工作

为进一步深化高等教育体制机制综合改革，培育高水平教育教学改革研究成果，坚持以本为本，落实“四个回归”（指教育部建设高水平本科教育和人才培养质量提出的“回归常识、回归本分、回归初心、回归梦想”要求），探索人才培养新机制、新模式、新举措，切实提高人才培养质量，推动形成高水平人才培养体系，西工大高度重视教育教学改革研究项目的培育工作，并探索形成“校级—省级”的两级教改培育模式。同时西工大积极组织开展省级与校级教育教学改革研究项目的申报工作，旨在促进学校深化教育教学改革，加强教学管理，引导教师加大教学投入，潜心教书育人，鼓励广大教师围绕高等教育教学面临的重点、难点或热点问题开展研究或改革实践，培育高水平的教学成果，不断提升教育教学质量。

西工大先后赴西安电子科技大学、天津大学、北京航空航天大学、北京理工大学、哈尔滨工业大学等开展调研工作。西工大以《教育部关于加快建设高水平本科教育全面提高人才培养能力的意见》《陕西高等教育教学改革研究项目管理办法》《西北工业大学一流本科人才培养行动计划》《西北工业大学人才培养“十四五”规划》等文件为依据，从项目立项类型、项目立项级别、项目研究周期、组织管理与职责、人员申报范围、申报与立项程序、经费管理方式等方面修订了《西北工业大学教育教学改革研究项目管理办法》，进一步引导教师积极投入教育教学的改革研究和项目申报、建设工作。

2. 充分发挥陕西高等教育教学改革研究项目示范引领作用

根据陕西省教育厅办公室《关于做好2023年度陕西高等教育教学改革研究项目申报工作的通知》有关要求，西工大限额推荐本科17项、继续教育3项、青年专项1项。为高质量推荐校内项目，提高申报竞争力，采取各单位限项申报，最终共收到71份申报材料，申报类别为“本科”和“青年专项”的项目首次采用全线下答辩方式进行多轮次评审。最终共有23个项目获批（有2项从学会立项），其中重点攻关6项、重点11项、一般6项（见表5-5）。

表5-5　西工大2023年度省级教改项目立项名单

序号	项目名称	主持人	项目类型
1	“总师型”人才培养模式改革与创新研究	孙中奎	重点攻关
2	科学+戏剧——项目制戏剧美育赋能总师型人才培养创新与实践	孙　瑜	重点攻关
3	面向中国式现代化的“人才、产业、创新”三链融合机械基础创新教学研究与资源构建	葛文杰	重点攻关
4	需求驱动、大师引领、基础教学三位一体，构建力学拔尖创新人才培养新途径	邓子辰	重点
5	以中外合作办学课程共建推动中外高校优质教育教学资源共享的探索与实践	范晓丽	重点

续表

序号	项目名称	主持人	项目类型
6	国防特色高校学研结合的应用物理学强基计划拔尖人才培养模式研究与实践	李　东	重点
7	文明经典、匠心独运——基于中华非遗传统技艺的机电产品创意设计与实践课程体系构建研究	蒋建军	一般
8	面向数字化、智能化飞行器设计人才需求的专业课教学改革研究	侯　赤	一般
9	以学科交叉为牵引的“新工科”高质量教材建设研究	颜红侠	一般
10	新工科背景下自动化类国防特色卓越人才培养模式改革与创新	刘准钆	一般
11	基于“总师型”人才培养的数学公共课教师教学能力评价策略研究	赵俊锋	一般
12	“智慧三航”未来技术领域拔尖创新人才培养路径研究	蔡　力	一般
13	新时代高等学历继续教育与非学历教育融合发展研究与实践	张近乐	重点攻关
14	高等继续教育内部质量评价及保障体系建设与研究	燕云捷	重点
15	多学科交叉领航、智能化手段赋能：飞行器控制与信息领域创新人才培养模式探索与实践改革与创新研究	李　霓	重点
16	交叉融合，守正创新，基于进阶式力学思维培养的理论力学教学改革探索与实践	张　娟	重点攻关
17	基于知识图谱的数学公共基础课 多维精准教学体系的研究与实践	张　莹	重点
18	教与学自组织的组织行为学课程教学创新与实践	张　琳	重点
19	宇航领域工程问题和技术难点引导的材料学课程教学模式改革	张磊磊	重点
20	新文科视域下宪法学课程理论教学与实践教学协同创新研究与实践	宋丁博男	重点
21	基于“专题研讨、内容延伸”与“工程牵引、创新实践”新模式的空气动力学课程改革与实践	谢　丹	重点
22	教育数字化背景下高校教师数字化能力提升研究——以陕西高校为例	李　辉	重点攻关
23	面向行业特色高校人才培养的课程思政资源建设与多元化评价体系研究	徐根玖	重点

3. 教师主动开展教育教学改革研究的积极性日益高涨

（1）近五年西工大培育教育教学改革研究项目立项情况

西工大按照“重点培育、实践检验、迭代提升、成果凝练、示范推广”的管理模式认真做好校级教育教学改革研究项目（简称“教改项目”）立项工作，申报数量逐年递增（见图5-15）。教师围绕学校的办学定位与办学理念，人才培养模式，学科专业、课程体系建设，教学内容、教学方法和教学手段，实验、实习、实训和社会实践情况，创新创业教育，大学生素质教育，教学资源共享，教学管理信息化，教学质量保障，以及特定时期需要集中开展研究的热点难点等方面积极开展校级教改项目申报工作。

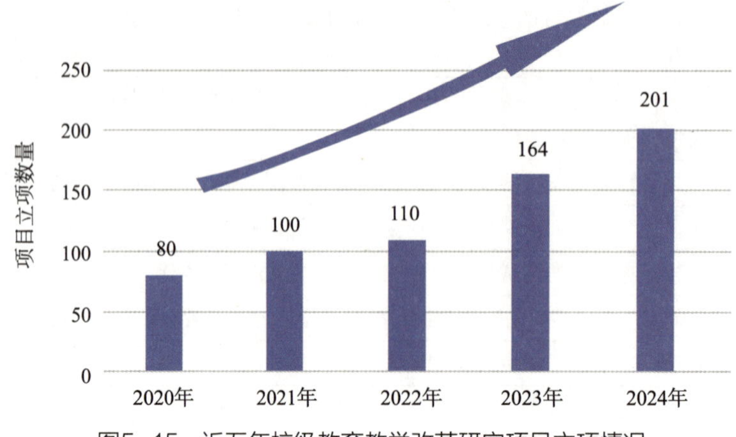

图5-15　近五年校级教育教学改革研究项目立项情况

（2）2022年度（最近一次结题）校级教改项目结题情况分析

校级教育教学改革研究项目验收结论分为优秀、良好、合格、不合格四个等次（2022年度验收结果分析见图5-16）。2022年度校级教改项目支持发表（含投稿、撰写）研究论文209篇，出版（含建设中）教材（教义、指导用书等）79部，形成研究报告108份，获得教学成果奖69个，等等。

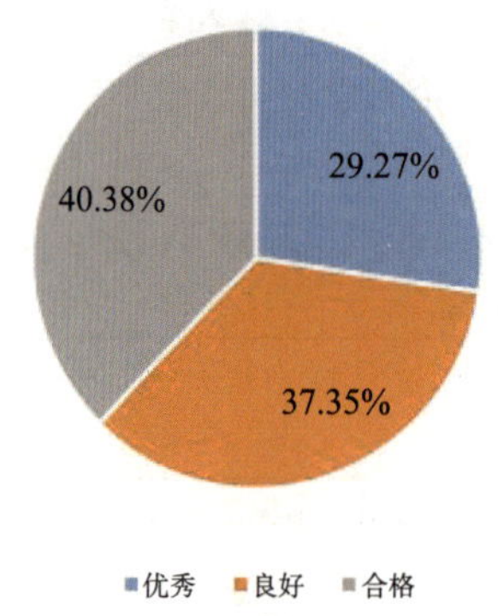

图5-16　2022年度校级教改项目验收结果占比图

验收结果为“优秀”的项目，共发表（含投稿、撰写）研究论文75篇，出版（含建设中）教材（教义、指导用书等）20部，形成研究报告28份，获得教学成果奖69个，等等。其中，机电学院葛文杰教授主持研究的项目为重点攻关（委托项目），主要的研究方向为新工科背景下具有中国特色的高质量教材建设研究与实践，经过两年建设，共出版教材5本，获西工大2022年度卓越成就奖。马克思主义学院郝保权教授撰写了《“〈红色经典文献〉研读课程群”引领西工大“三位一体”人才培养的创新模式与实践研究》报告，形成了《马克思主义发展史十五讲》讲义（41万+字、教学PPT1000多页），发表了教学论文9篇，等等。经过教改项目的培育，多位老师已具备主持或参与教改项目研究的水平，并获得了获评国家级、省级教学成果奖等。

验收结果为“良好”的项目，共发表（含投稿、撰写）研究论文85篇，出版（含建设中）教材（教义、指导用书等）33部，形成研究报告40份，获得教学成果奖69个，等等。其中，力学与土木建筑学院张娟教授发表教学研究论文7篇，出版教材2本（一本为全英文教材），撰写了《基于“一心、两核、三平台” 的基础力学拔尖人才培养模式研究与实践》报告，并获得了省级“课程思政教学能手”等多项教学奖励；工程实践训练中心蒋建军教授发表教学研究论文6篇，出版教材（讲义）7部，撰写了《支撑特色工科高校创新型人才培养的实践育人体系研究报告》。

典型案例

项目名称：新工科背景下具有中国特色的高质量教材建设研究与实践

主持人：葛文杰

项目类型：重点攻关（委托项目）

验收结果：优秀

研究目标：

本项目研究以习近平新时代中国特色社会主义思想为指导，结合机械原理为机械学科和机械工程专业的核心基础课特点和教材优势，着力深入研究适应新工科教育的课程教材的育人目标，即知识、能力及素质目标，并深度挖掘提炼课程教材内容和知识体系中所蕴含的中华优秀传统文化的思想价值、精神内涵及文化基因，增强教材的知识性、思想性、创新性、引领性、时代性；依托现代教育技术手段及环境，构建学科基础、工程知识与科学、哲学、文化、艺术知识深度融合的新形态教材体系，尤其体现用中国文化精髓或基因引领未来机械学科和工程的创新驱动发展，建立具有中国特色的高质量教材的新内容、新结构及新教法；开展完善配套各环节教材建设与教改实践。切实落实教材立德树人的根本任务和提升课程教材的铸魂育人功能，坚定“四个自信”，强化工程、科学、辩证及历史思维和爱国、科学、创新、奉献、工匠及协作精神培养上取得的提升效果，发挥出新工科背景下的专业核心基础课程教材建设的示范引领作用与辐射效应。

研究内容：

1）新工科背景下具有中国特色和强化育人功能的高质量教材建设的理念、理论及目标研究。

2）新工科背景下具有中国特色的高质量主、辅教材及实践教学教材的新体系和内容新结构及教学实施新方案。

3）结合新修订的课程主、辅助教材和教学改进方案，开展线上线下混合式课程教学实践和方案改进研究。

4）配合强化育人课程教学新方案的课程设计实践性教材、数字教材和数字资源建设，研究建立多措并举的教学解决方案。

研究特色：

1）本教材成果在落实习近平新时代中国特色社会主义思想进教材上具有很高的深度，是将这一思想通过机械学科与工程发展中的中国文化元素和国家创新驱动发展及国际工程教育发展的深度融合，无论是在理论上，还是在内容上都具有原创性，都更具有引领性教育和发展作用。

2）本研究成果已融入被全国同类课广泛使用的西工大修编教材中，可产生显著示范引领及教学辐射及推广作用。

项目成果：

1）孙桓、葛文杰主编的《机械原理》（第九版）新形态主教材，高等教育出版社，2021。

2）葛文杰主编的《机械原理作业集》1、2分册（第四版），高等教育出版社，2021。

3）葛文杰主编的《机械原理课程设计》，高等教育出版社，2022。

数字资源：

1）葛文杰主编的《机械原理电子教案》及其素材库等配套《机械原理》（第九版）教材的课堂教学资源，2023；

2）葛文杰主编的《机械原理数字课程》，高等教育出版社，2019，（2023年补充修改）；

3）葛文杰主编的《机械原理数字教材》，高等教育出版社，2023。

5.3.5　建强“五阶三级”教学成果培育体系

1. 国家级教学成果奖的设立

教学成果是指反映教育教学规律，具有独创性、新颖性、实用性，对提高教学水平和教育质量、实现培养目标产生明显效果的教育教学方案。国家级教学成果奖为奖励取得教学成果的集体和个人，鼓励教育工作者从事教育教学研究，提高教学水平和教育质量，是建设教育强国的重要举措。按照国务院颁发的《教学成果奖励条例》，国家级教学成果奖每四年评审一次，分为三个等级：特等奖、一等奖和二等奖。

1989年，我国首次在全国普通高等学校中开展国家级教学成果评审工作。2014年，国家级教学成果奖扩展为基础教育、职业教育、高等教育（本科及研究生）三类奖励。2022年，高等教育国家级教学成果奖首次将本科和研究生教学成果分通道申报，至此，国家级教学成果奖扩展为四大类奖励，即基础教育、职业教育、高等教育（本科）、高等教育（研究生），各类奖项分别进行设置，授予相应的证书、奖章和奖金。

国家级教学成果奖在评审过程中始终坚持正确政治方向，全面贯彻党的教育方针，落实立德树人根本任务；坚持以提高人才培养质量为核心，深化教育教学改革，突出实践性和创新性；坚持引导优秀人才终身从教，向长期从事一线教育教学的教师倾斜；坚持示范引领，重在应用推广，带动提高相关领域人才培养能力。

2. 国家级教学成果奖的奖励范围及原则

高等教育国家级教学成果奖是我国高等教育领域的最高奖项，是衡量高校教学水平、教学能力和教学质量的重要标志，也是学科评估和“双一流”评选的重要参考。

（1）奖励范围

1）本科教学成果奖。

高等教育（本科）国家级教学成果奖应贯彻落实习近平总书记关于教育的重要论述，坚持正确政治方向，反映新时代推进高等教育高质量发展、全面提高高校人才培养能力取得的新成果，代表建设高质量本科教育、深化本科教育教学改革的方向。

高等教育（本科）国家级教学成果内容主要包括构建“大思政”育人格局、加强卓越拔尖人才培养、深化新工科新医科新农科新文科建设、深化创新创业教育改革、推进高等教育教学数字化、加强教师教育、提高教师教学能力、深化教育教学评价改革等方面。

2）研究生教学成果奖。

高等教育（研究生）国家级教学成果奖应反映党的十九大以来，深入贯彻落实习近平总书记关于研究生教育工作的重要指示精神，在研究生教育教学改革方面取得的重大突破和重要成果，在人才培养的实践、改革、研究中发挥示范引领和激励作用。

高等教育（研究生）国家级教学成果内容主要包括加强思想政治教育、深化评价机制改革、优化学科专业结构、推进科教融合、深化产教融合、加强急需高层次人才培养、加强课程建设、提升导师队伍水平、强化培养过程管理等方面。

（2）评审原则

1）本科教学成果奖。

注重导向。坚持为党育人、为国育才，坚持正确的育人导向，深化高等教育教学改革，构建高水平人才培养体系，全面提高高等教育质量。

注重创新。服务国家战略和区域经济社会发展需要，适应高等教育普及化阶段特点，深入探索，在理论和实践上取得新突破。

注重一线。优先奖励教育教学一线成果，加强专业、课程、教材、实践等核心要素建设。成果应经得起教育教学实践检验，具有较强的可操作性、可推广性。

注重公平。向一线教师，尤其是中青年教师倾斜，激励教师潜心教书育人。在同等水平情况下，向中西部地区高校倾斜。

2）研究生教学成果奖。

坚持立德树人。把正确政治方向和价值导向贯穿研究生教育全过程，以研究生德智体美劳全面发展为中心，突出思想政治教育关键作用，扎根中国大地培养研究生。

坚持服务需求。服务国家重大战略需求和经济社会高质量发展，特别是在服务党和国家重大决策、突破关键核心技术、探索前沿科学问题和解决重大社会现实问题等方面作出重要贡献。

坚持质量导向。全面贯彻新发展理念，以提高人才培养质量为核心，有利于加强学科专业建设，有利于推动研究生教育高质量发展。

坚持追求卓越。在培养机制上有重大改革，在科教融合、产教融合培养模式上有重大创新，取得重大原始创新成果，有利于全面提升知识创新和实践创新能力。

坚持一线规则。优先奖励长期从事研究生教育教学的一线教师、研究生导师，尤其是中青年教师以及西部地区、少数民族地区教师，激励思想政治教育教学创新。

3. 国家级教学成果奖培育

（1）“五阶三级”教学成果培育体系

历年来，西工大高度重视教学成果的培育工作，目前形成了“教改试点、成果孵化、实践检验、凝练提升、重点培育”五阶贯通、“校级—省级—国家级”三级联动的“五阶三级”教学成果培育体系，规范各级教学成果奖的评选推荐，加强优秀教学成果的推广与应用，每年在课程建设、教育教学改革研究项目等基础上选拔一届校级教学成果奖，为每两年一次的省级教学成果奖和每四年一次的国家级教学成果奖申报奠定基础。同时，西工大加大投入，鼓励教师积极投身教育教学改革与实践，总结先进经验，促进高水平教学成果产出，并将先进的经验、改革成果等应用在实际教学中，充分发挥教学成果奖在教学研究、改革、实践中的引领和示范作用，持续提升西工大人才培养质量和教育教学水平。

西工大根据国务院颁发的《教学成果奖励条例》和陕西省人民政府办公厅印发的《高等教育教学成果奖励办法》等文件精神，结合实际情况，制定了《西北工业大学教学成果奖管理办法》，进一步加快推进学校“双一流”建设，不断强化人才培养中心地位，为“总师型”人才培养奠定基础。西工大每年评选一届校级教学成果奖，为提高教师投身教育教学改革的积极性，凝练优秀教学成果，加大教育教学改革研究项目、高水平课程建设、高水平教材建设等教学项目的投入，严格项目结题审核，不断提高项目质量。

近年来，在教改、课程、教材等项目的支撑下，教师申报教学成果奖的积极性得到了大幅提高（近五年校级教学成果奖申报及获奖情况见5-17）。对每届校级教学成果奖评选结果进行分析，提前布局、科学谋划、集聚优势，形成重点培育项目清单，在校内资源方面予以倾斜，提高申报成果的质量，提升影响力和竞争力，为下一届省级和国家级教学成果奖申报奠定基础。

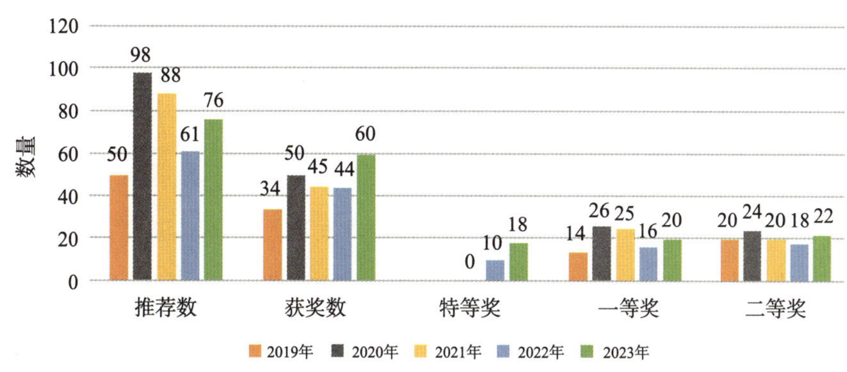

图5-17　近五年校级教学成果奖申报及获奖情况统计

2023年，西工大通过校内限额推荐15项本科教学成果，及通过陕西省高等学校教学指导委员会推荐1项本科教学成果参评陕西省2023年本科教育教学成果奖的评选。根据陕西省人民政府办公厅关于2023年高等教育教学成果奖获奖项目的表彰结果，我校牵头荣获本科教学成果奖16项，其中特等奖3项、一等奖5项、二等奖8项（见图5-18），获奖率达100%，位居全省第一。

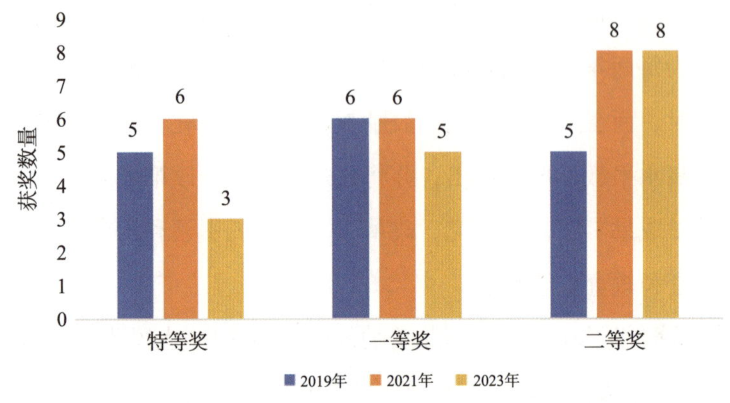

图5-18　西工大获近三届陕西省教学成果奖情况统计

（2）2022年高等教育国家级教学成果奖解析

2022年9月，教育部发布《关于开展2022年国家级教学成果奖评审工作的通知》（教师函〔2022〕9号），启动了四年一次的国家级教学成果奖评审工作，本次国家级教学成果奖评审较往年有所变化，高等教育国家级教学成果奖首次将本科和研究生教学成果分通道进行申报，对奖项名额也分别进行了设置。

2023年1月，教育部公示了2022年国家级教学成果奖候选项目，其中高等教育（本科）国家级教学成果奖候选项目1716项，高等教育（研究生）国家级教学成果奖候选项目570项。本届高等教育（本科）国家级教学成果奖申报项目中，申报数量最多为20项，分别是天津大学、西安交通大学、浙江大学，3所高校申报数量并列第一，申报数量排名4～10位的高校分别为四川大学（18）、山东大学（17）、吉林大学（16）、南开大学（15）、湖南大学（14）、上海交通大学（14）、中山大学（14）。高等教育（研究生）国家级教学成果奖申报项目中，申报数量最多为天津大学13项，申报数量排名2～10位的高校分别为天津大学（13）、浙江大学（10）、哈尔滨工业大学（8）、北京大学（7）、北京理工大学（7）、大连理工大学（7）、湖南大学（7）、南开大学（7）、中国人民大学（7）、北京航空航天大学（7）。西工大共有11项本科候选成果（排名21），6项研究生候选成果（排名11）。

2023年7月，教育部发布了《教育部关于批准2022年国家级教学成果奖获奖项目的决定》，共评出高等教育（本科）国家级教学成果奖572项，高等教育（研究生）国家级教学成果奖284项。天津大学以本科及研究生牵头获奖总数26项，位居全国高校第一，排名2～4位的高校分别为浙江大学（24）、西安交通大学（22）、上海交通大学（18），排名并列第五的高校有2所，分别是复旦大学（16）、湖南大学（16），排名并列第七的高校有3所，分别是中国人民大学（14）、西北工业大学（14）、四川大学（14），排名并列第十的高校有6所，分别是南京大学（13）、北京大学（13）、同济大学（13）、北京理工大学（13）、吉林大学（13）、华中科技大学（13）。

（3）西工大获近三届国家级教学成果奖情况统计（见图5-19）

在2022年国家级教学成果奖评审中，西工大牵头的14项教学成果（本科8项，研究生6项）荣获高等教育国家级教学成果奖，其中一等奖3项、二等奖11项，参与的2项本科成果均获二等奖，牵头获奖总数居工业和信息化部高校第一、全国高校并列第七。2014年，西工大牵头的6项教学成果获高等教育国家级教学成果奖，其中一等奖2项、二等奖4项。2018年，西工大牵头的6项教学成果获高等教育国家级教学成果奖，其中一等奖2项、二等奖4项，参与的1项成果获一等奖、1项成果获二等奖。在历届国家级教学成果奖评选中（四年一届），西工大已连续三届居工业和信息化部高校第一、全国高校前列。

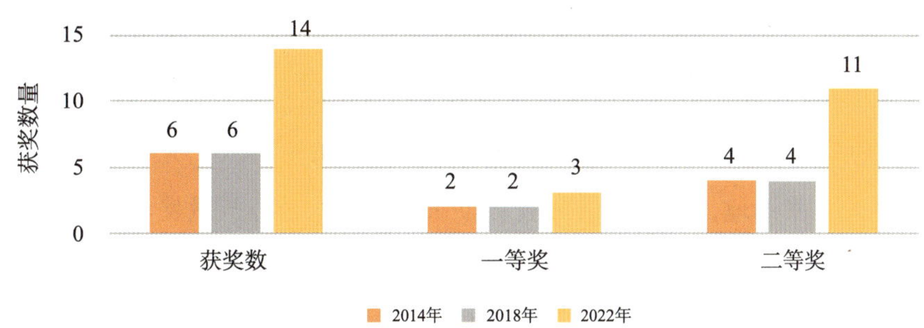

图5-19　西工大获近三届国家级教学成果奖情况统计

获奖成果案例

成果1：隐姓埋名、为国铸剑，构建国防特色高校拔尖创新人才培养体系的西工大实践

该成果以“隐姓埋名，为国铸剑”为导向，聚焦国防科技拔尖创新人才自主培养，确立了“具有家国情怀，追求卓越、引领未来的领军人才”培养目标，提出了

“价值塑造铸魂、五个一流筑基、机制创新引领”人才培养体系，形成了特色鲜明的西工大实践，自主培养了大批国防科技人才。

一是价值塑造铸魂。构建以“隐姓埋名，为国铸剑”为内核的价值塑造铸魂模式，打造国防特色思政教育品牌，构筑浸润式国防军工育人场景，形成以航空报国、航天强国、海洋强国为主体的西工大价值塑造内涵。

二是五个一流筑基。全面推动军工元素融入课程，聘请500余位型号总师，构建一流培养方案，打造国防特色一流师资队伍，形成国防科技成果融入人才培养的一流科研反哺，创新一流教学方法，建成一流实践平台。

三是机制创新引领。构建了理论研究为先导，全校性、多层面、常态化大讨论为基础，不断迭代的政策创新机制；聚焦国防特色高校人才培养主题发表文章160余篇；制定卓越奖励计划，创新管理机制，为国防科技人才培养提供稳定支持。

成果2：三十年坚守、三代人传承、持续探索航空工程设计类专业核心课教学新途径

飞行器设计与工程专业为我国航空工业培养了大批领军人才。工程设计类专业课“飞行器结构设计”一直是该专业所有本科生必修的专业核心课，是引领学生进入飞机结构设计专业领域的重要基石。近30年来在课堂育人、课程内容和教学模式改革上取得了显著突破。建成了全国第一门“飞行器结构设计”国家精品课程，辐射引领包含30门课的“飞机设计专业课程”课程群教学改革项目，带动其中5门课建成省级以上精品课，每年全校近千名本科生参加课程群学习，培养了航空工业特级技术专家贾欲明、汪心文等100余名飞机结构设计领域领军人才。

一是自20世纪90年代开始提出“做寓育人于教学的有心人”并付诸实践。30年坚守“课堂育人”主阵地，坚持将思政教育与课堂教学相结合，激发学生航空报国的使命感和学习动力。建立“名师带教”和“严过三关”教师培养机制，打造出国家级教学团队，开创了立德树人新格局。

二是贯彻“学以致用”指导思想，接续构建强基础、重应用的课程内容体系。第一代教师编写了国内最早的飞机结构设计专门教材；第二代教师紧密联系科研与教学，将亲身经历的歼-7E、运-20等重大型号科研成果引入教材和课堂，与时俱进更新课程内容；第三代教师围绕实践需求进行问题导向型课程内容重构，强化知识体系对设计实践的支撑。

三是践行“能力培养”教学理念，进阶创建以项目式和探究式教学为内涵的学用结合教学模式。实施“把课堂搬进航空馆”的教学改革，创新了诸如现场课和课内实物制作等的多样化教学方式，坚持面向过程的学业考评，筑就起自主探究和讲授研讨相结合、理论学习和动手实践相促进、实践教学和理论教学相协同的教学新途径，实现了能力产出阶梯式飞跃。

成果3：打造一流资源，融通德知能创，国防特色机械类创新人才培养模式创建与实践

该成果以培养服务国防装备现代化机械类创新人才为导向，通过“德育铸魂-理论筑基-实践拓展-创新升华”逐级递进（途径），“名师团队-优质课程-立体教材-开放平台”建用并举（资源），科教、产学和国际化资源协同驱动（机制），创建国防特色机械类创新人才培养模式。

一是德育为纲，全环节培塑。将爱国情、强国志、报国行融入人才培养全过程，通识阶段启智润心，专业阶段析理明道，理论学习武装头脑，实践体验砥砺情怀，引导学生投身国防，毕业生在型号研制中立功者超百人次。

二是厚知赋能，全要素支撑。以航空航天等领域高端装备研制知识能力需求为目标，名师团队传道，金牌课程授业，立体教材赋新，一流平台赋能，建成“四维一体”国家一流机械类教学资源，夯实献身国防的根基与能力。

三是创新引领，全优势协同。发挥多方优势，构建协同育人机制，科研深度反哺教学，企业多维参与教学，师生双向国际交流，全方位提升学生自主创新能力与全球竞争力，涌现出了国防装备攻关、重点领域研发、高新技术创投等一大批拔尖创新人才。

5.4 本章小结

西工大不断建强高水平教学队伍，实施了名师梯队培育制度，明确学院以培育校级卓越名师为主，学校以培育国家级、省级教学名师及教学指导委员会委员为主的校院两级培育定位。实施了本科教学卓越奖励计划，构建了本科教学领域全覆盖的荣誉体系，激励教师潜心从事本科教学。以赛促教助力教师教学能力提升，通过教学研究、教学培训、教学研讨、教学观摩等一系列教学竞赛与创新交流平台，不断革新“校赛—省赛—国赛”三梯度进阶培养模式，引领教师深度剖析教学真问题，不断提升教师教育教学质量和育人水平。

（本章由孙中奎、傅茂森、刘昕、韩寅奔、田锦、姚尧等人编写。）

第六章

创新增效建设一流课程

课程是人才培养的核心要素，课程质量直接决定人才培养质量。西工大始终高度重视本科课程建设工作，全面推进课程体系建设，不断深化课程改革，将一流课程、示范课程、高质量课程等向纵深推进，紧紧抓住教师队伍“主力军”、课程建设“主战场”、课堂教学“主渠道”，落实所有教师、所有课程育人功能，强化各类课程与思政课程同向同行。西工大持续推动本科教育教学向数字化、智慧化、多元化转型，不断建强人工智能赋能的教学资源，以前所未有的力度推进教育公平、高质量的核心课程体系新格局，为数字教育改革赋能，全面提升课程建设水平和“总师型”人才培养质量。

6.1　特色课程体系构建与改革

6.1.1　不断优化课程体系

西工大坚持文化引领、情怀润泽、知能融通、素养达成“四位一体”的人才培养理念，以培养具有家国情怀，追求卓越、引领未来的领军人才为目标，瞄准“总师型”人才应具备的“强烈使命担当、牢固整机观念、宽广学术视野、扎实知识结构、卓越创新意识、良好沟通能力、深厚人文素质”等7种能力素养，着力培养学生“专业知识结构强、系统整机观念强、解决问题实践强、为国铸剑使命强”的“四强”优势，培养担当民族复兴大任的“总师型”人才，根据《西北工业大学一流本科人才培养方案指导意见（2023版）》要求，构建支持培养目标与毕业要求达成、满足“150+X”学分要求的包含“通识课程、学科专业课程、个性发展课程、素质拓展课程”四大模块课程结构模块的课程体系。

1. 把立德树人融入思想道德教育、文化知识教育、社会实践教育各环节

西工大坚持以习近平新时代中国特色社会主义思想为指导，全面贯彻落实立德树人根本任务，按照把握新时代、推进一体化、突出创新性、增强针对性、注重统筹性的基本要求，充分发挥思想政治理论课在立德树人中的关键作用，循序渐进地开设好学校思政必修课程和选择性必修课程，帮助学生更好地树立共产主义远大理想和中国特色社会主义共同理想。充分发挥通识课程与学科专业课程的思政育人功能，深入挖掘课程的德育内涵和元素，在所有课程教学大纲中，明确思政育人目标，强化价值引领。进一步规范劳动教育依托课程体系，在本科人才培养方案中明确劳动教育依托课程及其学时要求，并持续更新、完善相应依托课程的教学大纲。强化马克思主义劳动观教育，注重围绕创新创业，结合学科专业开展生产劳动和服务性劳动，培育学生创造性劳动能力和诚实合法劳动意识。

西工大打造了思想政治理论课程体系，包括“习近平新时代中国特色社会主义思想概论”“思想道德与法治”“中国近现代史纲要”“马克思主义基本原理”“毛泽东思想与中国特色社会主义理论体系概论”“形势与政策”等必修课程与“中共党

史”“新中国史”“改革开放史”“社会主义发展史”等选择性必修课程。同时，进一步发挥课堂教学主渠道作用，着力推动“课程思政”与“思政课程”同向同行，形成全员、全程、全方位的育人格局。

2. 优化课程体系建设，深化课程教学改革

坚持“以学生为根、以育人为本、以学者为要、以学术为魂、以责任为重”的办学理念，构建多元化、个性化的课程体系，着重培养学生运用知识的能力、创造知识的能力和可持续发展的能力。创新教学方法，持续推进数学、外语课程等分层级教学改革。鼓励教师开设高阶项目式课程、专业综合设计类课程等，构建与理论教学相结合的高质量实践课程体系，持续推动教学模式和教学手段向数字化转型和智能升级，加强虚拟仿真实验项目应用，打造公共教学平台，实现学生实践能力与科学思维并重培养。

3. 强化通识和专业基础教育，促进学生全面发展

围绕“总师型”人才培养，充分发挥课堂育人的核心作用，学校打造具有西工大特色的高质量通识教育课程群，涵盖人文、科学、历史、哲学、管理、生态文明等人文社会科学及自然科学等课程。拓宽学生学术视野，构筑广博学识，培养人文情怀与科学精神、社会责任与视野格局、批判思维与辩证思维、独立思考与创新能力。各学科专业开设以高质量核心课程为主的学科基础课程，课程内容与大类培养阶段衔接贯通，并围绕专业内涵与特色，重构专业课程知识结构，梳理出高质量核心课程的知识点及知识体系，合理制定课程教学大纲，打造专业核心课程群，培养学生扎实的知识结构，提高人才培养质量，促进学生全面发展。

4. 开足开齐体育、美育、劳动教育课程，加强“五育并举”工作

西工大加强体育育人，完善“健康知识+基本运动技能+专项运动技能”的体育课程体系建设，使学生掌握至少2项运动技能，实施国家学生体质健康达标测试，开设“武术”“太极拳”“龙舟”等中华传统体育项目相关课程138门；加强美育育人，与公共文化艺术场馆、文艺院团和院校合作，建好以审美和人文素养培养为核心、以创新能力培育为重点、以中华优秀传统文化传承发展和艺术经典教育为主要内容的公共艺术课程，开展校级文美通识课程建设工作，建设具有“高阶性、创新性、挑战度”的校级文美通识课程，重点突破、特色发展，2021—2023年立项了94项校级文美通识课程建设项目；创新劳动教育，将劳动教育纳入本科人才培养方案，确定劳动教育主要依托课程，在各大类、各专业培养方案中均明确了不少于32学时的劳动

教育依托课程要求，形成了具有综合性、实践性、开放性、针对性的劳动教育课程体系。

6.1.2 持续创新教学模式

为深化教育教学改革，推动信息技术与教育教学的深度融合，切实做好在线开放课程的建设、应用与教学管理工作，加强优质教学资源的开发和共享，推进信息化教学环境下教学方法和教学手段的改革与创新，西工大以《西北工业大学一流本科人才培养行动计划》为指导，制定了《关于优化教学设计保障在线教学质量的指导意见》《关于进一步规范本科生修读综合素养类在线开放课程的通知》《西北工业大学虚拟仿真实验教学课程管理办法》《西北工业大学本科混合式教学课程管理办法》等文件，对学生选课和学习方式、修读要求、教师优化教学设计、引导学生自主学习、注重课程思政、加强在线实践课程建设、加强在线教学行为规范、开展教学模式探索等方面都做了明确的要求。同时为进一步提升学生综合素养，丰富西工大在线开放课程体系，根据《教育部等五部门关于加强普通高等学校在线开放课程教学管理的若干意见》等文件精神，根据学校教学实际与学生学习需求，持续引进国内一流高校的高水平在线开放课程并定期补充更新，供全校本科生自主修读，并实施学分认定。

西工大以“抓基面、建主线、推亮点”的点线面结合的方式统筹规划一流课程建设蓝图。2017年以来西工大获批国家级一流本科课程57门，省级一流本科课程127门，其中国家级线上一流课程31门、虚拟仿真实验教学一流课程5门，省级线上一流课程23门、虚拟仿真实验教学一流课程24门。西工大近三年认定的校级线上一流课程55门、虚拟仿真实验教学一流课程45门。西工大现已上线在线开放课程137门、虚拟仿真实验教学课程119门，并通过项目立项建设提升一流课程质量，持续推进校级高水平课程建设项目中在线开放课程、虚拟仿真实验教学课程建设，近三年共立项建设校级课程建设项目819门，其中在线开放课程97门，占比为11.8%，虚拟仿真实验教学课程45门，占比为5.5%。2023年，西工大新上线在线开放课程27门、虚拟仿真实验教学课程24门，包括航空学院、航天学院、材料学院、数学与统计学院、公共政策与管理学院等学院开设的课程，覆盖工学、理学、文学等学科门类，依托中国大学MOOC、学堂在线、虚拟仿真实验教学平台开展教学运行。现已有50余门慕课、14门虚拟仿真实验教学课程在国家高等教育智慧教育平台上线。葛文杰教授开设的机械原理在线开放课程，累计选课人数达20万余人。

西工大持续推进“以学生为中心”的教学模式改革，提倡混合式教学，增强教学吸引力，激发学习者的学习积极性和自主性，深化教育教学改革。西工大划定教师、学生、课程平台和教务部、开课学院等多方责任主体，以更新教育教学观念为先导，以丰富教学内容为目标不断提高教学质量。

6.1.3 着力融合信息赋能

建设教学研究项目管理评审平台，实现教育教学改革研究项目、校级课程建设、一流课程建设等各级各类教学研究项目信息化管理、评审，实现线上一站式服务工作。坚持“以学生为根，以育人为本”，采用中国大学MOOC、学堂在线、超星尔雅等在线教学平台，持续引进国内外高水平大学优质在线开放课程，进一步丰富课程资源，扩大在线开放课程规模，为学生实施学分认定，为教师开展小班化教学、翻转课堂、研究型教学、混合式教学、启发式研讨式互动式教学等多样化教学模式改革服务，合理设计课程考核内容，强化以课堂参与、阶段测试、项目研究、成果展示等为核心的学习过程考核，不断提升学生自主学习能力及课堂教学质量。以全方位、多层次、高水平的课程建设为抓手，不断推进课程改革创新，以校级一流课程为引领，推进门门课程创新改革，带动教师全员参与课程理念创新、内容创新和模式创新，推进以学生为中心的课程改革、教学方式与学习方式变革，加强教师、学生与课程的全方位融合创新。为学生提供更完善、更优质、更丰富的课程资源，不断深化课程育人，促进学生全面发展。

1. 在线开放课程引进情况

为提升学生综合素养，进一步丰富课程体系，推动信息技术与教育教学的深度融合，实现优质教学资源共享，西工大持续引进国内一流高校的高水平在线开放课程并定期补充更新，供全校本科生自主修读，实施学分认定，校内外累计56万余人次进行线上学习并获得成绩。2021—2022学年春季学期引进在线开放课程91门，供8843名本科生修读，共6236名本科生通过考核；2022—2023学年秋季学期引进在线开放课程100门，供11 499名本科生修读，共7651名本科生通过考核；2022—2023学年春季学期引进在线开放课程100门，供10 780名本科生修读，共7272名本科生通过考核，2023—2024学年秋季学期引进在线开放课程100门，供14 735名本科生修读，共10 932名本科生通过考核。

2. 在线教学课程建设规范

为进一步落实教育部《关于在疫情防控期间做好普通高等学校在线教学组织与管理工作的指导意见》文件要求，西工大在2020年疫情防控期间开展在线教学模式改革探索，规范在线教学运行，保证在线学习与线下课堂教学质量实质等效，进一步优化教学设计、保障在线教学质量有关工作，西工大制定了《关于优化教学设计保障在线教学质量的指导意见》文件。西工大推进在线教学设计优化，强化课程教学内涵建设，深化在线教学模式改革，充分发挥优秀在线教学课程的引领示范作用，西工大组织开展在线教学示范课案例推荐工作，并发布《关于组织开展在线教学示范课案例推荐工作的通知》。自2020年2月24日西工大开展在线教学以来，各教学单位和教师积极开展疫情防控延期开学期间的在线教学工作，涌现出许多好的经验和做法。

3. 立项建设线上课程，开展混合式教学

为进一步加强本科混合式教学课程管理，确保基于线上课程采用多元化教学模式顺利实施，推动信息技术与教育教学深度融合，深化教育教学改革，提高人才培养质量，西工大制定了《西北工业大学本科混合式教学课程管理办法》。鼓励和支持全体教师利用学校建成的线上课程及校外优质线上课程（包括公共基础课程、通识课程、学科专业培育课程、高阶项目式课程、陕西高校创新创业教育在线开放课程等），探索实施混合式教学，建立教师“引导、指导和督导”、学生“自学、互学和群学”的新型教学方法，推进教学方法与考试方法改革，提高课堂教学质量。授课教师不仅要关注如何教，更要关注如何学以及学习的效果。

6.2　课程思政与思政课程同向同行

6.2.1　思政课程改革创新

西工大深入学习贯彻习近平总书记在全国高校思想政治工作会议和学校思想政治理论课教师座谈会上的重要讲话精神，落实立德树人根本任务，坚持用习近平新时代中国特色社会主义思想铸魂育人，积极推动制度机制、课程资源、教师队伍、思政课一体化等方面建设，多措并举推动思政课教学改革创新，充分发挥思政课的主阵地功能。

西工大出台了《西北工业大学思政课专项改革试点工作实施方案》，持续加强制度机制建设，统筹推进，强化对思政课建设的组织领导和系统设计；按照习近平总书记关于教育的重要论述研究，全面推进习近平新时代中国特色社会主义思想“三进”，在全国重点高校中率先开设了“习近平新时代中国特色社会主义思想概论”课程，开设系列必修+选修类、理论+实践类思政课程：本科生思政课371门次，选修课22门次；根据《关于推进习近平法治思想纳入高校法治理论教学体系的通知》和《法学类专业教学质量国家标准（2021年版）》要求，开设了2学分32学时“习近平法治思想概论”课程，由10余位教师授课，修读学生的专业覆盖计算机科学与技术、材料物理、法学等14个专业；持续为本科生开设“马克思主义基本原理”“毛泽东思想和中国特色社会主义理论体系概论”“中国近现代史纲要”“思想道德与法治”“形势与政策”课程，并结合西工大实际，开设思想政治理论类“中共党史”“新中国史”“改革开放史”“社会主义发展史”等限选课程；创新性开展“习近平新时代中国特色社会主义思想概论”课程研讨式、探究式小班教学模式；省内率先开设“中华民族发展史”特色选修课，为少数民族预科班学生单开“铸牢中华民族共同体意识”“马克思主义经典阅读”等素质拓展类课程；全面推进多支教师队伍同上思政课，围绕领军人才培养目标，思政课教师牢固基石，总师校友、校领导讲思政课龙头引领，专业卓越教师同上一堂思政课落地催化；深入调查把握学情，充分挖掘西工大元素助力课程思政，将思政课开在重点实验室、产业一线，提升师生对“总师育人文化”的认同，绘制“大思政课”建设“同心圆”；通过学术沙龙、集体备课、讲课比赛、与工科教师共同备课等打造优秀经典案例，并全面融入思政课。所有课程均有创新型“第二课堂”，从不同维度聚焦习近平新时代中国特色社会主义思想的全面融入，弘扬科学家精神。

6.2.2 课程思政走深走实

西工大始终坚持以立德树人为根本任务，深入学习贯彻习近平总书记关于教育的重要论述，认真落实《高等学校课程思政建设指导纲要》，强化顶层设计，统筹推进课程思政建设工作，着重制度建设，规范工作机制，优化管理流程。出台《西北工业大学课程思政建设实施方案》，进一步明确课程思政建设目标、重点任务及主要举措，全面推进所有学科专业课程思政建设工作，健全协同推进课程思政建设体制机制，建设具有西工大特色的课程思政体系。印发《〈西北工业大学课程思政建设实施方案〉任务分解表》，紧抓贯彻落实，组织责任单位针对课程思政建设工作推进情况进行总结汇报，通过加强对相关单位落实任务分解表的检查和督促，强化工作协同联动、凝聚合力，确保课程思政建设任务落实落细。成立校级课程思政教学研究中心，27个教学单位全部成立院级课程思政教学研究中心，形成校院两级协同推进课程思政建设的工作体系，开展课程思政建设和改革的研究，为课程思政教育教学改革提供平台，全面提升课程思政育人实效。

为主动对接面向国家重大战略和经济社会发展的需求，充分利用学校与国防军工重点院所的科研合作优势，强化与军工院所协同育人，西工大发起成立“大国三航”课程思政校企协同联盟（见图6-1），以课程思政引领带动专业、课程、教材、基地等全方位共建，形成高等军工院校课程思政校企协同“1+6+N”新格局，推进课程思政校企协同育人。联盟成立得到了国内相关高校的广泛关注，以及中国日报网、中国教育在线等多家主流媒体的报道。

图6-1　“大国三航”课程思政校企协同联盟成立大会

组织召开课程思政建设交流研讨会、专题报告会等，深入理解贯彻课程思政的内涵方法，广泛探讨分享工作经验，探索课程思政工作的改革与优化。开展课程思政示范交流会与系列主题沙龙，促进教师关于课程思政的经验分享和心得交流，提升教师课程思政建设能力。

依托革命圣地延安丰富的革命传统教育资源，承办全国高等学校航空航天类专业课程思政示范交流研讨会，邀请多位航空航天类专业课程思政优秀教师示范课程建设经验，共同研讨提高专业课教师思政素质、科学挖掘思政元素、增强课程思政效果的路径和方法，并培训教学一线骨干教师。

中国教育报对西工大课程思政建设工作进行了专题采访，并于头版刊发了《西工大全面推动课程思政“高站位、全覆盖、出精品、广交流”——在学生心底厚植报国情怀》（见图6-2），围绕本科课程思政总体情况、课程思政优秀案例、“大国三航”特色课程等内容对课程思政建设成效进行报道。

中国教育报

潮头扬帆逐浪行

在学生心底厚植报国情怀

推动海南国际教育创新岛高质量发展

第01版：要闻　下一版

中国教育报

CHINA EDUCATION DAILY

返回首页 | 广告刊例

2021年11月27日 星期六

上一篇 下一篇

西工大全面推动课程思政“高站位、全覆盖、出精品、广交流”——

在学生心底厚植报国情怀

本报记者 董鲁皖龙 张东 冯丽

“1982年，我考入西北工业大学航空学院并留校至今，已经近40年了。在那个年代，我们不是坐在计算机前、实验室里做研究，而是骑着自行车或坐着绿皮火车到山沟沟里的研究所，到野外试验场进行研制、演练。老一辈军工人为祖国奉献是自然而然的，从没有人叫苦叫累。为了国防科技事业，西工大人除了有技术，还有深刻的牺牲和奉献精神。”

在今年秋季学期，西北工业大学新开的“大国三航”课上，航空学院魅影无人机团队负责人周洲主讲的“世界的民航，彪悍的军机，无人的时代”，不仅梳理了我国客机、军机、无人机的发展脉络和西工大在这些领域的标志性成果，还用她半生奉献航空事业的切身体会坚定学生们航空报国的理想信念，受到了师生的一致欢迎。

作为一所以航空、航天、航海（“三航”）等领域人才培养、科学研究和社会服务为特色的高校，西北工业大学为国防科技事业作出了突出的贡献。西工大以创新促改革，全面推动课程思政“高站位、全覆盖、出精品、广交流”，使学生心怀“国之大者”，厚植“立大志向，上大舞台，入主战场，干大事

图6-2　《中国教育报》专版报道

6.2.3　门门课程讲好思政

西工大始终积极推动课程思政示范课程建设，通过充分发挥示范引领作用，积极推动“门门课程讲好思政”新生态。印发《西北工业大学一流本科人才培养方案指导意见（2023版）》，要求将思政育人作为重要模块纳入所有人才培养方案并积极落实，实现课程思政专业全覆盖。印发本科理论课程教学大纲指导意见、本科实践课程教学大纲修订指导意见，全面推进本科课程教学大纲修订工作，对课程教学大纲的思政育人环节作出明确要求，实现课程全覆盖。

全面强化课程思政示范项目建设工作，建立健全国家级、省级、校级、院级多层次示范项目的培育机制，扎实深入推进课程思政建设。截至目前，西工大共立项建设218门校级课程思政示范课程（见表6-1），评选出81名校级课程思政优秀教师（见表6-2），遴选出12个校级课程思政教学研究示范中心（见表6-3）；积极培育申报国家

级、省级课程思政示范课程、课程思政教学名师和团队、教学研究示范中心等，截至目前，西工大共11门本科课程及其教学团队被认定为陕西省课程思政示范课程和教学团队（见表6-4），1个教学研究示范中心被认定为陕西省课程思政教学研究示范中心（见表6-5）。

表6-1　各单位校级课程思政示范课程立项建设情况统计

教学单位	校级课程思政示范课程立项门数	教学单位	校级课程思政示范课程立项门数
航空学院	11	软件学院	4
航天学院	9	生命学院	9
航海学院	9	外国语学院	6
材料学院	14	马克思主义学院	7
机电学院	12	伦敦玛丽女王大学工程学院	3
力学与土木建筑学院	9	微电子学院	3
动力与能源学院	6	网络空间安全学院	2
电子信息学院	9	民航学院	3
自动化学院	10	生态环境学院	1
计算机学院	19	体育部	4
数学与统计学院	13	工程实践训练中心	4
物理科学与技术学院	6	艺术教育中心	6
化学与化工学院	15	党委学生工作部	2
管理学院	10	柔性电子研究院	1
公共政策与管理学院	10	光电与智能研究院	1
合计			218

表6-2　各单位校级课程思政优秀教师获奖情况统计

教学单位	课程思政优秀教师获奖人数	教学单位	“课程思政”优秀教师获奖人数
航空学院	5	管理学院	1
航天学院	3	公共政策与管理学院	7
航海学院	3	软件学院	1
材料学院	5	生命学院	1
机电学院	2	外国语学院	4
力学与土木建筑学院	5	马克思主义学院	4
动力与能源学院	5	民航学院	1
电子信息学院	5	生态环境学院	1
自动化学院	3	体育部	1
计算机学院	4	工程实践训练中心	2
数学与统计学院	5	艺术教育中心	5

续表

教学单位	课程思政优秀教师获奖人数	教学单位	“课程思政”优秀教师获奖人数
物理科学与技术学院	1	党委学生工作部	1
化学与化工学院	5	校医院	1
合计			81

表6-3　校级课程思政教学研究示范中心

序号	中心名称	负责人	单位
1	航空学院课程思政研究与实践中心	万方义	航空学院
2	航天学院课程思政教学研究中心	孟中杰	航天学院
3	航海学院课程思政教学研究中心	陈克安	航海学院
4	材料学院课程思政教学研究中心	付前刚	材料学院
5	力学与土木建筑学院课程思政教学研究中心	巨维博	力学与土木建筑学院
6	动力与能源学院课程思政教学研究中心	刘存良	动力与能源学院
7	电子信息学院课程思政教学研究中心	侯　俊	电子信息学院
8	自动化学院课程思政教学研究中心	韩军伟	自动化学院
9	计算机学院课程思政教学研究中心	樊晓桠	计算机学院
10	数学与统计学院课程思政教学研究中心	聂玉峰	数学与统计学院
11	公共政策与管理学院课程思政教学研究中心	刘晨光	公共政策与管理学院
12	马克思主义学院课程思政教学研究中心	杨云霞	马克思主义学院

表6-4　陕西省课程思政示范课程和教学团队名单（本科教育类）

序号	课程名称	课程负责人	团队其他成员	所在单位	获奖时间（年份）
1	电路基础	周巍	段哲民、尹熙鹏、李　鑫、严家明、孙　伟、蒋　雯、何贵青	电子信息学院	2021
2	线性代数	潘璐璐	孙　浩、徐根玖、刘　哲、安晓虹、王晓龙、延伟东、李　静	数学与统计学院	2021
3	高等数学	张莹、武海波	徐根玖、陆　全、周　敏、宋伟杰、王　丽、于　美	数学与统计学院	2021
4	飞行动力学（下）	刘艳	白俊强、高正红、詹　浩	航空学院	2021
5	生命保障技术	万方义	崔卫民、王　煜、张春林	航空学院	2023
6	计算机辅助几何造型原理	万能	常智勇、孙惠斌、苟秉宸、何小虎	机电学院	2023
7	理论力学Ⅰ	张娟	高宗战、刘　伟、王　艳、秦卫阳、王佩艳、贾　悦、尉亚军	力学与土木建筑学院	2023

续表

序号	课程名称	课程负责人	团队其他成员	所在单位	获奖时间（年份）
8	信号与系统Ⅰ	李辉	姚如贵、梁军利、秦雨潇、严家明、尹熙鹏、夏召强、樊　晔	电子信息学院	2023
9	化工原理	黄英	宗　蒙、王艳丽、张军平、刘攀博	化学与化工学院	2023
10	国际经济法学	李娜	蔡　琳、宋丁博男、王　涛、李　军、韩　伟	公共政策与管理学院	2023
11	大国三航	贺苗	杨云霞、吴闻川、邓子辰、岳晓奎、潘　光、蒲传新、李　刚	马克思主义学院	2023

表6-5　陕西省课程思政教学研究示范中心（高等教育类）

序号	中心名称	负责人	单位
1	课程思政教学研究示范中心	付前刚	材料学院

西工大积极开展课程思政教学资源素材库建设工作，要求所有学院成立专门的课程思政教学资源素材库建设工作小组，组织教师找准“切入点”“动情点”“融合点”，深度挖掘专业人才培养体系中蕴含的思想政治教育资源，建立全校共建共享的院级课程思政教学资源素材库。开展校级优秀课程思政教学案例评选工作，通过对优秀课程思政教学案例进行分类汇编、出版丛书，录制案例说课视频进行数字化出版，进一步总结、宣传、推广教师在课程思政教学方面的经验典型，推进实现课程思政教学资源素材库共建共享。持续推进“课程思政”专项研究，强化教育教学改革研究中课程思政研究力度，自2019年来，在校级教育教学改革研究项目选题指南中专门设置“课程思政研究”方向群，鼓励更多教师投入课程思政教学研究。

西工大开展“课程思政大练兵”主题活动（见图6-3），通过学院大练兵、校级分组练兵和校级决赛展示三个阶段层层遴选，全面加强参赛教师的课程思政教学能力专项培训，提升广大教师立德树人、教书育人的荣誉感和责任感，营造全校教师积极开展课程思政教学氛围。截至目前，共组织开展两届“课程思政大练兵”主题活动，评选出96名“大练兵”获奖教师，其中特等奖9名、一等奖27名、二等奖36名、优秀奖24名。

西工大聚焦课程思政高质量建设，统筹推进，系统谋划，通过精心组织观摩课、公开课、专题培训、交流研讨等方式，提升教师课程思政建设的意识和教学能力，营造人人参与课程思政建设的浓厚氛围。召开“课程思政”系列活动发布会暨“名师挂帅”公开课活动启动会（见图6-4），邀请国家级、省级教学名师、本科教学卓越名师进行“名师挂帅”课程思政公开课展示，邀请陕西省课程思政示范课负责人分享课程思政教学经验和感悟，动员广大教师持续强化课程思政建设能力，不断提升育人成效。

图6-3　西工大开展“课程思政大练兵”主题活动

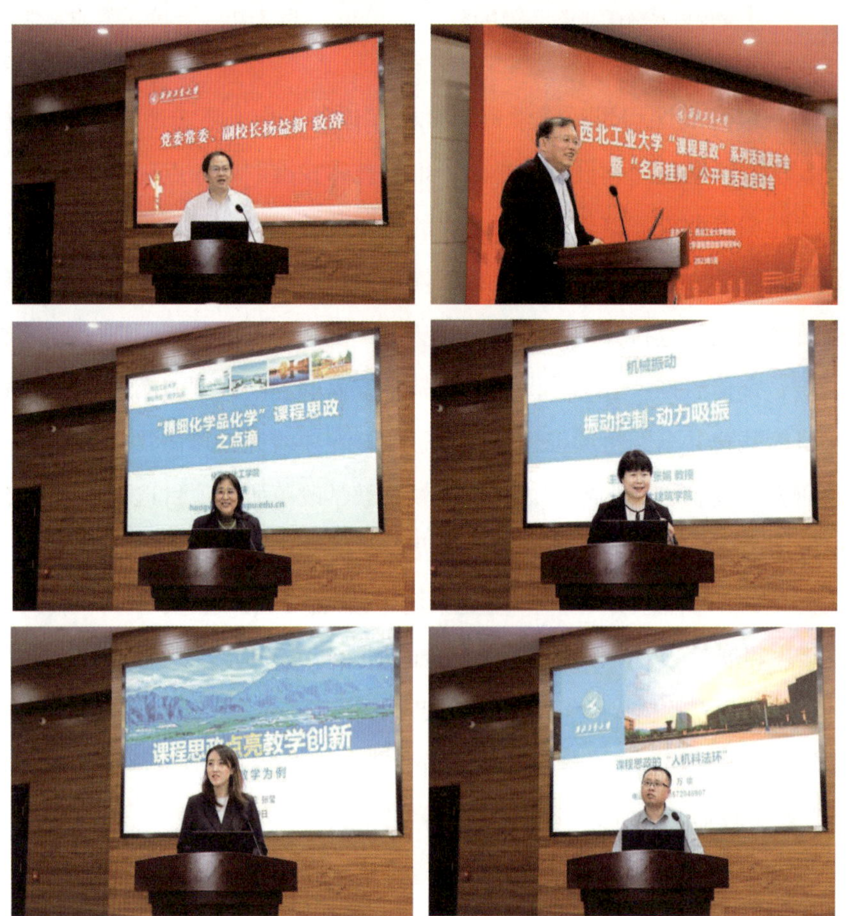

图6-4　西工大召开“课程思政”系列活动发布会暨“名师挂帅”公开课活动启动会

作为一所以航空、航天、航海等领域人才培养、科学研究和社会服务为特色的高校，西工大以创新促改革，统筹推进课程思政建设工作，注重学习借鉴、总结凝练课程思政建设的先进经验，树立典型，加强宣传、交流和推广，形成课程思政建设的良好氛围，逐步形成了具有工大特色的课程思政建设模式。西工大积极推进院院、院校、校校、校企之间的交流研讨与资源共享，课程思政建设示范辐射效应明显。

6.3　丰富一流课程资源建设与供给

6.3.1　持续加强课程建设立项

西工大对标一流本科课程“双万计划”，遵循“创新性、高阶性、挑战度”的要求，坚持“基于全面发展的创新教育”的本科生教育理念，推进新工科、新文科建设，积极探索教学模式改革，推进教育理念、体系、制度、内容、方法现代化，全面深化教育教学改革，创新教育方法，扩大校级课程建设数量，提升课程建设质量，持续实施本科“课程质量提升计划”，更新课程内容，优化课程设置，丰富课程资源，加强课程建设，夯实高质量人才培养体系供给。

西工大一直重视课程建设，从课程管理、课程建设、课题研究、教学实践等方面多措并举，综合施策，着力实施“学校主导，学院主建，建设与认定衔接”的工作范式，进行系统规划和系列化建设，全力提升课程教学质量。自2003年开始西工大就已开展课程建设，共分三个阶段。

第一阶段：“十三五”期间西工大根据《精品资源共享课建设工作实施办法》《教育部关于加强高等学校在线开放课程建设应用与管理的意见》《教育部关于一流本科课程建设的实施意见》等文件精神，立项建设了一批校级课程（见表6-6）。

2016年持续开展校级在线开放课程工作，共立项建设20门。为统筹推进课程建设，全面提升课程建设质量，充分发挥课程育人功能，西工大决定开展校级课程建设项目立项的工作。

2017年共立项建设154门校级高水平课程，其中教学与考核模式改革课程76门，经典研读课程6门，全英文课程30门，探究式、研究型课程18门，新生研讨课程5门，在线开放课程19门。

2018年共立项建设139门校级高水平课程，其中教学与考核模式改革课程58门，经典研读课程5门，全英文课程23门，探究式、研究型课程20门，新生研讨课程3门，在线开放课程30门。

2019年共立项建设114门校级高水平课程，其中“工程+X”示范课程10门、课程思政示范课程16门、互联网教学改革示范课程10门、全球胜任力教学示范课程5门、研究型教学示范课程10门、经典研读课程2门、科技前沿课程10门、小班研讨课程15门、在线开放课程36门。

2020年共立项建设258门校级高水平课程，其中“工程+X”示范课程11门、互联网教学改革示范课程19门、研究型教学示范课程41门、全球胜任力教学示范课程10门、小班研讨课程29门、经典研读课程7门、科技前沿课程28门、在线开放课程51门，课程思政示范课程62门。

表6-6　2016—2020年校级课程建设情况

建设分类	建设类型	数量/门
通识课程	经典研读课程	20
示范类课程，以学科专业课程为主	“工程+X”示范课程	21
	研究型教学示范课程	51
	全球胜任力教学示范课程	15
培育类课程，以学科专业课程为主	教学与考核模式改革课程	134
	全英文课程	53
	新生研讨课程	8
	探究式、研究型课程	38
	小班研讨课程	44
	科技前沿课程	38
MOOC/SPOC（小规模限制性在线课程）	在线开放课程	156
课程思政示范课程	课程思政示范课程	78
线上线下混合式课程	互联网教学改革示范课程	29
合并		685

第二阶段：“十四五”以来西工大聚焦一流学科专业和课程建设，不断创新课程建设模式，全面深化课程改革，以“线上、线下、线上线下混合、社会实践、虚拟仿真实验教学”的形式，积极开展公共基础课程、文美通识课程、学科专业培育课程、高水平示范课程、专业综合设计类课程、高阶项目式课程（见图6-5），鼓励开展创新创业、全英文、核心实验等类型课程建设，覆盖通识课程、学科专业课程、个性发展课程、素质

拓展课程四大课程模块中的各课程类别，大力促进学科交叉与跨界整合的育人实践，持续建设国际化育人课程体系，逐步深化拔尖人才的培养工作，不断完善“总师型”人才培养的路径方法，将“总师育人文化”融入课程体系（课程建设情况见表6-7）。

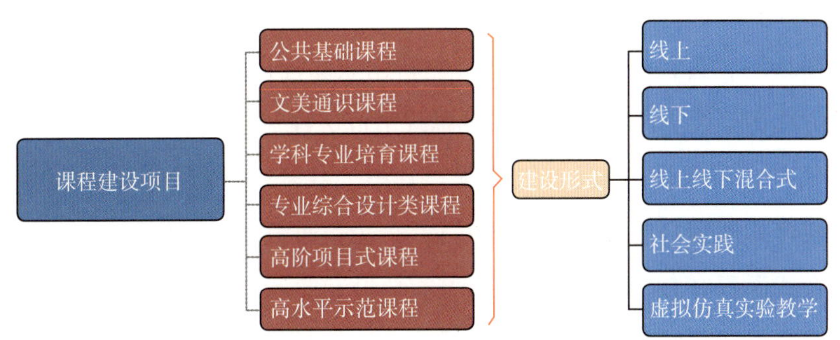

图6-5　西工大课程建设体系架构

表6-7　2021—2023年校级课程建设情况

建设分类	建设类型	数量/门
通识课程	公共基础课程	75
	文美通识课程	94
	陕西特色线上课程	10
学科专业课程	学科专业培育课程	269
	学科专业示范课程	30
	高水平示范课程	17
覆盖通识课程、学科专业课程、个性发展课程、素质拓展课程	高阶项目式课程	19
	专业综合设计类课程	47
	实验核心课程	44
	虚拟仿真实验教学课程	32
	“工程+X”示范课程	11
	互联网教学改革示范课程	11
	研究型教学示范课程	25
	课程思政示范课	140
	小班研讨课程	22
	创新创业课程	21
	科技前沿课程	23
	在线开放课程	53
合计		943

2021年共立项建设343校级课程，其中2021年新立项建设331门，延续2020年建设12门，分别为“工程+X”示范课程11（10+1）门、互联网教学改革示范课程11（10+1）门、研究型教学示范课程25（24+1）门、小班研讨课程22（18+4）门、科技前沿课程23（20+3）门、公共基础课程15门、在线开放课程53（51+2）门、文美通识课程39门、实验核心课程22门、创新创业课程12门、专业综合设计类课程22门、虚拟仿真实验教学课程18门、课程思政示范课程70门。

2022年共立项建设377门校级课程，其中公共基础课程24门（线上课程4门、线上线下混合式课程11门、线下课程9门）、文美通识课程27门（线上课程2门、线上线下混合式课程8门、线下课程17门）、学科专业示范课程30门（线上课程5门、线上线下混合式课程4门、线下课程21门）、学科专业培育课程169门（线上课程13门、线上线下混合式课程34门、线下课程122门）、实验核心课程22门、创新创业课程9门、专业综合设计类课程12门、虚拟仿真实验教学课程14门、课程思政示范课程70门。

2023年持续创新校级课程建设，共立项建设223门校级课程，其中公共基础课程36门、文美通识课程28门、学科专业培育课程100门、专业综合设计类课程13门、高阶项目式课程19门、高水平示范课程17门、陕西特色线上课程10门。以“严格经费使用，提升建设质量”为原则，严把课程立项、结题质量关，优化课程立项类型，压缩立项数量，2023年立项总数较2022年降低27%，对立项评审推荐的项目分两期拨款，采取“申请验收制”进行动态中期检查和结题验收，致力于提升课程质量。

2024年1月24日西工大印发了《西北工业大学本科课程动态管理办法》，打破“一课定终身”的传统。课程动态管理对象包括新建课程、在授课程、在库非在授课程和数字化课程四类，强调课程建设和授课教师资格准入要求、新开课条件和流程，特别对课程的预警与退出机制做了明确要求，以预警退出机制推动建设或发展能力弱的课程进行整改建设，引导教学单位依据人才培养规律和学科专业特点主动优化调整课程体系，做好院级层面课程建设发展规划，全面提升本科课程建设质量和水平。

6.3.2 系统培育四级一流课程

西工大始终高度重视一流本科课程建设工作，对标一流本科课程“双万计划”，以“门门课程奔一流”为目标，打造“院级—校级—省级—国家级”四级课程培育体系，持续通过学校主导、学院主建相结合积极推进课程建设及质量提升。

目前，西工大获批国家级一流本科课程57门（清单见表6-8）、省级一流本科课程127门，建设了校级一流本科课程371门（见表6-9）。

表6-8　西工大国家级一流本科课程名单

序号	认定年份	课程类型	课程名称	所在单位	负责人
1	2020	线上课程	现代控制理论基础	航天学院	郭建国
2	2020	线上课程	导引系统原理	航天学院	周　军
3	2020	线上课程	航天器控制原理	航天学院	周　军
4	2020	线上课程	迷人的材料世界	材料学院	卢艳丽
5	2020	线上课程	材料科学基础	材料学院	王永欣
6	2020	线上课程	材料力学性能	材料学院	张程煜
7	2020	线上课程	金属材料学	材料学院	张　静
8	2020	线上课程	机械设计	机电学院	陈国定
9	2020	线上课程	机械原理	机电学院	葛文杰
10	2020	线上课程	机械制造基础	机电学院	齐乐华
11	2020	线上课程	3D打印技术及应用	机电学院	汪焰恩
12	2020	线上课程	机械制图	机电学院	叶　军
13	2020	线上课程	材料力学	力学与土木建筑学院	王安强
14	2020	线上课程	理论力学	力学与土木建筑学院	张　娟
15	2020	线上课程	航空发动机燃烧学	动力与能源学院	范　玮
16	2020	线上课程	电磁场与电磁波	电子信息学院	丁　君
17	2020	线上课程	电路基础	电子信息学院	段哲民
18	2020	线上课程	信号与系统	电子信息学院	李　辉
19	2020	线上课程	C程序设计	计算机学院	姜学锋
20	2020	线上课程	C#程序设计	计算机学院	刘君瑞
21	2020	线上课程	C++程序设计	计算机学院	魏　英
22	2020	线上课程	数学建模	数学与统计学院	肖华勇
23	2020	线上课程	项目管理	管理学院	白思俊
24	2020	线上课程	生物医学工程概论	生命学院	卢婷利
25	2020	线上课程	交际英语	外国语学院	赵雪爱
26	2020	线上线下混合式课程	机械原理I	机电学院	葛文杰
27	2020	线上线下混合式课程	机械制造基础	机电学院	齐乐华
28	2020	线上线下混合式课程	燃烧学	动力与能源学院	张　群
29	2020	线上线下混合式课程	C程序设计	计算机学院	姜学锋

续表

序号	认定年份	课程类型	课程名称	所在单位	负责人
30	2020	线上线下混合式课程	生物医学工程学概论	生命学院	卢婷利
31	2020	线下课程	飞行器设计实践	航空学院	韩　庆
32	2020	线下课程	流体力学（双语）	航海学院	潘　光
33	2020	线下课程	电工电子技术	机电学院	袁小庆
34	2020	线下课程	数字信号处理I	电子信息学院	李　勇
35	2020	线下课程	电力电子技术（双语）	自动化学院	吴小华
36	2020	线下课程	概率论	数学与统计学院	孙　浩
37	2020	线下课程	马克思主义基本原理概论	马克思主义学院	贺　苗
38	2020	虚拟仿真实验教学课程	微小卫星控制虚拟仿真实验	航天学院	周　军
39	2020	虚拟仿真实验教学课程	高性能增材制造实验	材料学院	卢艳丽
40	2020	虚拟仿真实验教学课程	国际技术贸易法律风险识别与防范虚拟仿真实验项目	公共政策与管理学院	李　娜
41	2023	线上课程	人人都会——包装设计	机电学院	陈丽伶
42	2023	线上课程	电工学	机电学院	史仪凯
43	2023	线上课程	Solidworks三维产品设计与建模	机电学院	王淑侠
44	2023	线上课程	计算机科学基础	计算机学院	詹　涛
45	2023	线上课程	Linear Algebra	数学与统计学院	肖曼玉
46	2023	线上课程	跨文化交流英语	外国语学院	刘美岩
47	2023	线上线下混合式课程	机械设计I	机电学院	宁方立
48	2023	线下课程	空气动力学计算方法	航天学院	安效民
49	2023	线下课程	信号检测与估值	航海学院	梁　红
50	2023	线下课程	计算机控制系统	自动化学院	樊泽明
51	2023	线下课程	自动控制原理	自动化学院	李　俨
52	2023	线下课程	概率论与数理统计	数学与统计学院	都　琳
53	2023	线下课程	计算方法	数学与统计学院	聂玉峰
54	2023	线下课程	高等数学	数学与统计学院	张　莹
55	2023	线下课程	国际贸易实务	公共政策与管理学院	毛加强
56	2023	虚拟仿真实验教学课程	跨音速压气机失速/喘振虚拟实验	动力与能源学院	王掩刚
57	2023	虚拟仿真实验教学课程	总体国家安全观虚拟仿真实验教学	马克思主义学院	杨云霞

表6-9　西工大已获批的国家级、省级和建设的校级一流本科课程情况

课程类型	国家级	省级	校级
线上课程	31	23	55
线下课程	15	57	209
线上线下混合式课程	6	21	54
社会实践课程	0	2	8
虚拟仿真实验教学课程	5	24	45
合计	57	127	371

1. 充分发挥一流课程示范引领作用，辐射带动本科课程质量共同提升

运用融媒体时代多样化宣传途径，营造人人重视课程建设的氛围。开通今日头条、抖音、微信、bilibili等平台的课程宣传渠道（见图6-6），设立专题、专栏实现课程资源的宣传互融，着力打造全国知名的西工大课程，促进课程建设从“扁平化”向“立体化、多元化”发展。教务部视频号开设“一流课程”专栏。

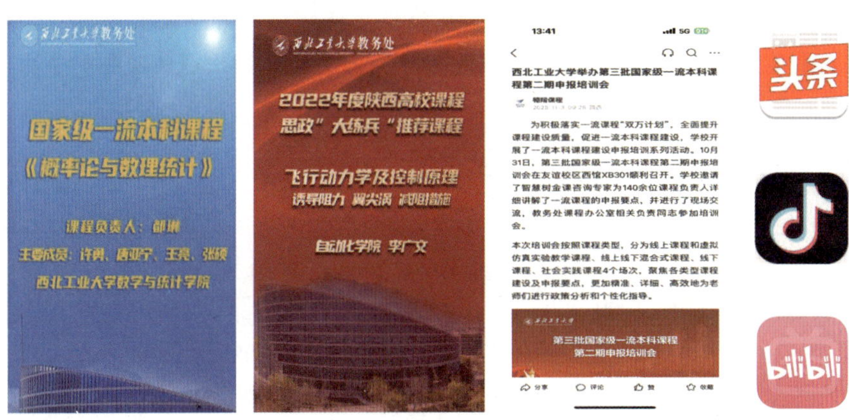

图6-6　西工大开通运营微信、今日头条、抖音、bilibili等平台的课程宣传渠道

2. 开展一流课程公开课观摩活动，带动更多教师积极参与课程改革

以国家级、省级一流课程带动更多教师积极参与课程改革，有力支撑“总师型”人才培养。2023—2024学年起持续开展一流课程公开课观摩活动，每学期深入课堂观摩的教师达600余人次。

3. 采他山之石，纳百家之长，为教师搭建交流研讨的平台

西工大积极组织开展各类一流本科课程建设培训活动，包括承办陕西省一流课程“助金计划”活动，开展多场第三批国家级、省级一流本科课程专题培训会、申报打

磨会，组建多个打磨小组不断完善一流本科课程建设申报细节，鼓励广大教师立足优势、彰显特色，全面推动课程内容和教学方式方法改革，并以第三批国家级一流本科课程申报为契机，提高课程“两性一度”（高阶性、创新性和挑战度），推动课程建设质量整体提升。

国家级、省级一流本科课程案例

1. 飞行器结构设计

课程简介：西工大飞行器设计与工程专业为我国航空工业培养了大批领军人才。工程设计类专业课“飞行器结构设计”一直是该专业本科生必修的专业核心课，对培养设计能力起着至关重要的作用。从1990年起，面向航空工业快速发展新态势和人才培养新要求，陶梅贞教授带领青年教师万小朋聚焦工程设计类专业课的能力培养核心作用，对“飞行器结构设计”课展开以创新设计能力产出为导向的教学改革，30多年来在课程内容优化、教学模式改革和师资队伍建设等方面取得了丰硕成果，获得了省级教学成果奖5项，为工程设计类专业课教学探索提供了新途径（见图6-7）。

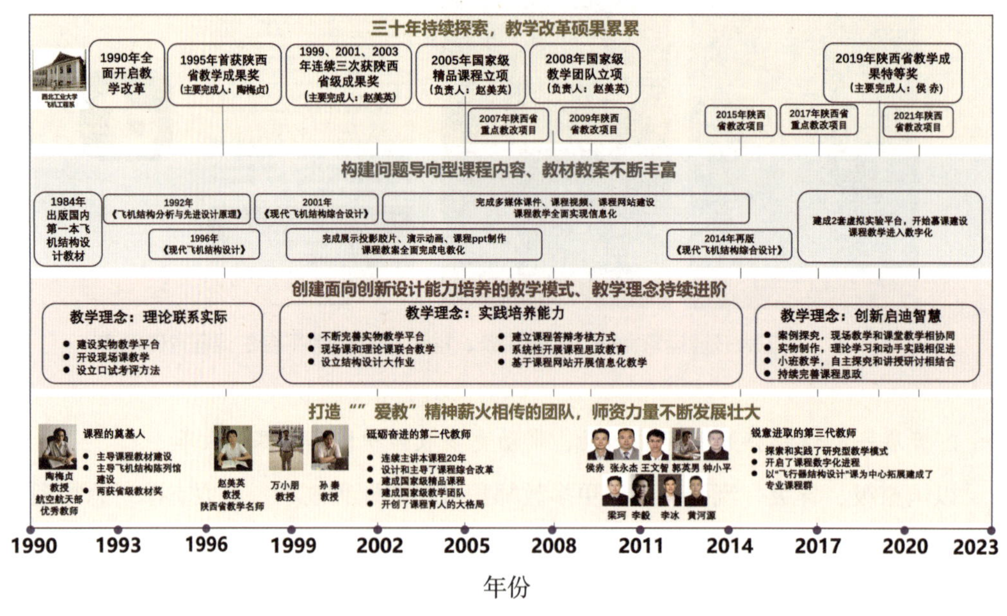

图6-7　“飞行器结构设计”课程建设历程与成果

课程特色：一是课程构建了问题导向型课程内容体系（见图6-8），提出了以飞机结构设计工程实践问题为导向、“工程案例进教材、前沿成果进教案、设计总师进课堂”的课程内容优化方法，10年里3次大幅更新教材，2次获得省部级以上教材奖，教案资源实现电教化、信息化和数字化，课程内容始终紧贴航空科技前沿，持续保持对先进技术工程应用的引领。二是创建了面向创新设计能力培养的教学模式，通过国家精品课程建设和其后5项省级教改项目的持续研究，历经“理论联系实际—实践培养能力—创新启迪智慧”的教学理念进阶发展，建成了“课堂教学”和“现场教学”相协同、“理论学习”和“动手实践”相促进、“自主探究”和“讲授研讨”相结合的教学方式与综合学业考评方法，课程创新设计能力产出实现阶梯式飞跃。三是打造了“爱教”精神薪火相传的教学团队，提出了名师“带教”和“严过三关”的团队建设机制，三代教师传承发展一流师资队伍，辐射引领了飞行器设计与工程专业的师资建设，建成国家级教学团队。四是开创了课程育人的大格局，20世纪90年代起就从保家卫国的战场上、从砥砺奋进的航空史、从重大型号的研发进程中挖掘航空报国思政元素，融入专业教学激发学生航空报国的使命感，进而激发学习动力，万千学子在“被动学习”向“主动探究”的蜕变中成长为航空事业的大国将才。

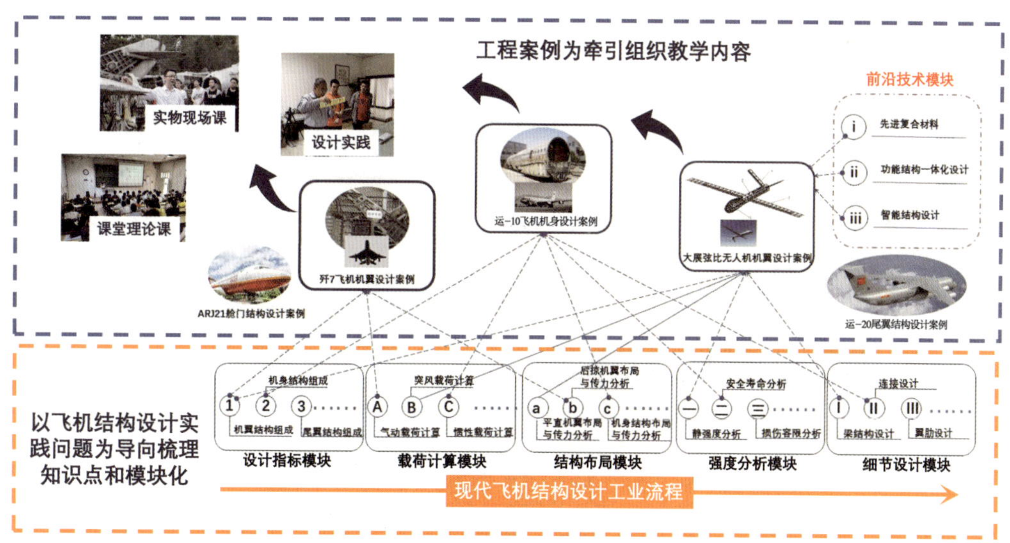

图6-8 以飞机结构设计实践问题为导向的课程内容体系

2. 电工学

课程简介：“电工学”是西工大非电类专业的学科专业核心课程，分为电工技术、电子技术、电工学实验三部分。要求学生通过学习，成为电工电子技术基础知识扎实，具备综合实践创新、辩证思维能力，家国情怀深厚，视野宽阔的复合型高级工程技术人才。课程知识目标：学生能够理解电工电子技术发展现状，电工电子器件基本原理、特性和应用，掌握电工电子常用电路的基本原理、各种不同分析方法和设计过程。课程能力目标：提高学生在独立实践环节中正确认识问题、分析问题和解决问题的能力，以及科学思维能力，从而满足学生后续课程学习和毕业后从事专业领域工作的需要。课程素养目标：注重课程教学中对学生工程伦理教育的强化，培养学生在理论学习实践环节精益求精的大国工匠精神，激发学生科技报国的家国情怀和使命担当。

课程特色：一是构建了一种全新电工学MOOC人才培养体系。结合新工科和专业工程认证，将教学方法、能力素养与课程内容知识点相互串联，形成逻辑上完整的教学内容，以达到培养学生解决复杂工程问题的能力（见图6-9）。二是构建了以学生为中心的“课程资源+课堂精讲+PBL”（PBL表示问题驱动）研究型教学模式。秉承以教师为主导、以学生为主体的教学理念，要求课前自学（资源库和教材）、课堂精讲与讨论、课后实践的融合PBL教学法的研究型教学模式（见图6-10）。解决了电工学课程长期存在的“内容多、学时少”难题，有利于学生掌握和运用所学理论知识，增强学生的学习兴趣和自主学习积极性，提高学生的逻辑思维能力和工程意识。三是建立了电工学MOOC配套的课程教学资源库。团队成员主编电工学MOOC配套的新形态教材、电子教案、学习指导书、网络课程、作业集、实验指导书等10余部国家级“十一五”“十二五”规划教材，并完成了由“文字教材+数字教材+ MOOC+多媒体资源库”组成的多形态教学资源体系，为学生自主线上线下学习提供了新选择。

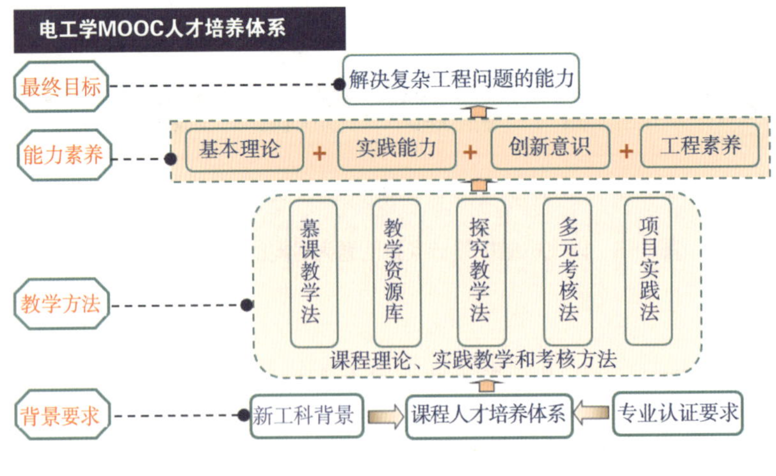

图6-9　“电工学”课程教学体系

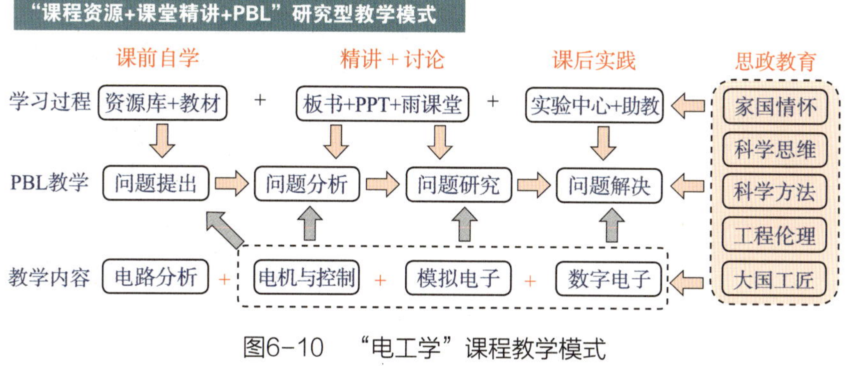

图6-10　“电工学”课程教学模式

3. 概率论与数理统计

课程简介：“概率论与数理统计”是研究随机现象及其统计规律性的一门数学学科，既有深厚的理论基础，又有丰富的研究方法和广泛的应用背景。随着以大数据、机器学习、人工智能为代表的数据科学和智能科技飞速发展，其应用已遍及自然科学、工程科技、军事技术、生物信息以及生产生活等各个领域。课程面向智能化时代国防特色高校人才培养的需求，秉承“兴趣引导、问题驱动、学践并重、价值塑造、师生共融”的教学理念，构建了以“概率基础扎实、统计思维系统、创新能力突出、数学素养卓越”为内涵，以“家国情怀，追求卓越、引领未来”为外延的“四层双维”课程目标（见图6-11）。

图6-11　“概率论与数理统计”课程总体目标和分层次目标

课程特色：课程作为学校各专业本科生的第一门随机类数学课程，概念抽象、理论性强、应用面广、计算量大。随着数据科学和智能科技的飞速发展，面向高等教育教学改革和“两性一度”金课建设发展要求，结合新时代的学生特质，一是重组教学内容，重构课程体系，设计思政案例，强化价值塑造；二是聚焦前沿热点，注重创新实践，开发多元平台，构建立体资源；三是加强科研训练，提升思维深度，强化课外任务，拓展考核维度；四是融合智慧教育，创新教学模态，突破时空局限，构建师生共同体（见图6-12）。

图6-12 “概率论与数理统计”课程特色

4. 计算机控制系统

课程简介：“计算机控制系统”课程既是省级一流课程，又是国家级一流课程，主要针对连续的被控对象进行离散控制器的设计，并基于计算机平台加以实现，讲述使控制系统的控制性能接近连续系统、综合性能超过连续系统的理论、技术和方法。计算机几乎是控制的标配，这决定了该课程既是航空、航天、航海“三航”领域各专业的专业基础课程，也是工业、农业、服务业等领域各专业的必修课程。从本课程开始，学生才真正接触到计算机控制的概念、理论、方法和技术。本课程主要讲述计算机控制系统理论与工程设计的基础理论与方法，其中主要包括信号变换、系统建模与性能分析、数字控制器的模拟化设计方法、数字控制器的直接设计方法，以及计算机控制系统的工程化实现等技术。同时，课程设置了针对不同被控对象特性的多种实验，包括基础型实验和研究型实验，以加深对计算机控制系统基础理论和方法的理解。

课程特色：本课程采用“智魂互溶—理实同步—虚实结合—科教互融—资源共享”混合式教学模式（见图6-13）。一是采用“互联网+知识理论”，优化各类专业知识。通过知识理论，针对“描述性知识、规范性知识、实践性知识、形成性知识”四种知识类型，构建四类知识融通的知识传授体系，赋智赋能；采用建构主义学习理论将“基本素质、伦理哲学、爱国主义精神、科学创新精神”四类思政类型融合，实现软性和硬性一体化教学，铸魂职业精神。通过融合式、嵌入式、支撑式、开拓式课程思政教学方法，实现“赋智与铸魂互溶”。二是将理论、实验、创新实践有机集成，将线下与线上教学有机结合，将教师教学与学生学习有机融合。三是教师在讲台，学生只需笔记本电脑，可以进行理论、实验、创新实践同步学习，随时随地组成专有教学和学习系统，平台伴随学生从开课到结课的全过程。四是利用“互联网+教育技术+数字孪生技术”将虚拟仿真模型、实验设备、教师、学生连接为一体，实现教师高效率教学、学生高效率学习、设备高效率利用（一台设备等同于十台传统设备）。五是教师或学生通过实验凝练理论，通过理论指导实验，通过实验启发创新实践，通过创新实践提升理论水平，实现三者相辅相成。六是将计算机控制系统线上课程、线下课程、虚拟仿真课程、创新实践课程有机集成，教师或学生只需一个笔记本电脑，登录浏览器即可进行理论、实验、创新实践方面同步的教师教学和学生自主学习。该平台能伴随学生从入学到毕业的整个培养过程。

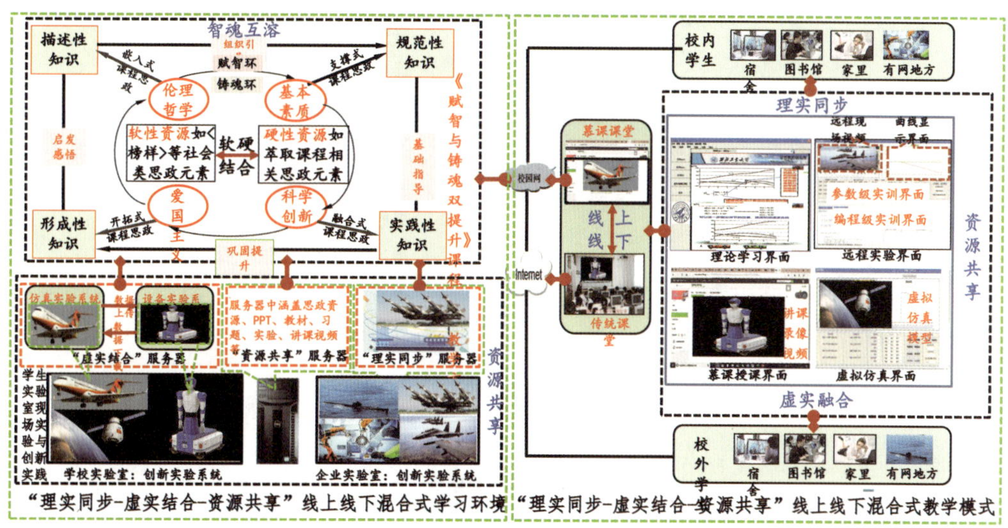

图6-13　“计算机控制系统”国家级一流课程自主研发的教学平台及教学模式

5. 空气动力学计算方法

课程简介：“空气动力学计算方法”课程是飞行器设计与工程专业的学科专业课程。立德树人是教育的根本出发点，航天学院作为“航空宇航科学与技术一流学科”建设的重点学院，以培养航空航天科技人才为主。空气动力学计算方法作为航天学院的专业核心课，强调理论的基础性、实践的综合性、工程的设计性特点。完成课程学习后，学生将具备一定的飞行器气动分析、工程应用与气动设计的能力，形成一定的辩证思维、扎实的专业知识和严谨的科研素养，深刻领悟航空航天报国精神。

课程特色：一是提出了“哲学思维+专门知识+研究导向”三位一体的教学理念。空气动力学是基础理论性很强的学科，需要认知、分析和掌握一般的原理、模型和方法，哲学的辩证思维有助于揭示其理论的内在逻辑；同时空气动力学又是技术实践性很强的学科，需要进行飞行器空气动力特性分析和气动外形设计，系统思维有助于构建合理的设计思路。课程提出的“哲学思维+专门知识+研究导向”三位一体的教学模式，有机结合了“哲学思辨型”“专业技术型”“研究导向型”模式，特别适合新工科背景下复合型人才的培养。通过精心凝练，细微组织，使哲学思辨及系统思维贯穿于教与学过程，并有效融入了课堂思政元素。二是形成了“要点讲授+自主探究+多维交流+综合评价”相结合的教学方法。重构课程教学架构（见图6-14），有效融入课程思政（见图6-15），开发探究实践命题，引导自主探究精神，精心组织教学环节，多维交互教学相长，数据分析综合评价，完善课程考核机制。

启发：从历史中来
到历史中去（教与学架构）
空气动力学历史人物
基本原理与方程
科研命题与方法
物理现象与实验
空气动力学历史事件
莱特兄弟的成功
蜂腰型飞行器的小蛮腰
F-15飞越音障
X-2飞越热障
载人飞船返回时的黑障
失败的协和号飞机
退役的航天飞机
乘着激波的翅膀
如何在大气层外打水漂

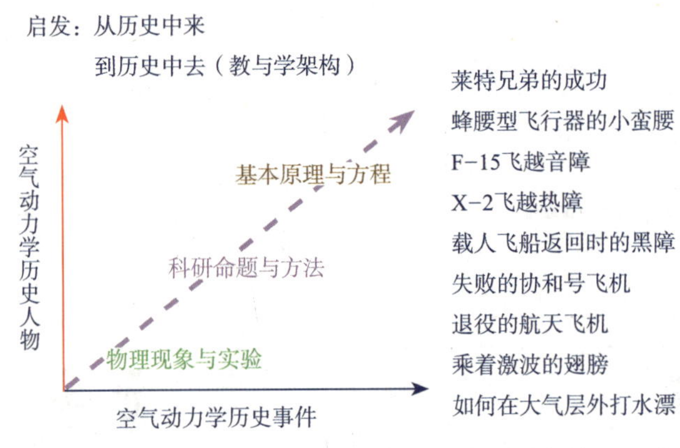

图6-14　“空气动力学计算方法”教学架构

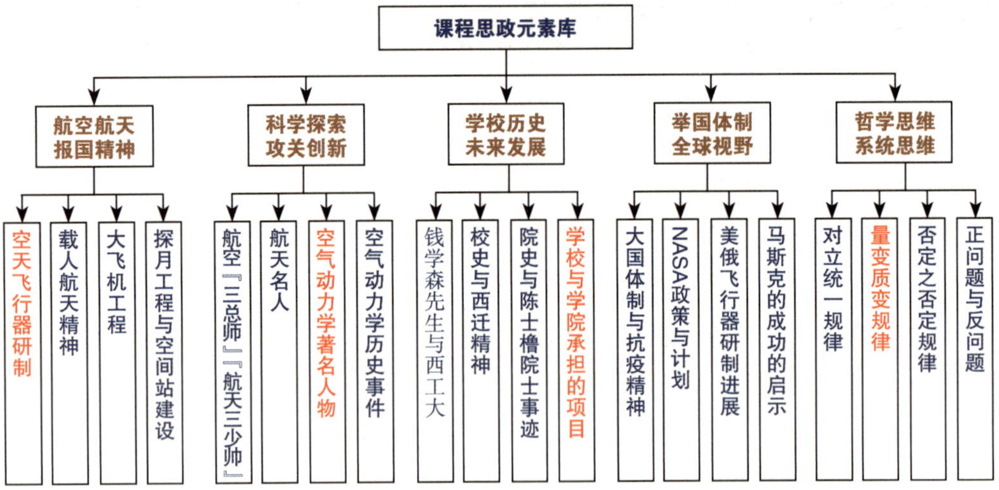

课程思政元素库
航空航天报国精神
科学探索攻关创新
学校历史未来发展
举国体制全球视野
哲学思维系统思维
空天飞行器研制
载人航天精神
大飞机工程
探月工程与空间站建设
航空『三总师』『航天三少帅』
航天名人
空气动力学著名人物
空气动力学历史事件
钱学森先生与西工大
校史与西迁精神
院史与陈士橹院士事迹
学校与学院承担的项目
大国体制与抗疫精神
NASA政策与计划
美俄飞行器研制进展
马斯克的成功的启示
对立统一规律
量变质变规律
否定之否定规律
正问题与反问题

图6-15　“空气动力学计算方法”课程思政元素库素材

6. 大学美育

课程简介：“大学美育”课程面向全校各专业本科学生开设，是一门跨学科的人文素养通识课程，课程内容涉及文学、艺术学、哲学（美学）等学科领域。课程以人类社会文化发展史为主线，以人类社会的审美活动为对象，以对其文化内涵的考察为目标，涵养学生的审美及文化素养。课程的学习以审美活动的感性特质为基本出发点，立足弘扬中华美学精神，加强感性认知能力培养，激发审美创造力，提升人文素养，加强对文明互鉴的理解，推进从审美鉴赏力到文化创新的提升，培养学生独立自主探索和学习的能力，加强思辨能力培养，提高文化理解力。

课程特色：一是融合学科的通识性。融合艺术学、美学、文学、心理学、教育学等学科领域的知识与方法，着力培养具有家国情怀，关心民生，追求卓越，视野开阔，兼具理性批判和感性共情能力的复合型人才。二是体现“总师育人文化”特色。将爱国、创新、求实、奉献、协同、育人的科学家精神融入美育教学案例。深挖学校特色美育资源，培养心怀“国之大者”的领军人才。西工大原创精品校园剧《寻找师昌绪》，再现了师昌绪先生壮美的人生经历和深厚的爱国情怀，剧目入选中国科学技术协会“共和国的脊梁——科学大师名校宣传工程”、教育部首批“高校原创文化精品推广行动计划”和陕西省重大文化精品扶持项目。三是体现任务驱动的自主学习教学特色。将传统灌输式教学模式转为混合式教学模式。以首批“全国高校黄大年式教师团队”自主水下航行器团队真实事迹为蓝本，创作校园剧《大国之蓝》（见图6-16），讲述该团队科技创新、科研育人的感人故事，呈现西工大师生矢志报国、协同攻关的科研群像，激励学生自信自强、守正创新、踔厉奋发、勇毅前行。通过观摩以“全国高校黄大年式教师团队”为题材原创的科技工作者群像话剧《大国之蓝》，分析社会美，使学生通过审美实践自主建立价值链接。

图6-16　原创话剧《大国之蓝》剧照

6.3.3　打造国防特色经典课程

西工大始终坚持“五育并举”，扎根西部，献身国防，服务区域经济发展，培育新方向，产出新成果，形成新特色。西工大通过积极构建通识教育与专业教育有机融合的新体系，构建课内课外有效联动、校内校外优势互补、西工大社会有机衔接的一体化协同育人体系，使通识教育的价值追求与学科专业成长相互滋养，不断提升学生综合素养，提高人才培养质量。

通识课程作为人才培养过程中的重要组成，能够帮助学生形成跨文理、跨古今、跨文化的知识视野、理性思维和价值观念。近年来，西工大持续强化通识教育，促进学生全面发展，积极推进通识课程体系改革，致力于打造具有西工大特色的高质量通识教育课程群，形成了类别丰富、覆盖面广、文理兼具的通识课程体系，旨在拓宽学生学术视野，构筑广博学识，培养人文情怀与科学精神、社会责任与视野格局、批判思维与辩证思维、独立思考与创新能力。

西工大聚焦“总师型”人才培养，根据《西北工业大学一流本科人才培养方案指导意见（2023版）》及其补充说明，构建“通识通修课程、学科专业课程、个性发展课程、素质拓展课程”四大模块课程结构、“150+X”学分的课程体系。打造涵盖人文、科学、历史、哲学、管理、生态文明等人文社会科学及自然科学的高质量通识通修课程群。

西工大聚合优势教学资源，丰富多元发展的课程群，夯实“总师型”人才培养基础。目前，共开设本科生课程5474门，其中，开设15个类别共697门通识通修课程（见图6–17），课程数量较“十三五”期间新增271门，增幅达66.7%。

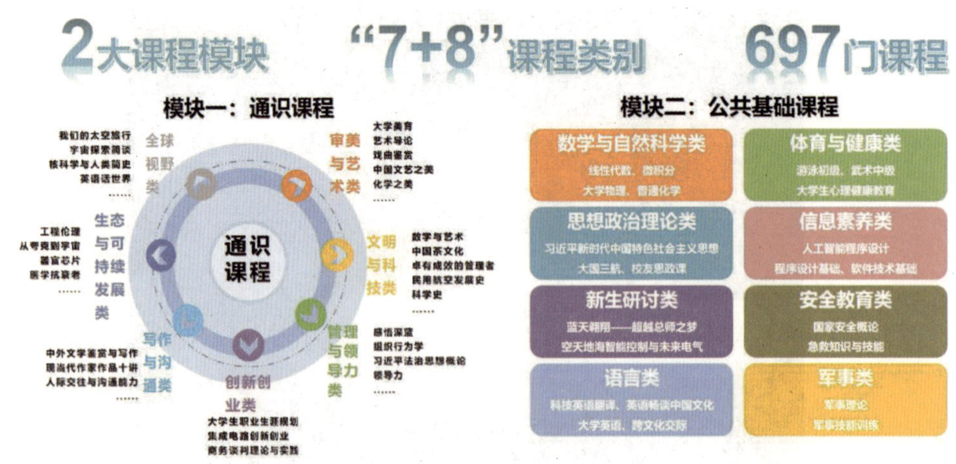

图6–17　西工大通识通修课程体系

西工大建立了“价值塑造铸魂、五个一流筑基、机制创新引领”的“三航”特色人才培养体系，在《西北工业大学文科建设发展“十四五”规划》中提出全面实施“文美计划”，即打造具有“高阶性、创新性、挑战度”的高水平文美通识课程，构建具有“三航”特色的文美通识教育体系。文美计划旨在将文科和美育融入理工学生培养全过程，重点提升学生综合素养，充分发挥文科和美育在人才培养中的价值引领和素质提升作用，提高学生思想和道德文明素质、科学和艺术文化素养、身体和心理素质，并实现文科高质量、内涵式、跨越式发展。

1. 加强文科顶层规划布局，完善制度机制建设

一是组织领导谋大局。中国共产党西工大第十三次代表大会明确提出，要努力构建与世界一流大学目标相适应的“工、理、文、医”协调发展的特色学科体系，充分发挥新兴交叉学科对优势工科发展的引领支撑作用，为建设中国特色、世界一流大学奠定坚实基础。二是把握政策站高位。西工大贯彻落实习近平总书记在哲学社会科学工作座谈会上的重要讲话精神、中共中央《关于进一步繁荣发展哲学社会科学的意见》、全国高校思想政治工作会议及全国教育大会精神，根据《西北工业大学文科建设发展“十四五”规划》，不断加强文工、文理、文医、文文的交叉融合，发展“工大特色文科”，着力提升文科建设水平。三是迎难而上辟新路。西工大通识教育坚持“有所为，有所不为”的原则，分类别、分重点、分梯度加快体制机制建设，全力绘好路线图，抓好关键点，打好突围战，以培养具有家国情怀，追求卓越、引领未来的领军人才为目标，使学生具备健康体魄、高尚品格、广博学识、创新精神、全球视野与持久竞争力。

2. 强化文美通识课程建设力度，发挥课程育人功能

一是坚定不移提质量，树课程建设新标杆。西工大对标一流本科课程“双万计划”，积极探索教学模式改革，以扩大课程建设数量，提升课程建设质量，夯实高质量人才培养体系供给为原则，不断加强“院级—校级—省级—国家级”四级课程培育力度，通过学校、教务部微信公众号、视频号宣传、推广优质示范课程，发挥一流课程示范引领作用。二是守正创新育“全人”，构建通识课程新体系。西工大持续优化“通识课程、学科专业课程、个性发展课程、素质拓展课程”四大模块课程体系，近年来，西工大开设文美通识课程200余门，包括审美与艺术类、文明与经典类、管理与领导力类、全球视野类、伦理与可持续发展类、写作与沟通类等。三是多措并举强美育，创艺术教育新格局。西工大成立文科建设工作小组和美育工作委员会，构建了

"1+8+X"美育课程体系（1门"大学美育"必修课，8类审美与艺术类选修课，X门素质拓展课），打造"课程教学、实践活动、校园文化、艺术展演"四位一体的普及艺术教育工作格局，以举办美育文化月、艺术节，编演《寻找师昌绪》《大国之蓝》话剧等形式推进"打造精品、全面覆盖"美育育人体系的构建，不断探索高校美育新范式。

3. 推动资源建设创新提质，汇聚通识教育合力

一是构建文美"大思政"格局。西工大将思政教育贯穿于文美课程授课全过程，例如"大学美育"课程将社会主义核心价值观融入审美文化案例中，立足于中国传统文化，放眼世界文明，树立学生正确的审美观念，培养高尚的道德情操和家国情怀，提升民族文化自信心和自豪感。近年来，西工大思政课程教学模式多样化发展，在全国率先开设了"5G+"思政课，广泛推进"案例式、探究式、体验式、互动式、专题式、分众式"教学模式改革，以思政教育践行文美育人初心。二是夯实文美实践教学平台建设。西工大已建成文美实验教学平台3个、本科生实习实训基地23个、大学生创新实践基地5个，组织参与国内外模拟联合国大会、"外研社杯"全国英语演讲大赛、全国英语写作大赛等10余项高水平学科竞赛，以实践实训提升文美育人成效。三是打造文美数字化教育资源。西工大持续优化升级西工大"翱翔学堂"智慧教学平台，融合线上线下教学，整合校内校外、国际国内各类文美通识教育资源，探索构建混合式教学平台，从课程展播、在线观摩、教学效果、同行评价、学生评价等方面进行跟踪评价及反馈，推动本科教育教学向数字化、智慧化、多元化转型，以数字化改革赋能文美育人创新。

4. 文美与共启智润心，通识教育渐入佳境

经过两年多的建设努力，西工大已形成了日趋完善的文美通识教育体系，取得了一些喜人的建设成果。一是教学研究成果颇丰。在省级、校级教育教学改革研究项目遴选中，西工大文美类教学研究项目共获批陕西省教育教学改革研究项目10项，校级103项；获得省级教学成果奖特等奖5项，一等奖6项，教学改革和教学成效显著。二是实践实训成果斐然。在模拟联合国大会、大学生英语系列竞赛等国内外大赛中获得省部级以上奖项300余项。三是课程建设质量大幅跃升。西工大建设的文科专业课程中，获批国家级一流课程7门、省级一流课程13门、校级一流课程71门。截至目前，已有约450万人次修读文美通识课程，其中360万人次为理工类学生，为理工创新人才自主培养提供了强有力的支撑。在文美通识课程结束后的学习反馈中，学生们都

对课程给出了较高的满意度评价："上了大学美育课程，让我感受到了美的真谛，老师们深入浅出的阐释、多维度分析、经典案例分解以及360°全链思维提升了我们的美育素养。""通过文学鉴赏与写作课程的学习，不仅使我掌握了基本的文学知识理论，还在老师的耐心指导和科学引导下进一步提升了人文素养，完善了个人的价值体系。"

西工大以新文科建设为抓手，借力"三航"特色优势工科，开设国防特色通识课程，涵养浸润国防军工文化。目前，西工大开设了400余门国防特色课程，开设"大国重器""蓝天翱翔""飞天巡洋"等系列课程，邀请了多名国家重大型号总师、副总师等知名专家，共同为学生讲授"大国三航"课程，通过介绍与三航领域相关的科技发展史、重大贡献和标志性成果，西工大人爱国奋斗故事，以及解决"卡脖子"技术问题等内容，引导学生"立大志向，上大舞台，入主战场，干大事业"。

国防特色系列通识课程案例

1. "大国重器"系列通识课程

由航空学院开设的"大国重器"系列通识课程，属于管理与领导力类，分为运输机的研制历程、战机的研制历程、华夏龙腾——中国飞机发展侧记三个部分。其中，运输机的研制历程这门课邀请航空工业第一飞机设计研究院的总师、副总师等专家讲述我国大型运输机运-20研发攻关的专业知识及人物故事，主要包括运输机总体设计、气动、结构强度、飞控、制造、试飞等，开展专业教育和思政教育，引导学生树立航空报国志向、培养对航空科学与技术的兴趣。战机的研制历程这门课依托航空工业成都飞机设计研究所（611所）的总师、副总师、专家等，聚焦航空器设计中的8个关键技术（分别是：航空器体系技术、新型航空器技术、航电与任务系统、机电综合与能量管理技术、飞行器管理系统与飞控系统、航空器武器系统、航空器试验与试飞技术、航空器前沿技术等），开展专业教育和思政教育，引导学生树立航空报国志向、培养对航空科学与技术兴趣。华夏龙腾——中国飞机发展侧记以我国改革开放以来的军用、民用飞机重要型号发展为主线，用专业的理论知识与真实生动的案例，重点讲授我国航空工业从无到有，从弱到强的发展历程。通过课程的开展让学生了解我国航空工业的发展历程，掌握军机、民机的基本技术特点及今后发展趋势；教育学生树立远大理想、热爱伟大祖国，课程中也通过突出校友奋斗事迹激发工大学子以杰出校友为榜样，传承、践行、发扬好西工大精神，勇担时代责任、勇于砥砺奋斗、练就过硬本领、锤炼品德修为，努力成长为担当航空强国的时代新人。

“大国重器”系列通识课程从2022年开课至今，深受学生欢迎，每学期选课学生达300人。学生对课程给出了积极肯定的评价：“老师课堂上讲授的内容丰富有趣，让我对大型运输机运-20和其他多种不同机型有了更加深刻的认识和了解，其总师和所有研发攻关人员精湛的技术、敬业的精神使我深受鼓舞。这门课程开设得非常好，老师详细的讲解、多样化的授课方式让我们学到了很多知识。”

2. “蓝天翱翔”系列通识课程

由航空学院开设的“蓝天翱翔”系列课程，属于新生研讨类课程，分为飞机家族、话说无人飞行器、梦想与实现、超越总师之梦、展翅高飞五个部分。其中，飞机家族这门课包括飞机的类别、各类飞机的特点、为什么会有各种各样的机翼形状、不同几何参数对性能的影响、如何提升所需要的性能、飞机的布局型式、不同布局型式所适用的领域等部分。其主要介绍飞机设计专业所需要了解的基本知识和背景，学生可通过课程了解工程领域的学科特点和研究方式，为后续专业学习打下基础、做一定的前期准备。话说无人飞行器这门课主要介绍各类无人飞行器的发展、作用和价值，体现技术演变和社会角色；讲述构型与构思设计，诠释设计美学和设计力学的关联；介绍控制模式及未来发展趋势，展示控制的强大作用；介绍空气动力学的发展历程及作用，并进行气动设计、计算流程演示；介绍多类别无人飞行器系统。讲课形式采用课堂讲授、集体研讨、多媒体教学、现场参观演示等结合的方式进行，注重讨论和启发式教学。梦想与实现这门课为概论性通识课程，与专业引导性的航空概论相区别。目的是帮助大一新生了解人类翱翔蓝天梦想的起源与发展，以及实现飞行的关键学科基础和前沿，激发其兴趣爱好并使其尽快进入专业角色。超越总师之梦这门课介绍飞机发展简史，现代军民机分类与分代，直升机/旋翼机/浮空器，仿生飞行器，下一代战斗机、下一代客机、飞行汽车、太阳能无人机、新能源飞机等新概念飞行器，对中国研究生未来飞行器创新大赛作品进行介绍，分别以“如何才能实现超越总师之梦”“飞行器总师需要怎样的知识结构”为主题，进行两次分组讨论。展翅高飞这门课讲述飞机飞行原理、先进的飞机布局、飞机的操纵和稳定、飞机的飞行性能、飞机的控制、直升机飞行原理及先进高速直升机的发展。课程重点阐述人们在飞向蓝天的过程中的探索成果，并介绍与航空飞行器相关的基础知识和关键学科前沿技术，主要激发新生对航空事业的兴趣，锻炼其语言组织与表述能力、思维发散能力以及团队合作意识，培养潜在的专业研究技能。

“蓝天翱翔”系列通识课程从2019年开课至今，每学期选课学生达300人。知名教授团队携手开启大一新生的专业启蒙教育，通过与知名教授面对面，提升了学生的专业视野和人生站位，受到学生热烈欢迎和广泛好评：“老师的专业知识十分扎实，授课方式精彩有趣，营造了在快乐中学习无人机知识的良好氛围，让我们对学校在无人机研制方面取得的成果有了深刻认识，由衷地为选择这个专业而感到自豪，同时也激发了我对无人飞行器的学习兴趣。接下来我要更加认真努力，向优秀的老师们不断学习。”

3. “飞天逐梦”系列通识课程

由航天学院开设的“飞天逐梦”系列课程，属于新生研讨类，分为太空遨游做什么、总师摇篮、力量之源、大脑与神经四个部分。太空遨游做什么这门课主要讲授航天系统及其运行、应用，内容包括：太空遨游、太空摆渡、太空千里眼、太空顺风耳、太空指南针、星球大战、太空探测和太空站。实现名师与新生的对话，架设名师与新生间沟通互动的桥梁，启发学生对研究和探索的兴趣。总师摇篮课程专为新生开设，使新生深入了解专业相关研究领域及其前沿技术，激发专业兴趣，牵引后续专业课程学习和研究。力量之源这门课程专门面向新生开设，属于小班研讨类课程，以各类宇航活动对航天动力的要求为切入点，以典型的宇航任务为案例，师生共同研讨航天发展史、各类航天动力的特点和发展、航天动力技术对学科和基础研究的要求，使学生了解飞行器动力工程专业（航天方向）的基本情况。大脑与神经这门课专门面向航空航天大类新生开设，通过小班研讨的形式，教师引导、师生互动、深入讨论的方式，让新生了解专业科普知识、大学学习方法等，帮助新生尽快适应新环境，加深对大类专业相关情况的了解，培养学习兴趣。

“飞天逐梦”系列课程从2019年开课至今，每学期选课学生达300人，课程深受学生好评：“老师在课堂上会列举很多例子，通过生动有趣、循序渐进的精彩讲解，增加了我对专业知识的了解，提高了我的学习兴趣，开阔了我的视野，让我们能够学到书本以外的知识，坚定了空天报国的理想，为我们未来的发展奠定了基础。”

6.4 本章小结

西工大特色课程体系构建坚持文化引领、情怀润泽、知能融通、素养达成“四位一体”的人才培养理念，在优化课程体系、创新教学模式、融合信息赋能上不断下功夫，构建了包含“通识课程、学科专业课程、个性发展课程、素质拓展课程”四大模块的课程体系。实施了本科“课程质量提升计划”，持续加强优质课程立项建设，更新课程内容，优化课程设置，丰富课程资源，夯实高质量人才培养体系供给，充分发挥一流课程示范引领作用，辐射带动本科课程质量共同提升。

（注：本章由傅茂森、韩寅奔等人编写。）

第七章 守正创新建设特色教材体系

百年大计，教育为本；教育大计，教材为基。教材作为文化传承的重要媒介、教育教学的基本载体、人才培养的重要支撑、教育核心竞争力的重要体现、引领创新发展的重要基础，直接关系到“培养什么人、怎样培养人、为谁培养人”的铸魂工程，教材建设必须与时俱进，为培育时代新人提供坚实保障。西工大教材建设以习近平新时代中国特色社会主义思想为指导，全面贯彻党的教育方针，落实立德树人根本任务，紧紧围绕“育国之栋梁、铸国之重器”初心使命，按照“成体系规划、系列化建设”工作思路，规范管理制度，创新管理模式，深入推进教材改革创新，用心打造培根铸魂、启智增慧的系列精品教材，为“总师型”人才培养提供坚实支撑。

7.1　系统规划国防特色教材体系

7.1.1　西工大教材建设历程

培养专门人才是由高等学校的本质所决定的。教材作为教学内容和教学方法的知识载体，是对值得传授的知识形态的界定，被认为是最基本的、权威的知识体系，在高等教育教学过程中发挥着核心作用。

新中国成立以后，党和国家始终把教材建设作为教育工作的一件大事来抓。1961年2月，根据中央书记处的指示精神，成立高等学校及中等专业学校教材工作领导小组，下设各专业、各课程教材编审委员会，负责制定相应专业、课程的教材建设规划，编审、评介有关教材。同年，西工大成立了教材工作领导小组，下设教材工作办公室，抽调了12名干部和教师加入办公室，组织编写了123种专业课教材，自编了3800余万字的讲义，涌现了一批在全国和行业有影响的教材。

西工大教材建设历程总体与国家高等教育教材建设历史进程保持一致，如图7-1所示，分为以下五个阶段：

第一阶段：新中国成立到改革开放初期。西工大主要引进、改造苏联教材，尝试探索自编教材。当时华东航空学院（西工大前身之一）胡沛泉教授与上海交通大学、南京工学院三校合编了《材料力学简明教程》，季文美教授引进翻译了苏联教材《理论力学》上、下册，吕茂烈教授翻译了苏联教材《理论力学》，黄玉珊教授翻译了苏联教材《飞机各部分设计》。西北工学院（西工大前身之一）孙桓和濮良贵教授在学习苏联课程“机械原理”“机械设计”的基础上，编写了《机械原理》《机械设计》两部教材。“哈军工”空军工程系（西工大前身之一）蒋志扬教授编写了《飞机直流电源》《航空发动机电点火原理》等教材。

第二阶段：改革开放初期到20世纪90年代初期。恢复设置教材编审委员会，教材建设突出国家计划性，着力解决相关专业教材短缺的问题。西工大新一代航空教育家冯元生教授编写了《飞机结构设计》，于1985年由国防工业出版社出版。黄震中教授编写了《鱼雷总体设计》，于1987年由西工大出版社出版。何华灿教授编写了国内最早的人工智能教材《人工智能导论》，于1982年由西工大出版社出版。徐缤昌教授编写了《机器人控制工程》，于1992年由西工大出版社出版。机械制图教研室联合北京航空航天大学、南京航空航天大学组编了《机械制图》系列教材，于1979年、1981年由国防工业出版社、陕西科学技术出版社等出版。

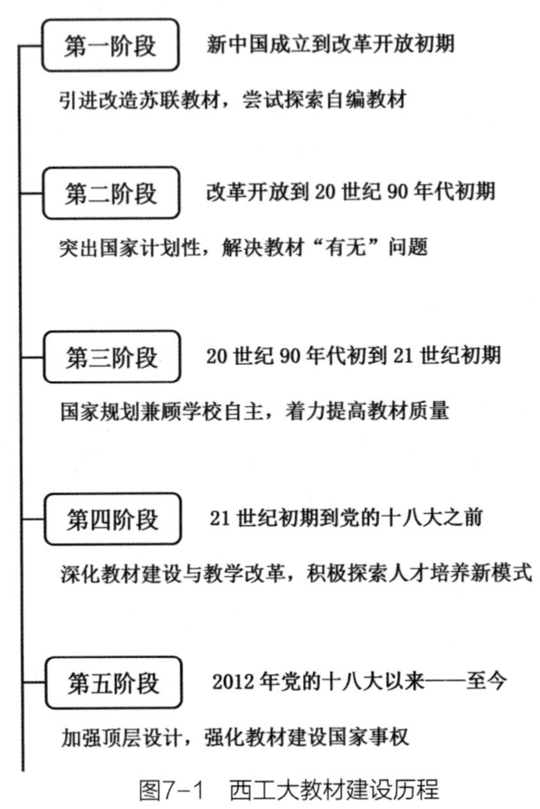

图7-1　西工大教材建设历程

第三阶段：20世纪90年代初期到21世纪初期。国家规划兼顾西工大自主建设，着力提升教材质量，致力于构建面向21世纪的高等教育教学内容和课程体系。西工大“三航”特色、国防特色教材持续发力，陈士橹院士主编的《航天器姿态动力学与控制》等9部教材入选国家级“九五”规划教材，并于1998年由宇航出版社出版。宋保维院士主编的《系统可靠性设计与分析》于2000年由西工大出版社出版，并于2002年荣获第二届全国普通高等学校优秀教材奖一等奖。郑修麟教授主编的《材料的力学性能》（第二版）、蒋立源教授主编的《编译原理》（第2版）、朱明铨教授主编的《民航维修无损检测与故障诊断》等三部教材荣获第二届全国普通高等学校优秀教材奖二等奖。

第四阶段：21世纪初期到党的十八大之前。西工大深化教材建设与教学改革，积极探索人才培养新模式。在此期间，国家组织了“十五”“十一五”规划教材评选，国防科学技术工业委员会（简称“国防科工委”）组织了“十五”规划教材评选，陕西省组织了优秀教材奖评选。秦永元教授主编的《惯性导航》、赵建林教授主编的《光学》等16部教材入选国家级“十五”规划教材。宋保维院士主编的《水下航行器现代设计理论与方法——可靠性与优化设计》等36部教材入选国防科工委“十五”规划教材，2004年由国防科工委主管高校出版社哈尔滨工业大学出版社等联合出版。徐德民院士主编的《鱼雷自动控制系统》（第2版）于2001年由西工大出版社出版，2005年荣获陕西省首届优秀教材奖一等奖。

第五阶段：2012年党的十八大以来。国家出台一系列教材管理制度，加强顶层设计，强化教材建设国家事权。教育部于2012年、2014年开展了“十二五”普通高等教育本科规划教材的两次遴选，西工大共获评17项。2017年国家成立教材委员会，在教育部设立教材局，于2020年第一次将国家教材建设奖从国家教学成果奖中分离出来，开展首届教材建设奖评选，西工大《机械原理》（第八版）荣获优秀教材一等奖，《机械设计》（第十版）等4部教材荣获优秀教材二等奖，葛文杰教授获评教材建设先进个人。2021年工业和信息化部组织了“十四五”规划教材评选，西工大33部教材入选工业和信息化部“十四五”规划教材，智能无人系统教材建设重点研究基地入选工业和信息化部“十四五”规划教材研究基地。

通过几代人的不懈努力，西工大教材建设的科学性、系统性、先进性不断提升，铸魂育人功能日益凸显，逐步探索出一条国防特色教材体系建设路径。

7.1.2　谋篇布局“十四五”教材建设

教材建设是学校落实党的教育方针和实现教育目标最重要的基础建设之一，是“解决培养什么人、怎样培养人、为谁培养人”这一根本问题的重要抓手。党的二十大报告提出“加强教材建设和管理”，2023年5月29日，习近平总书记在中共中央政治局第五次集体学习时强调，加强教材建设和管理，牢牢把握正确政治方向和价值导向，用心打造培根铸魂、启智增慧的精品教材。

当今世界处在大发展大变革大调整时期，网络新媒体迅速普及，不同价值观念不同文化相互碰撞，给教材建设带来了更多严峻挑战。2019年底，国家教材委员会制定了《全国大中小学教材建设规划（2019—2022年）》，这是新中国成立以来国家颁布的整体推进教材建设的第一个专门文件和专项规划。其中提出一要加强体制机制建设，落实教材建设国家事权，强调统一领导、分级负责，着力解决教材建设没有专门机构、管理职责不清、制度不完善的问题。高校教材实行“国家—省—学校”三级规划制度，高校根据人才培养目标和学科优势，制定本校教材建设规划，高校教材规划构成国家教材规划体系的重要内容，是高校自主选编教材的重要依据和具体体现。二要突出新时代新要求，全面推动习近平新时代中国特色社会主义思想进课程进教材，确立教材建设的“魂”。高等教育教材建设重点是构建中国特色哲学社会科学教材体系；打造一批反映世界先进水平的自然科学教材，适应新形势，瞄准国家战略需求，围绕人工智能、大数据、区块链、网络空间安全、环境科学、海洋科学、能源科学等领域，集中力量编写一批新教材，打造一批数学、物理等基础学科经典教材，组织推荐一批适应不同类型高校多样化人才需要的教材，有组织地引进或翻译出版一批自然科学、工程与技术等领域境外优质教材，提升教材的先进性；适应提升学生实践能力、创新创业能力需要，加强实验、实践性教材和创新创业教育教材建设。

据此，西工大于2021年制定出台了《西北工业大学“十四五”本科教材建设工作方案（2021—2025年）》，提出面向“总师型”人才培养需求，遵循“成体系规划、系列化建设”的原则，按照“学校主导，二级单位主建，建设与认定衔接”的工作方式，聚焦一流学科和一流专业建设，整合优质资源、深度策划，做好教材建设顶层设计。经过五年建设，教材管理组织机构更加完善，主体职责更加明晰；教材数量和质量显著提升，教材国防特色更加鲜明，教材领域影响更加广泛深入。“十四五”期间要大力推进以下教材建设：

1）加强优势学科专业系列教材建设。聚焦西工大学科特色和专业优势，重点支持“三航”、3M、3C等优势学科专业建设系列化精品教材。鼓励将行业新思想、新观念、新知识、新技术、新成果写入教材，建设一批反映学科专业优势、体现办学特色、适应高质量人才培养的高水平系列教材。

2）加强国防特色系列教材建设。对标国家战略需求和高质量人才培养，聚焦航空、航天、航海等领域，落实《关于加强与国防军工重点院所协同育人的工作方案》，以电子信息工程、飞行器制造工程、探测制导与控制技术、水声工程等11个国防重点、紧缺专业为重点开展与国防军工院所教材共建工作，建设反映最新国防军工科研成果的系列教材。

3）加强“四新”系列教材建设。以学科交叉融合发展为驱动，以“新工科、新文科、新医科、新农科”建设为契机，建设具有学科专业特色，秉承创新发展理念，融合新理论、新内容、新成果、新形式的教材。大力支持人工智能、大数据、智能制造、柔性电子、无人系统等新兴交叉学科专业做好教材规划和建设工作。

4）推进素质教育系列教材建设。贯彻落实中共中央有关加强新时代体育、美育和劳动教育的最新要求，把德智体美劳全面发展的要求贯穿于教材建设各环节，主动做好对体育部、艺术教育中心、党委学生工作部、文化遗产研究院等单位教材建设的引导、支持和帮助工作，结合学校体育、美育和劳动教育工作实际，建设一批高质量的素质教育系列教材。

5）推进实践创新系列教材建设。贯彻“卓越计划2.0”理念，启发学生设计思维、工程思维、批判思维和创新思维，围绕实验实践和创新创业教学改革，建设一批符合西工大实习实践创新教学特点的“双创”系列教材、企业课程教材和虚拟仿真课程教材。

6）鼓励新形态和数字教材建设。聚焦“以学习为中心”为代表的人才培养新理念，围绕教学综合改革和课堂教学方法创新，推进课程与教材资源有机衔接，鼓励信息技术与教育教学深度融合，建设一批多种介质综合运用、表现力丰富的新形态教材和数字教材。

“十四五”期间，西工大规划了六大系列700部教材，如图7-2所示，重点支持“三航”、3M、3C等优势学科专业建设系列化精品教材，加强国防特色系列教材建设，加强“四新”系列教材建设，推进素质教育系列教材建设，建设实习实践创新教学特点的“双创”系列教材，加强新形态和数字教材建设。

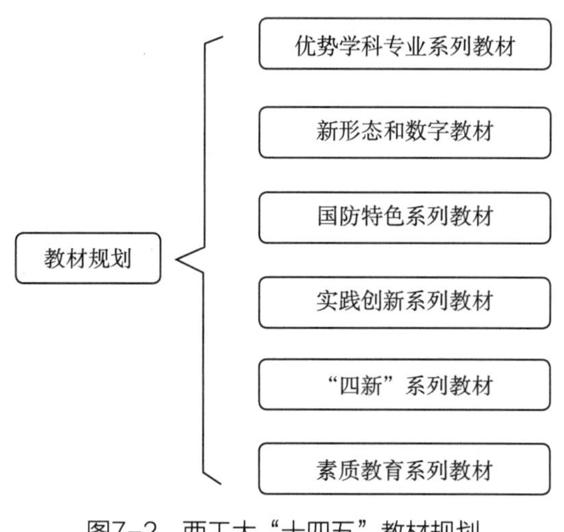

图7-2　西工大“十四五”教材规划

7.2 健全教材管理体制机制

7.2.1 凝聚师生思想共识

西工大党委高度重视教材工作，常态化研究部署教材建设，凝聚师生广泛共识，自上而下高位推动西工大国防特色系列教材建设。自2021年以来，连续三年召开全校教材工作会议，党委书记和校长出席会议并部署工作，确立西工大“十四五”教材遵循“成体系规划、系列化建设”工作思路，逐步实现四大转变：教师自发建设向有组织有规划建设转变，建设模式由单一集中立项向动态立项转变，粗放式管理向精细化服务转变，教务部单主体管理向部处–学院协同管理转变，如图7–3所示。

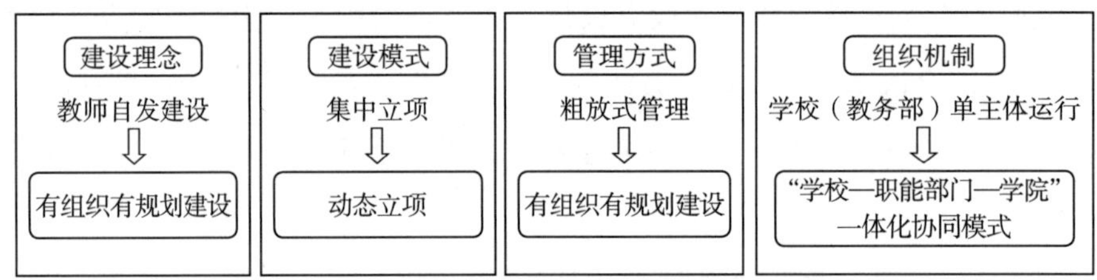

图7–3 “十四五”期间教材建设与管理转变

2021年6月22日，西工大召开首届教材工作会议，时任校长、教材工作委员会主任汪劲松作题为“乘势而上，狠抓落实，加快建设高水平教材体系”报告，时任党委书记张炜进行总结讲话。会议确立了西工大“十四五”教材“成体系规划、系列化建设”的指导思想。

2022年6月24日，西工大召开第二届教材工作会议，时任校长、教材工作委员会主任汪劲松作题为“尺寸课本 国之大者——加快构建具有西工大特色的高水平教材体系”的报告，提出要始终面向国家发展的需要，按照国家重大战略部署，进行教材建设的前瞻布局和战略谋划，强调了教材建设的“四个坚持”（坚持正确方向、坚持全局站位、坚持自信自立、坚持效果导向），并为西工大首届全国教材建设奖获奖教师颁发了奖状和奖章。

2023年6月25日，西工大召开第三届教材工作会议（见图7–4），校长、教材工作委员会主任宋保维院士作大会报告，提出教材建设要突出“三航”特色，要以“总师育人文化”为教材铸魂，强化教材育人功能；要聚焦教育部高等教育综合改革，加强教材体系化、特色化建设；要集聚科研优势力量，强化与国防院所协同建设，加快推动国防特色教材、新形态和数字教材建设。

图7-4　校长宋保维院士在第三届西工大教材工作会议上作大会报告

7.2.2　健全管理架构和制度体系

1. 建立健全“学校—职能部门—学院”三级教材管理机构

健全管理机构是加强和推动教材工作的重要组织保障。2017年3月，教育部成立教材局。2017年7月，国务院办公厅宣布成立国家教材委员会，国务院副总理任主任，教育部部长、中宣部副部长任副主任，教育部副部长任秘书长，22位中央部委领导担任部门委员，27位专家学者担任专家委员，常设办公室挂靠教材局。2019年4月，陕西省教育厅成立教材处，归属陕西省委教育工委管辖。西工大按照职责清晰、统筹有力的原则，2019年4月，率先将教材工作从教务部教务办公室独立出来，恢复成立教材办公室，作为全校教材管理的主责部门。

2021年4月，经西工大党委常委会研究决定，成立西工大教材工作委员会，主任由校长担任，副主任由分管宣传思想文化工作的校领导、分管本科教学工作的校领导和分管研究生教育工作的校领导共同担任。委员包括党委宣传部、党委学生工作部、研究生院、教务部、国际合作处、马克思主义学院、高等教育研究中心、西工大出版社等单位负责人。下设本科生办事机构，挂靠教务部，教务部部长担任联系人；下设研究生办事机构，挂靠研究生院，研究生院常务副院长担任联系人。

教材工作委员会的工作职责主要包括：①贯彻党和国家关于教材工作的方针、政策，审核教材的政治方向、价值导向和科学质量等。②研究审议教材建设规划，指导、组织和协调各人才培养单位的教材建设、选用与管理工作，指导将课程思政融入教材规划与建设，研究解决教材建设、选用与管理中的重大问题。③分类指导制定本科生、研究生、国际教育、网络和继续教育等的教材管理制度，监督教材管理政策的实施情况，开展教材研究和评价工作。④监督检查马克思主义理论研究和建设工程重点教材的统一使用。⑤组织评选校级规划教材、优秀教材以及推荐省部级、国家级规划教材、优秀教材。⑥完成党委常委会、校长办公会交办的其他事项。

2021年8月，将原教材选用委员会改组成立了本科教材选用审核工作专班，组长由教务部部长担任，组员包括党委宣传部、马克思主义学院等主要学院教学负责人。该专班主要负责全校每学期的教材选用审核工作。各教学相关单位随后发布公文，成立了教材工作小组，组长由单位党政负责人共同担任。党组织负责人把政治关，行政负责人把学术关。同时，每个单位明确了负责教材工作的领导和工作人员，并报送教务部备案，明确教材建设主体与建设职责。至此，“学校—职能部门—教学单位”三级教材管理机构有效运转，在教材工作中发挥了巨大作用。

2. 构建“1+X”教材管理制度体系

抓好教材建设，制度是基础。2019年底，教育部出台了《普通高等学校教材管理办法》《学校选用境外教材管理办法》等制度。在确保高校教材建设的正确政治方向和价值导向基础上，分别从管理职责、教材规划、教材编写、教材审核、教材选用等方面保障高校的教材自主选编权。一是在管理职责中，进一步强化高校在教材建设中的主体责任，规定高校党委对教材工作负总责，保障《中华人民共和国高等教育法》关于高校根据教学需要自主选编教材的规定落到实处。二是在教材规划中，高校教材实行“国家—省—学校”三级规划制度，赋予高校一定程度的规划权。三是在教材编写中，大力支持学术水平高且教学经验丰富的学科带头人、教学名师、优秀教师参加教材编写工作，支持高校多出高水平原创性教材，增强教材的丰富性和多样性。四是在教材审核中，明确高校主体责任，严把政治关、学术关，确保教材质量。建立编写审核和选用审核制度。五是在教材选用中，明确高校是教材选用主体，要求高校成立教材选用机构，具体承担教材选用工作，充分发挥有关职能部门和院（系）在教材选用使用中的重要作用。

西工大对标上级文件，在严格落实国家各项制度文件的基础上，研究制定了“1+X”的教材管理制度体系。目前其由7个文件组成：“1”为《西北工业大学教材管理办法》，“X”分别为《西北工业大学教材选用管理实施细则》《西北工业大学本科教材建设奖励办法》《西北工业大学“十四五”本科教材建设工作方案（2021—2025年）》《西北工业大学贯彻落实全国教材工作会议精神的工作方案》《西北工业大学关于做好党的二十大精神进教材工作方案》《西北工业大学教材工作委员会议事规则》等6个文件，全面加强教材建设和选用管理，实现教材建设“有组织，有支持，有督查，有奖励”闭环规范管理。明确了教材规划建设机制、教材出版审核机制、教材选用审核机制、教材表彰奖励的条件和标准等，详细规定了教材选用的基本原则、入库及退出的标准、选用审核的流程、使用评价及质量反馈流程等。

1）《西北工业大学教材管理办法》是“1+X”教材管理制度体系中的“1”，是学校教材工作中最顶层、最基本的制度，主要从制度制定背景和目的、管理对象、职责权限和教材管理程序等方面进行了详细的规定，包括总则、管理职责、教材规划、教材编写、教材审核、教材选用、激励保障、检查监督、附则，共9章26条。《西北工业大学教材管理办法》严格对标上位文件，强化教材工作的政治责任、领导责任及二级单位的执行责任；体现西工大学科专业特色，明确激励保障政策等。

2）《西北工业大学教材选用管理实施细则》是教材选用的重要制度，包括了境外教材的选用和审核，主要从制度制定背景和目的、教材范畴、职责权限、选用原则、境外教材选用、教材入库及退出、教材选用审核程序、教材选用质量督查等方面进行了详细的规定，共10条。《西北工业大学教材选用管理实施细则》严格对标上位文件，即《普通高等学校教材管理办法》《学校选用境外教材管理办法》，强化教材选用的政治责任、领导责任，基于教材管理信息系统，建立校内教材信息库，入库教材实行分级、分类管理，教材与课程相关联，实现线上线下结合的数字化管理模式，提升管理效能。

3）《西北工业大学本科教材建设奖励办法》是教材奖励的重要制度，对标国家教材建设奖，贯彻落实全国教材工作会议暨首届全国教材建设奖表彰会精神，统筹推进教材质量提升，对优秀教材和在教材建设作出突出贡献的集体和个人进行表彰奖励。校级教材建设奖每年评选一次，为两年一次的陕西省优秀教材奖、四年一次的全国教材建设奖构建蓄水池，进一步激发教师参与教材建设的内生动力。

7.2.3　创新建设和保障机制

教材建设链条长，环节多，必须强化全流程把关的意识和机制，只有建立良好的工作机制，才能保证教材工作实起来、活起来。教务部一方面深入学院调研和进行政策宣贯，与教师面对面沟通交流，找准制约教材建设“卡脖子”的问题；一方面勇于创新，打破传统教材建设立项模式，破解“重立项、轻出版”的普遍难题，创新多项建设和服务保障机制，精准发力，激发教师参与教材建设热情。

1. 建立教材“集中+动态”立项工作机制

教材建设与出版是教材主编、高校、出版社之间协作的结果。主编为了教学需要编写教材，既担心无法获批高校立项缺少经费支持，又担心无法通过出版社选题立项不能出版。自2022年开始，西工大每年开展一次集中立项，每月开展动态立项，确保错过立项时间的优秀教材能及时获得资助出版。同时根据国家和学校教材建设需求，及时对年度集中立项作出调整。如2024年度集中立项增设了国防特色教材专项、数字化教材专项，并在评审时增加了高层次人才教材专项、实验实践教材专项。动态立项要求主编已经完成全部书稿，并获批出版社选题立项，与出版社签署了正式出版合同，急需出版经费支持。通过这种机制，教材编写团队得以全身心投入教材编写和创作，而不再有编写好的教材由于缺少经费支持无法出版的后顾之忧，同时获批西工大经费支持后，通过出版社选题要求的概率也会大幅提高。但随着教材出版数量的增长，对教材质量和特色的要求也逐年上升，对教材出版的形式（如数字化教材）、教材申报时的完成度、与课程关联度等要求逐步提升。

2023年底，教育部发布《“十四五”普通高等教育本科国家级规划教材建设实施方案》，提出探索建设一批示范性新形态教材，充分利用新一代信息技术，整合优质资源，创新教材呈现方式，提升教材新技术研发能力和服务水平，以数字教材为引领，建设一批理念先进、规范性强、集成度高、适用性好的示范性新形态教材，探索构建灵活、开放、规范的新形态教材建设与管理运行机制。目前对于数字化教材没有统一的定义，一般认为数字化教材按照载体形态和内容分为新形态教材、数字课程和数字教材。新形态教材通过二维码等将纸质教材和数字资源关联起来，数字课程依托一流在线课程，数字教材则完全脱离了纸质教材，是以数字形态存在、可装载于数字终端阅读、可动态更新内容、可及时记录交互轨迹的新型学习材料，支持信息化环境下的教学、测评与管理，是智能化时代教材形态的升级和进化。

西工大自2017年以来，积极探索新形态教材、数字课程和数字教材的建设，在每年度教材立项建设中，设立新形态教材和数字课程建设专项，新形态教材每部支持8万元、数字课程每部支持5万元的建设和出版经费。2024年度教材立项建设增加了数字教材专项，每部支持8万元的建设和出版经费。同时在数字化教材建设方面与高等教育出版社展开深度合作，2018年11月召开数字化教材建设交流会，2023年1月初签署《“十四五”期间教材建设合作框架协议》，计划利用3年时间建设一批新形态教材和数字课程等。除上述新形态教材和数字课程外，还合作出版了《机械原理》《机械设计》两部数字教材，目前正在支持《电工技术》《电子技术》两部教材的建设。“十四五”以来，西工大数字化教材建设比例持续提升，2024年度数字化教材占全部立项教材的42.1%。葛文杰教授的《机械原理》（数字教材）入选高等教育数字教材创新发展联盟2024年数字教材典型案例（全国共评选18部本科类教材），是高等教育出版社唯一推荐入选的本科类教材。

2. 制定教材成果认定机制

教材“重立项轻出版”是高校教材管理的普遍难题，经典教材的传承与创新则是教材建设的另一大难题，缺少高校教材管理的支持和出版社的推动，单纯依靠教材编写团队的自主性传承行为，一些经典教材正在消失，或无法满足新时代教育教学需求。自2020年起，西工大对教材实行“学校主导，学院主建，建设与认定衔接”机制，即对教材先支持出版后认定为校级规划教材。同时参考《机械原理》《机械设计》教材六十多年的传承经验，制定教材再版负责人等同于第一主编的教材成果认定工作机制，鼓励经典教材传承与创新。

《“十四五”普通高等教育本科国家级规划教材建设实施方案》提出，培育和打造一批经典传承教材，推动高校对使用时间长、影响范围广、师生认可度高的优秀教材建立传承创新机制，组建老中青结合的教材建设梯队，创新编写理念，更新内容形态，培育和打造一批具有典范性、权威性、创新性的经典传承教材，不断提升经典教材的生命力和影响力。

在2021年《西北工业大学贯彻落实全国教材工作会议精神的工作方案》中，提出“完善教材成果认定机制，鼓励经典教材传承，制定教材再版负责人等同于第一主编的认定工作流程”。组建老中青结合的教材建设梯队，创新编写理念，更新内容形态，有组织地推动一批使用时间长、影响范围广、师生认可度高的经典教材修订。修订时，为了保证经典教材的传承，原作者仍旧在第一主编的位置，实际教材第一主编在第二或第三的位置，在规划教材认定和优秀教材评选时，由教务部门出具实际教材第一主编的证明。这一机制也获得了国家相关部门的认可，并在实际管理工作中得以成功实践。如首届全国教材建设奖评选中，西工大向教育部出具了葛文杰教授实际担任《机械原理》（第八版）第一主编（教材封面上，葛文杰教授为第三主编）、陈国定教授实际担任《机械设计》（第十版）第一主编的证明，并获得教育部认可，最终分别获得全国优秀教材一等奖和二等奖，葛文杰教授获评全国教材建设先进个人。在这一典型案例指导下，软件学院在征得蒋立源老先生同意后，修订出版《编译原理》（第四版），蒋立源老先生仍在第一作者位置，使得这部经典教材得以传承下去。

3. 完善教材审核工作机制

教材审核分为出版审核和选用审核。根据《普通高等学校教材管理办法》的规定，教材审核实行分级、分类审核，坚持凡编必审。学校组织编写的教材由本校组织审核。教材审核要严把政治关、学术关，促进教材质量提升。政治把关要重点审核教材的政治方向和价值导向，学术把关要重点审核教材内容的科学性、先进性和适用性。政治立场、政治方向、政治标准要有机融入教材内容，不能简单化、“两张皮”；政治上有错误的教材不能通过；选文篇目内容消极、导向不正确的，选文作者历史评价或社会形象负面的、有重大争议的，必须更换；教材编写人员政治立场、价值观和品德作风有问题的，必须更换。

西工大就教材出版和选用审核制定了严格的工作流程，全面落实“凡编必审、凡选必审、凡审必严”。《西北工业大学教材管理办法》要求教材审核采用专家审读与会议审核相结合的方式，经过集体充分讨论，形成书面审核意见，得出审核结论。审核结论分“通过”“重新送审”和“不予通过”三种。实行教材编审分离制度，遵循回避原则。同时遴选150位校内外优秀教材专家，组建教材审核专家库，建立教材出版与选用审核工作机制，把好教材立项审核关、出版审核关、入库审核关和选用审核关，确保教材内容坚持正确导向，代表先进水平，突出创新创造，服务教学需求。

7.2.4 构建教材建设奖励体系

西工大构建了“校级—省级—国家级”三级教材奖励体系，如图7-5所示。每年开展教材建设奖评选，表彰奖励优秀教材和对教材建设作出突出贡献的集体和个人。

1. 全国教材建设奖

2016年中共中央办公厅、国务院办公厅联合印发文件《关于加强和改进新形势下大中小学教材建设的意见》，明确提出完善教材建设表彰激励机制，实施教材建设国家奖励制度。按照相关文件要求，全国教材建设奖每4年评选一次，其中分设全国优秀教材、全国教材建设先进集体、全国教材建设先进个人三大奖项。

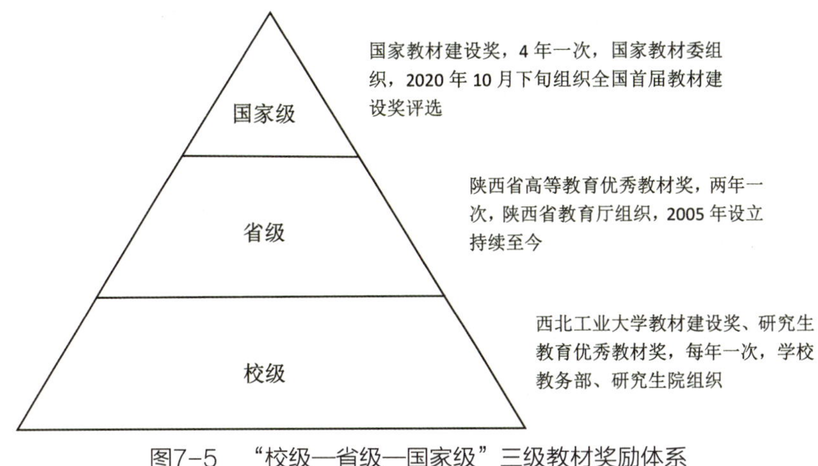

图7-5　“校级—省级—国家级”三级教材奖励体系

全国教材建设奖在评选过程中始终坚持正确导向原则，以习近平新时代中国特色社会主义思想为指导，鼓励扎根中国大地、立足中国实践、总结中国经验、彰显中国特色，思想理论和观点方法等具有原创性、育人成效显著的教材；坚持科学评选原则，分类确定参评范围、评选条件和评选办法，确保评选工作实事求是、科学规范、严密有序；坚持质量为先原则，严格评审标准，严把政治关、学术关；坚持公平公正原则，严格评审程序和办法，坚决杜绝“跑奖”“要奖”行为；坚持评建结合原则，重在以评促建，引领教材建设方向，推动各地各部门健全激励机制，带动教材质量整体提升。

2020年，国家教材委员会组织了首届全国教材建设奖评选工作，共评选出399部高等教育教材，400部职业教育教材，200部基础教育教材，200位教材建设先进个人，99个教材建设先进集体。西工大在本届评选中，共5部教材、1人获奖，如图7-6～图7-11所示。

图7-6　葛文杰教授及首届全国教材建设奖全国教材建设先进个人证书

葛文杰教授是西工大国家工科机械基础课程教学基地和机械基础课程国家级教学团队负责人，国家教学名师，享受国务院政府特殊津贴专家。主编《机械原理》等国家级“十五”“十一五”规划教材10余部，《机械原理》（第八版）获首届全国教材建设奖优秀教材一等奖。牵头全国机械原理教学资源库建设，主持首批新工科研究与实践教改项目，主讲的“机械原理”课程先后入选首批国家精品课程、网络教育国家精品课、国家精品资源共享课程和首批国家精品在线开放课程、国家级线上一流课程和国家级线上线下混合式一流课程等。获国家级教学成果二等奖2项，省级教学成果特等奖3项、二等奖2项。获宝钢优秀教师特等奖和陕西省高校优秀教师及“陕西省师德楷模”等省部级荣誉5项。

自1959年孙桓教授带领教材建设团队出版第一版《机械原理讲义》以来，《机械原理》教材经过孙桓教授、葛文杰教授领衔的两代人倾心打造，历经九个版次，荣获多个奖项。该教材一直作为国家精品课程、网络教育国家精品课、国家精品资源共享课程、国家精品在线开放课程、国家级线上一流课程和国家级线上线下混合式一流课程的主讲教材，使用院校达430余所，年发行量近9万册，为全国同类教材水平最高、影响力最大和使用面最广的精品教材，受到同类课程广大师生及社会学者的普遍欢迎，在国内享有很高的声誉，具有显著的社会效益和影响力。

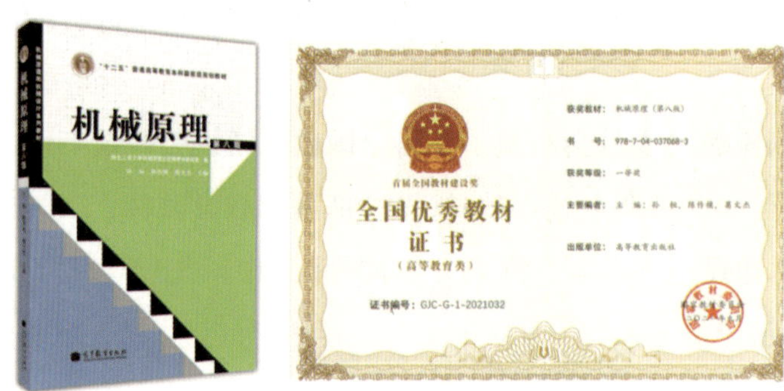

图7–7　《机械原理》（第八版）教材及首届全国教材建设奖优秀教材获奖证书

自1960年濮良贵教授带领教材建设团队出版第一版《机械零件》以来，《机械设计》教材经过多代人倾心编著，历经十个版次，荣获多个奖项。《机械设计》第四版荣获第一届全国高等学校优秀教材优秀奖，第六版荣获教育部科技进步奖二等奖，第八版被评为2007年度普通高等教育精品教材。第六版、第七版、第八版被评为“九五”“十五”“十一五”和“十二五”国家级规划教材。陈国定教授牵头主编的第十版教材于2020年再次被评为高等教育出版社优秀出版物。该教材累计发行量超过

300万册，被450多所高校使用，被“机械设计”课程教学同行公认为是国内“机械设计”课程中应用最广泛、应用效果最好、影响面最大、质量最高的教材。

图7-8　《机械设计》（第十版）教材及首届全国教材建设奖优秀教材获奖证书

《工程材料与机械制造基础》（第二版）教材是国家教学名师齐乐华教授带领教材建设团队潜心研究和编著的，汇聚了工科课程思政、一流课程建设与教学改革方面的研究成果，是在国家精品课程、国家精品资源共享课程等建设过程中及在教学改革研究和实践的基础上修订而成的，是“机械制造基础”国家级一流本科课程、国家精品课程、国家精品资源共享课程等的主讲教材。第一版教材于2006年由陕西省多所高校参与编写，获2011年陕西省优秀教材一等奖，发行量超过4万余册。第二版教材于2018年11月出版，发行量超过6000余册，受到广大师生的广泛好评和同行专家的高度认可。自出版以来，被全国多所高校使用，并作为机械制造及其自动化和机械类相近专业研究生复试参考书目。

图7-9　《工程材料与机械制造基础》（第二版）教材及首届全国教材建设奖优秀教材获奖证书

《复合材料原理》教材在张立同院士指导下，由学科带头人成来飞教授和殷小玮教授根据高等教育学校对复合创新型人才培养的需求，融入课程思政和最新科研成果，形成内容新颖、特色鲜明、架构层次分明、实用性强的一体化课程教材，具有专业性、实用性和先进性。该教材已被国内多所高校和企业科研院所作为指导教材使用，广大师生反馈该教材系统性、科学性和前沿性很强，对学习和实际科研工作帮助很大。

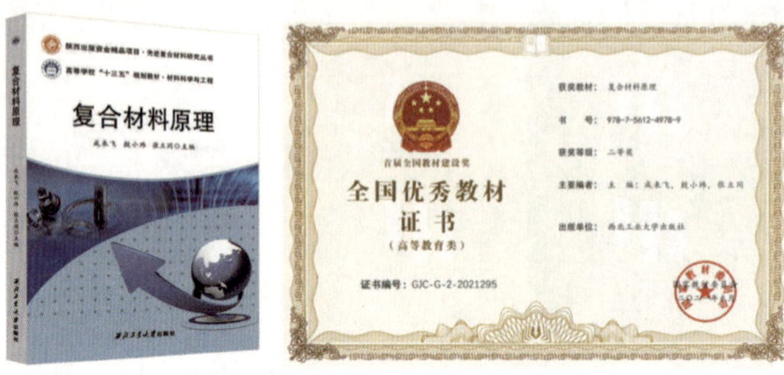

图7-10 《复合材料原理》教材及首届全国教材建设奖优秀教材获奖证书

《管理信息系统》教材是为职业教育与继续教育类学生通过网络教育平台学习而编写的。针对职业教育与继续教育类学生的特点，把管理信息系统的基本知识、典型应用系统和企业应用实践相结合，提升学生信息管理的学理论、懂技术、会应用的综合能力。本教材已在全国近200家继续教育中心使用，师生反馈好，线上课件视频链接点击率超过18万次。

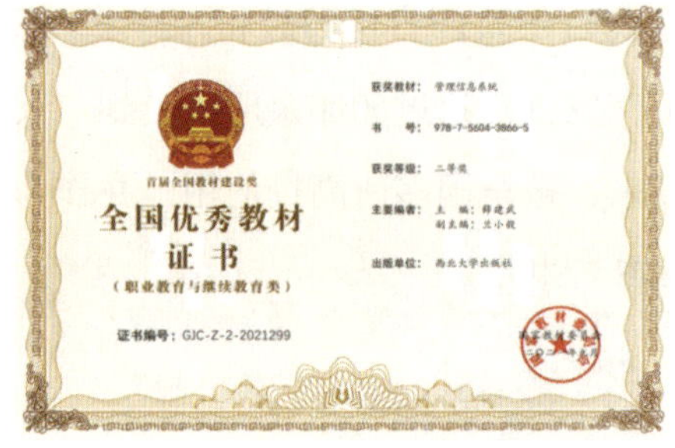

图7-11 《管理信息系统》教材及首届全国教材建设奖优秀教材获奖证书

2. 陕西省优秀教材奖

陕西省优秀教材奖于2005年在陕西省高等教育教材理事会推动下由陕西省教育厅设立。陕西省优秀教材奖每2年评选一次，分为三个等级：特等奖（2022年初次设立）、一等奖和二等奖。2005年陕西省教育厅组织了第一届陕西普通高等学校优秀教材评选工作，截至目前，共组织了10届。西工大共有59部教材入选，其中教育部兵器类教指委优秀教材3部、特等奖教材3部、一等奖教材23部、二等奖教材30部。2022年初次设立特等奖，西工大荣获本科教材特等奖2项、一等奖1项、二等奖3项。具体获奖情况见表7-1。

表7-1　2022年荣获陕西省本科生优秀教材奖的教材

特等奖	 
编著：范玮、张群、黄希桥、王可	
教材简介：航空发动机燃烧学数字课程是航空发动机及燃气轮机专业核心课程之一，本教材内容包括燃烧学基本现象、基本理论及其在航空发动机燃烧室中的应用。课程资源包括教学视频、电子教案，以及自助批改习题库等，可供高等学校相关课程教学参考	
特等奖	
主编：支希哲　　　　副主编：高行山、朱西平	
教材简介：本教材入选普通高等教育国家级“十一五”“十二五”规划教材，是国家精品课程、国家线上一流课程的配套教材。注重理论，突出能力培养，反映教育教学改革成果，包含大量自主研发的课程教学动画和视频，以及工程实践案例等优质数字教学资源	
一等奖	
主编：周军、刘莹莹	
教材简介：本教材针对高等工科院校航天类专业学科本科生和研究生的航天器姿态与轨道控制原理专业基础课程需要而编著，旨在帮助学生能够运用航天器姿态与轨道控制原理的各种基本方法综合解决较为复杂的航天器控制问题	
二等奖	
主编：李勇	
教材简介：本教材入选工业和信息化部“十二五”规划教材，是国家级一流课程“数字信号处理I”教学用书。本教材突出了理论所蕴含的物理概念描述，思路清晰，深入浅出，并与工程应用紧密结合，特色鲜明，适用于信息类本科专业的课程教学	
二等奖	
编著：张羽、黄小平	
教材简介：本教材以“层次转换”法帮助学习者了解“计算机系统”核心概念，构建“系统观”。主要内容包括计算机系统发展简史、数据和程序的机器级表示、数字逻辑基础、冯诺依曼架构、指令集结构、编译器原理、虚拟内存、上下文切换、Internet 原理及无线网络系统等	
二等奖	
主编：苏坤、郭西强、胡克刚	
教材简介：本教材以章节脉络化、知识点模块化、数字化融媒体形式呈现。每章均配备知识脉络图、本章要点和随堂练习。以10分钟知识点为独立模块录制视频和网址点播形式为读者提供数字化资源包，实现可移动学习的“智慧教材”特色	

3.西工大教材建设奖

为深入贯彻落实《关于加强和改进新形势下大中小学教材建设的意见》和全国教材大会精神，依据《普通高等学校教材管理办法》《关于开展首届全国教材建设奖评选工作的通知》等，2022年4月26日西工大审议通过《西北工业大学本科教材建设奖励办法》，并将西工大教材建设奖纳入学校本科教学卓越奖励体系，分设优秀教材奖、教材建设先进集体、教材建设先进个人、教材管理先进个人等四个奖励类别。2022年11月组织了西工大首届本科教材建设奖评选工作。目前为止两届教材建设奖共评选出优秀教材特等奖11部、一等奖19部、二等奖39部，教材建设先进集体8个，教材建设先进个人18名，教材管理先进个人7名。荣获第二届校级教材建设奖特等奖的教材见表7-2。

表7-2　荣获第二届校级教材建设奖特等奖的教材

主编：孙桓、葛文杰	
教材简介：本教材为国家级“十二五”规划教材，是在孙桓、陈作模、葛文杰主编的《机械原理》（第八版）基础上，根据《高校机械原理课程教学基本要求》，结合新工科建设与教改实践，体现中国文化引领、服务国家创新驱动发展战略和教育数字化转型的需要修订而成的一本新形态教材。	
编著：苑伟政、乔大勇、虞益挺	
教材简介：本教材为国家级“十二五”规划教材、工业和信息化部“十四五”规划教材。全书包含微机电系统（MEMS）发展历程，MEMS理论基础，MEMS设计和制造工艺，MEMS测试技术，典型微机电器件及系统等内容。	
主编：史仪凯、袁小庆	
教材简介：本教材为国家级“十二五”规划教材，也是在第二版的基础上总结、提高、精选和修订而成的。本教材基础性和应用性强，注重反映先进性和可读性，可作为非电类专业电工学少学时课程教材和中国大学MOOC电工学课程配套教材。	
主编：张娟	
教材简介：本教材为英文教材，由静力学、运动学、动力学三篇构成，内容包括静力学公理、物体的受力分析、基本力系、任意力系、摩擦、点的运动、刚体的基本运动、点的合成运动、刚体的平面运动、质点动力学、动能定理、动量定理、动量矩定理、达朗贝尔原理、虚位移原理及质点的振动等16章内容及习题。	

续表

主编：卢京潮　　　　编著者：赵忠、刘慧英、袁冬梅、贾秋玲	
教材简介：本教材系统介绍了自动控制理论的基本内容和控制系统的分析、校正及综合方法，重点突出，逻辑清晰，通俗易懂。配有附图和相应的程序，各章给出了内容提要和知识脉络图，并附有习题及答案，便于学生理解掌握课程内容。	
编著：聂玉峰、封建湖、车刚明	
教材简介：本教材面向数学专业学生系统讲述数值计算方法的理论与实践，突出科学计算思维，强化分析理论与计算实践的相互映照，关注知识结构的系统性以及跨学科融合，配套数字资源，突出学生的综合能力培养，体现教育教学改革成果。	

7.2.5　数字赋能教材管理

教务部对教材管理全过程要达成的工作目标和主要功能进行细化和分析，建设开发和迭代优化教材管理信息系统，教材管理信息系统分4个阶段、16个管理环节，如图7-12所示。教材信息库是系统核心，所有工作都围绕教材信息库开展。教材管理信息系统集成到教务系统。

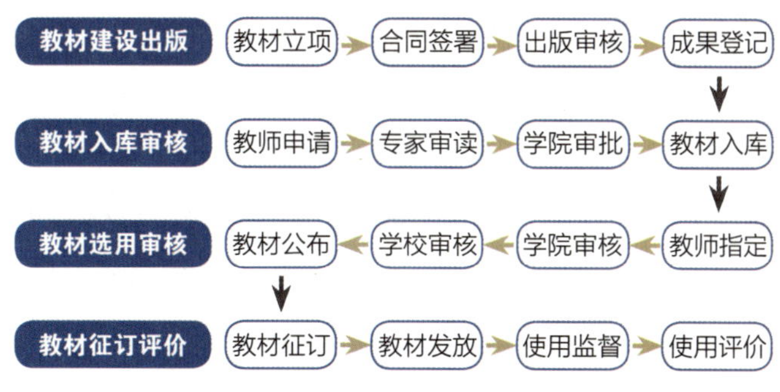

图7-12　教材管理信息系统工作流程简图

根据“1+X”教材管理制度体系，基于教材管理信息系统，研究制定了《教材建设管理流程》《马工程重点教材统一使用管理流程》《教材选用审核管理流程》《教师教学用书管理流程》《本科生教材征订流程》等，实现了教材从立项、出版、选用到评价的全流程规范管理，全面落实“凡编必审”“凡选必审”。自编教材从立项建设、审核出版、进入教材库全部采取线上管理；教师选用其他优秀教材从专家审核、学院审批到进入教材库也都进行线上管理，教材信息库与课程库紧密关联，教材入库后全校打通使用。

1. 教材规划与建设模块

教材规划与建设包括规划和立项、合同签署、出版审核与成果登记四个环节。“双一流”高校一般每五年制定一次规划，每年开展教材立项申报，组织教材建设，督查教材出版，基本采取线下工作方式。根据《普通高等学校教材管理办法》，该阶段要进行对教材编者的政审和对教材内容的审核。西工大完成每年的立项建设后，组织各教学单位在系统“教材立项”上传所有教材编者的政审意见；合同签署环节则要求教材编者与出版单位签署出版合同，并上传系统；出版审核环节则要组织专家审稿，各学院教材工作小组召开会议讨论并给定意见；成果登记环节要上传教材的封面、封底和版权页。上述环节都完成后，教材直接进入教材信息库使用。该阶段主要达成“凡编必审”的任务目标。教材成果完成进度一目了然，方便管理。

2. 教材入库与审核模块

教材入库与审核包括教师申请、专家审读、学院审批、教材入库四个环节。教材入库实行分类管理，本校建设出版的教材，在规划和建设阶段入库；国家统编教材、马工程重点教材等，由教材管理部门直接入库，不需专家审核；其他教材则需教师提出申请，专家审核通过、学院审批通过后才能入库使用，确保教材不存在问题。该阶段主要达成“凡选必审”中“教材是否能用”的任务目标。教材管理部门对旧版教材、问题教材等进行管理。

3. 教材选用与审核模块

教材选用与审核包括教师指定、学院审核、学校审核、教材公布四个环节。《普通高等学校教材管理办法》第四条规定，马克思主义理论研究和建设工程重点教材（马工程重点教材）实行国家统一编写、统一审核、统一使用。根据教学运行管理实际，可以在申请新开课、填报下学期教学任务、教材选用审核管理三个阶段开展教材选用与审核。教师申请新开课，教材是必填项，必须从教材信息库中选择。填报下学期教学任务，自动导入课程选用的教材，任课教师可以更换教材。为加强教材选用管理，院、校两级教材审核管理机构可以导出教材选用数据，对选用教材的总体情况进行统计，组织召开线下教材选用审核会议，分析和审议教材的适用性、马工程重点教材选用、教材选新和选优情况等，逐步推动教材选用质量的提升。该阶段主要达成“凡选必审”中“教材是否正确选用”的任务目标。

4.教材征订与评价模块

教材征订与评价包括教材征订、发放、使用监督、使用评价四个环节。经过教材入库与审核、教材选用与审核两个环节，确保进入课堂、进入书包的教材，都是专家审读检视、校院两级审核通过的教材，杜绝政治立场和价值导向有问题、内容陈旧等教材在课堂上使用。该阶段主要由教材管理部门和教材征订部门组织任课教师和学生根据个人需求和意愿进行征订并发放。完全学分制下，每个学生选课不同，所需订购的教材差别也很大，一年级200多个班，每个班20多人，每人10多门课程，人工征订统计填报的工作量很大。而借助教材管理信息系统，教材管理部门、教材征订和发放部门、广大师生实现了教材征订和发放的通畅链接：师生只需要选择和点击确认，教材征订部门导出教材目录并向书商下单，按照行政班级发放即可。

5.教材信息库

教材信息库是教材管理信息系统的核心，是一个全校共享的资源平台，没有学院壁垒，是本校课程选用教材的基本依据，同时汇总全校的教材建设成果，方便各类数据（如“双一流”建设监测数据、高等教育质量监测数据、学科评估数据、工程教育专业认证数据等）的统计和填报。学校教材信息库可与国家教材信息库对接，实施教材信息资源分级、分类管理，形成重点教材信息资源全过程管理体系。教材退出也实行分类管理：一类是旧版教材，正常退出；另一类是问题教材，退出的同时进入教材黑名单，教师再次将同一教材入库时加以提醒。教材进入和退出教材信息库相结合：同一教材的新版入库后，旧版教材退出；马工程重点教材入库后，其他相关教材退出；存在问题的教材坚决退出，并进入教材黑名单。

7.3　卓有成效的教材建设成果

7.3.1　国家级重点立项教材——战略性新兴领域教材建设

2023年3月，为全面贯彻党的二十大精神，深入贯彻落实习近平总书记关于教育的重要论述，深化新工科建设，加强高等学校战略性新兴领域卓越工程师培养，教育部组织开展了战略性新兴领域“十四五”高等教育教材体系建设工作：重点围绕新一代信息技术、生物产业、新能源、新材料、智能及高端装备制造、智能网联和新能源汽车、绿色环保、航空航天、未来产业，以及其他具有重要战略性、基础性的相关领域，开展“十四五”高等教育教材体系建设，并同步开展核心课程、重点实践项目、高水平教学团队建设工作，形成优质教学资源库。旨在着力破解战略性新兴领域高等教育教材整体规划性不强、部分内容陈旧、更新迭代速度慢等问题，加快建设体现时代精神、融汇产学共识、凸显数字赋能、具有战略性新兴领域特色的高等教育专业教材体系，牵引带动相关领域核心课程、重点实践项目、高水平教学团队建设，着力提升人才自主培养质量。高水平教学团队要建设以下内容：

1）专业核心教材建设。每个领域建设10～20种核心教材。要紧跟产业发展前沿，充分反映国际科研和生产最新进展；要从我国产业发展实际出发，充分反映产业发展的中国特色；要注重理论教学与实践教学的融合融汇，将自主可控技术、真实产业案例、典型解决方案等融入教材；要坚持思想性、系统性、科学性、生动性、先进性相统一，做到结构严谨、逻辑性强、体系完备。鼓励合理应用数字技术，探索数字教材等新形态教材建设。

2）核心课程建设。每种核心教材配套建设不少于5节核心范例课，充分体现课程的“高阶性、创新性、挑战度”，内容应包括但不限于概论（导论）课、核心知识讲解范例课、实验课、习题讲解课、讨论课等，形式可以是视频课、虚拟仿真实验课等各种方式。

3）重点实践项目建设。紧密结合专业特色和行业产业发展最新成果，紧密结合学校定位和人才培养特点，每本核心教材配套建设不少于10项的重点校内实验和校外综合实践项目。校内实验要坚持“能实不虚、虚实结合”，开发具有典型性的演示型、验证型、综合型、创新型的实验室实验项目和虚拟仿真实验项目。校外综合实践项目要突出科教融汇、产教融合，及时把新方法、新技术、新工艺、新标准引入教育教学实践，鼓励开展探索性科学实践项目，调动学生积极性和主动性，激发学生学习兴趣和潜能，增强学生创新创造能力。

4）高水平核心师资团队建设。以建设一流核心课程、教材、实践项目等为载体，积极组建国内外顶尖学者领衔、高水平师资构成的教学团队。要依托虚拟教研室等载体，积极开展名师示范讲解、教师培训、交流研讨等活动，提升相关专业教师的教育教学能力，每年开展各类活动不少于10次，参与教师不少于500人次。

5）编制专业核心教材知识图谱。教材建设团队需参照《新兴领域教材研究与实践项目》研究报告，进一步梳理有关新兴领域的核心课程及相应课程的知识领域、知识单元、知识点，构建各门核心课程的知识图谱。要充分借鉴国际国内一流高校新兴领域教育理念、课程设置及教学内容，广泛吸纳各方专家及产业界意见，在此基础上编制新兴领域核心课程知识体系白皮书，为开展新兴领域核心课程教学及教材编写提供有效参考。

西工大航天学院岳晓奎教授牵头组建了航空航天智能飞行器系列教材建设团队，以“十四五”国家战略性新兴产业发展规划和国际学术前沿为导向，以全面落实立德树人为目标，依托航空航天、智能无人系统等优势学科专业力量，联合北京航空航天大学、哈尔滨工业大学、中国航天科工集团有限公司、科学出版社等多方教学、科研和出版优势，坚持“智能飞行器领域优势高校共融合、高层次人才最新科研成果入教材、‘总师育人文化’为教材铸魂”的建设思路，建设出版一系列传统航空航天与新兴智能领域交叉的学科专业核心教材，加快培养航空航天领域新时代卓越工程科技人才，主动应对新一轮科技革命和产业变革。建设的19部教材全部为弘扬中国航天和国防军工精神、融汇产学共识、凸显数字赋能的新形态教材。同时配套建设一批高水平课程、重点实践项目、核心课程知识图谱等，以期以新兴交叉学科领域课程和教材建设改革的小切口带动解决新时代人才自主培养模式的大问题，实现高等教育改革创新发展强突破。航空航天智能飞行器系列教材见表7-3。

2023年11月，教育部公布了战略性新兴领域“十四五”高等教育教材体系建设团队入选名单，岳晓奎教授牵头组建的航空航天智能飞行器系列教材建设团队成功入选。全国共69支团队，超过三分之二的团队为院士和校领导领衔，其中周济、郑南宁等院士领衔37支团队，孔令讲等校领导领衔13支团队。“航空航天”领域仅3个团队获批，凸显了学校“三航”学科专业在全国的重要地位与影响，同时也是西工大国防特色系列教材建设的新突破。

表7-3　航空航天智能飞行器系列教材

序号	教材名称	主编	所在单位	出版社
1	模式识别及航空航天应用	李永波、邓子辰	航空学院	科学出版社
2	机器学习与航空航天中的结构动力学	杨智春、王乐	航空学院	科学出版社
3	空天飞行器智能感知与控制	王靖宇、张烨、谭明虎、韩治国、张科	航天学院	科学出版社
4	人工智能在飞行器智能诊断中的应用	卿新林、万方义、张春林、沈勇	航空学院	科学出版社
5	航天智能技术应用导论	岳晓奎、汪雪川、朱明珠、岳承磊	航天学院	科学出版社
6	航天智能探测原理与设计	王明明、曹建峰、曹姝清、李滚	航天学院	科学出版社

续表

序号	教材名称	主编	所在单位	出版社
7	目标探测、识别与定位技术	朱学平、李亚超、李玥、罗海波、杨军	航天学院	科学出版社
8	视觉目标探测识别与定位技术及航空工程应用	张弘、袁丁、杨一帆、赵琦、王可东	北航宇航学院	科学出版社
9	智能飞行器系统原理	郭建国、郭宗易、赵斌、许新鹏、张迪、周军	航天学院	科学出版社
10	航空发动机结构与工艺	朱继宏、蔡晋、曲敬龙、张卫红、高彤	机电学院	科学出版社
11	推进系统智能测试技术（上册）	刘存良、郭涛、石小江、张志博、白晓辉	动力与能源学院	科学出版社
12	推进系统智能测试技术（下册）	吕翔、金秉宁、沈飞、刘宝弟、石磊	航天学院	科学出版社
13	导弹智能设计技术	龚春林、粟华、刘小明	航天学院	科学出版社
14	航空发动机数字孪生的技术原理	肖洪、王栋欢、王奉明、史经纬	动力与能源学院	科学出版社
15	航空飞行器智能感知与应用技术	宋笔锋、万方义、张春林、崔卫民	航空学院	科学出版社
16	无人机对地观测与智能分析	张艳宁、王鹏、杨涛、张磊	计算机学院	科学出版社
17	飞行器智能集群技术	张栋、党朝辉、泮斌峰	航天学院	科学出版社
18	天基空间目标智能探测与感知	张艳宁、李军智、孙瑾秋、朱宇	计算机学院	科学出版社
19	航天信息工程科研创新训练指导教程	孟中杰、李伟、许锦、李青	航天学院	科学出版社
20	人工智能芯片设计	周巍、陈雷、张冠文	电子信息学院	电子工业出版社

7.3.2 工业和信息化部规划教材

2021年4月，为全面贯彻习近平总书记关于教育和教材建设的重要论述，瞄准“加快双一流建设，实现高等教育内涵式发展”目标和加强新工科建设要求，服务于工业和信息化领域高水平人才培养需要，进一步提升国防特色与信息化和工业化融合的特色教材质量，工业和信息化部开展了“十四五”规划教材建设，旨在整合工业和信息化部系统科研、产业、教育与教材资源，集中力量打造与“制造强国”和“网络强国”建设需求相匹配、内容形式创新、教学效果好的课程教材体系，不断提升工业和信息化领域人才培养质量。

工业和信息化部规划教材建设有两个主要目标：一是形成一批精品教材。服务国家重大战略需求，围绕“制造强国”与“网络强国”建设需要，紧跟国际学术前沿和时代发展步伐，适应新技术、新产业、新业态、新模式对人才培养的新要求，将科学研究新进展、实践发展新经验、社会需求新变化及时纳入教学内容。创新教材呈现方式和话语体系，与智能制造、人工智能、物联网、大数据等相结合，建成特色鲜明的精品教材体系。推出一批代表工业和信息化领域相关学科专业最高水平、反映世界科学前沿和技术发展成就的教材。公示结果显示，在7所工业和信息化部部属高校、8所C9高校（中国首个顶尖大学间的高校联盟）、5所共建高校中，共评选出343部规划教材。二是打造若干教材建设重点研究基地。以规划教材建设为载体，推进教材建设研究，构建灵活、开放、有效的创新研究机制，实现课程教材建设研究的专业化和专门化。凝聚多学科、多行业优势资源，围绕信息化和工业化融合、智能制造、数字经济等领域，打造高水平的课程教材和职业培训教材建设重点研究基地，整体提升对“两个强国”（制造强国和网络强国）建设系列规划教材的支撑能力。最终评选出15个教材研究基地。

西工大高度重视工业和信息化部“十四五”规划教材立项评审工作，细致开展组织领导，遴选推荐了一批有突出引领作用的专业核心课程教材、重要影响的专业基础课程教材、显著特色优势的新工科教材，采取线上线下多轮专家辅导，帮助作者打磨申报材料，遴选出30部本科教材、4部研究生教材、4部专著推荐申报，最终29部本科教材、4部研究生教材、4部专著获批立项。立项数量在20所高校中排名第4，是获批立项比例最高的工业和信息化部部属高校。同时获批1个教材建设重点研究基地。立项名单见表7-4和表7-5。

表7-4　工业和信息化部“十四五”规划教材重点研究基地立项名单

申报单位	基地名称	负责人
西北工业大学	智能无人系统教材建设重点研究基地	杨益新

表7-5　工业和信息化部“十四五”规划教材立项名单

序号	申报单位	教材名称	主编
1	航空学院	飞机总体设计	袁昌盛

续表

序号	申报单位	教材名称	主编
2	航空学院	飞行器气动弹性力学教程	谷迎松
3	航天学院	现代导弹制导控制（第2版）	杨　军
4	航天学院	航天飞行动力学（第2版）	方　群
5	航天学院	现代导弹总体设计原理	龚春林
6	航天学院	空天光电探测基础	刘　磊
7	航海学院	现代控制理论基础（英文版）（第2版）	杨惠珍
8	航海学院	声信号处理方法及典型应用（第2版）	曾向阳
9	材料学院	材料科学基础（第6版）	王永欣
10	材料学院	材料热力学	王锦程
11	材料学院	材料的力学性能（第2版）	张程煜
12	机电学院	航空发动机结构与工艺	朱继宏
13	机电学院	微机电系统（第2版）	苑伟政
14	动力与能源学院	航空燃气涡轮发动机结构	郑龙席
15	动力与能源学院	智能航空发动机	肖　洪
16	电子信息学院	人工智能芯片设计	周　巍
17	电子信息学院	通信原理（第3版）	张会生
18	电子信息学院	数字信号处理原理与应用（第2版）	李　勇
19	自动化学院	可编程控制器技术（第2版）	齐　蓉
20	自动化学院	机器人综合设计与实践	樊泽明
21	计算机学院	数字图像处理（第2版）	赵荣椿
22	计算机学院	程序设计基础	姜学锋
23	物理科学与技术学院	液态金属结构与性质	王海鹏
24	化学与化工学院	聚合物基复合材料（第3版）	王汝敏
25	管理学院	管理运筹学	车阿大
26	管理学院	质量管理学（第2版）	王克勤
27	软件学院	软件测试（第2版）	郑　炜
28	生命学院	现代发酵工程	师俊玲
29	无人系统技术研究院	多无人机协同智能自主攻击技术	黄汉桥
30	航空学院	航空结构动强度分析与设计	杨智春
31	数学与统计学院	合作博弈的解及其应用	徐根玖
32	管理学院	管理信息系统应用	薛建武
33	网络空间安全学院	基于大数据的网络信息内容安全与对抗	慕德俊

7.3.3　高水平系列教材

1. 材料、机械类专业教材

材料学院聚焦材料优势学科，规划了“材料科学与工程”“复合材料与工程”“材料成型及控制工程”“航宇材料分析测试与表征”四大系列教材，并与吉林大学合作共建新材料国家战略性新兴领域系列教材，承担了其中6部教材。成来飞教授与张立同院士共同编著的《复合材料原理》荣获首届全国教材建设奖优秀教材二等奖。

机电学院编著的多部机械类教材在机械教育领域影响甚大，《机械原理》《机械设计》累计发行量700万余册，《机械原理》《机械设计》和《工程材料及机械制造基础》均于2021年荣获首届全国教材建设奖优秀教材奖，其中《机械原理》荣获一等奖，《机械设计》和《工程材料及机械制造基础》荣获二等奖，《机械原理》（第八版）主编葛文杰教授获评教材建设先进个人。部分优秀教材如图7-13所示。

图7-13　材料、机械类专业教材

2. 航天类专业系列教材

面向新时代航天类人才自主培养新需求，航天学院围绕一流专业和一流课程，系统规划“航天科学与工程”1个学科基础系列+“飞行器设计与工程”“飞行器控制与信息工程”“飞行器动力工程”“空天科学技术系列教材”4个专业系列的航天类教材体系，共计45部高水平教材，其中30部已出版。在教材建设过程中，教材编写团队坚定文化自信，以中国航天精神为教材凝心铸魂；以大团队、大平台、大项目、大成果为依托，推动航天高精尖科技成果入教材，确保教材的先进性；与国防大院大所展开深度协同合作，教材融汇产学共识，建设的教材更好地满足了新时代航天领域创新发展的需要。部分系列教材如图7-14所示。

图7-14　航天类专业系列教材

3. 航海类专业系列教材

航海学院结合专业、学科特点，对“十四五”期间教材建设进行合理规划，规划了“现代水中兵器系列教材”“现代水声工程系列教材”“海洋信息处理系列化教材”三个系列教材，分别由潘光教授、雷波教授和杨长生教授牵头，目前已出版26部，其中5部为重点国防科研院所合作共建教材。教材编写团队教师以德立学、以德施教，将先进学术研究成果融入教材，紧跟学术前沿，结合丰富教学经验，做到教材内容翔实、结构合理，符合学生本科学习阶段特征及要求。部分优秀教材如图7-15所示。

图7-15　航海类专业系列教材

4. 航空发动机系列教材

“航空发动机基础与教学丛书”由西工大动力与能源学院与科学出版社合作组织编写，该套丛书的建设契合了我国高新科技进步的需求，将航空发动机领域的权威教授、专家多年的研究成果进行整理和总结，结合理论和工程应用，引导技术创新。该丛书不仅作为我国高等院校航空发动机专业的学生的教学用书，还能给航空发动机厂所的广大技术人员及飞机设计人员带来参考和帮助。航空发动机基础与教学丛书如图7–16所示。

图7–16　航空发动机基础与教学丛书

该丛书邀请了中国航空发动机集团科技委主任尹泽勇院士担任编委会名誉主任，动力与能源学院王占学教授担任编委会主任，严红、缑林峰、刘存良担任副主任，邀请动力与能源学院学术委员会成员担任编委。截至目前，已出版20部教材，其中肖洪主编的《智能航空发动机——基础理论与关键技术》入选工业和信息化部“十四五”规划教材，高文君主编的《航空发动机主轴轴承应用技术》入选教育部高等教育教学指导委员会推荐教材。航空发动机系列教材名录见表7–6。

表7–6　航空发动机系列教材名录

序号	书名	作者
1	航空发动机故障诊断	王俨剀、廖明夫、丁小飞
2	航空叶轮机先进扩稳及流动控制技术（上册）	楚武利、张皓光、吴艳辉
3	航空叶轮机先进扩稳及流动控制技术（下册）	张皓光、楚武利、吴艳辉
4	航空发动机主轴轴承应用技术	高文君、吕亚国、刘振侠
5	特殊用途喷管设计方法与应用	周　莉、史经纬、张晓博、王占学
6	航空发动机控制系统故障诊断	缑林峰、马　静、郑　华、韩光杰、韩小宝
7	航空发动机实验气动声学	乔渭阳、王良锋
8	现代叶轮机械新技术及应用	刘　波、曹志远、吴　云、茅晓晨、史　磊
9	谱方法基本原理及其在热辐射中的应用	孙亚松、李本文、马　菁、周瑞睿
10	DES类数值方法及其在压气机高保真模拟中的应用	高丽敏、李瑞宇、赵　磊

续表

序号	书名	作者
11	航空燃气涡轮发动机原理	陈玉春、贾琳渊、李　维
12	航空发动机结构强度设计与分析	陆　山、唐俊星、赵　明、景　鑫
13	颗粒介质全相态理论及数值实现	陈福振
14	轴流压气机叶型设计理念与设计方法	刘　波、茅晓晨、靳　军、陈云永、李　俊
15	航空发动机转子–支承系统的振动（上册）	廖明夫、王四季、李全坤、苏　越、马瑞贤
16	航空发动机转子–支承系统的振动（下册）	廖明夫、王四季、李全坤、苏　越、马瑞贤
17	航空发动机结冰研究	张丽芬、韩冰冰、朱鹏飞、刘振侠
18	智能航空发动机——基础理论与关键技术	肖　洪、林志富、王栋欢、李　爽
19	航空煤油超临界喷射燃烧	范　玮、范珍涔、靳　乐、董荣晓
20	航空发动机总体性能数值模拟及优化	张晓博、王占学、朱大明、叶一帆

5. 电子信息类专业系列教材

电子信息学院面向信息类专业，结合学科特点，组织教师编写专业系列教材、国防特色教材、新形态教材和数字教材，翻译高质量的外文教材，打造了高质量立体化的教材体系。“十四五”期间，规划了“通信工程”“探测制导与控制”“电子信息工程”“光电子”“电磁场”等多个系列40余部教材，已出版27部高质量教材。部分优秀教材如图7–17所示。

图7–17　电子信息类专业系列教材

6. 计算机类系列教材

计算机学院在计算机类公共基础课与新兴领域学科教材方面持续发力，与清华大学出版社合作建设了计算机类公共基础课系列教材，包括《C程序设计》《C++程序设计》《C#程序设计》《大学计算机基础》等多部教材及教辅书。

与机械工业出版社合作，在国内率先推出“智能物联网系列教材”，成立由海内外著名专家学者组成的编委会，已出版《人机物融合群智计算》《智能物联网导论》等教材，年销量均在6000册以上，在国内取得了重要的影响。

计算机学院与机械工业出版社共同发起策划“计算报国——智能计算系统”系列教材，与国内多所知名高校合作成立“计算报国——智能计算系统”高校联盟，邀请专家组建编委会，首批建设《智能计算系统导论》《数据存储系统》《移动网络系统》《智能机器人操作系统》《云边端协同系统》《嵌入式智能感知系统》《人机交互系统》《机器学习系统》《分布式数据库系统》《并行计算系统》等10部教材，如图7-18所示。

图7-18　“计算报国——智能计算系统”系列教材发布仪式

7.4　本章小结

新时代，西工大教材建设和管理的科学性、系统性、规范性不断提升，铸魂育人功能日益凸显，逐步探索出一条国防特色教材体系建设路径。随着教育改革的不断深入和技术的持续发展，特色教材体系的建设将面临更多机遇与挑战，西工大将继续坚持创新理念，持续推动习近平新时代中国特色社会主义思想进教材，坚持面向国家战略需求进行教材建设前瞻布局，加快推动教材数字化转型建设，用心打造培根铸魂、启智增慧的国防特色教材，为“总师型”人才培养提供坚实支撑。

（注：本章由孙中奎、栾义春等人编写。）

第八章

实战牵引『做中悟』实践教学体系

实践教学作为教育教学体系中的关键环节，不仅是理论知识向实践能力转化的桥梁，更是学生深入理解科学原理、掌握科学方法、提升创新能力的重要途径。西工大以构建一流实践教学体系为目标，坚持以行促知、以知导行，围绕“总师型”人才必备的“专业精、系统强、重实践、能担当”的基本素养进行全过程浸润，创新性构建了一流体系牵引、特色资源聚力、创新机制增效的“做中悟”实践教学体系，让学生在实践动手中悟情怀、悟原理、悟方法、悟创新，进一步激发学生的创新意识与实践能力，达到“要我学”向“我要学”的转变。

8.1　构建“做中悟”实践教学体系

构建进阶式“做中悟”创新实践教学体系是西工大教育改革的重要举措之一。西工大坚持以培养“总师型”人才、服务国家战略、争创一流为导向，以“强供给、筑保障、凸实效、多协同、提质量”为指导，从实践课程、创新实践、毕业论文（设计）、实习实践、资源保障等方面协同发力，实施知识原理—部件结构—系统整机进阶式培养，形成了一流体系牵引、特色资源聚力、创新机制增效的进阶式“做中悟”创新实践教学体系，千方百计让学生在实践中实现“四悟”——悟情怀、悟原理、悟方法、悟创新，促进个人成长成才。

8.1.1　加强顶层设计规划

“做中悟”实践教学体系（见图8-1），以优化实践课程为基础，建设一批特色鲜明的实践类课程，如融“理论+设计+制作+测试”于一体的专业综合设计类课程，数字赋能、极具国防特色的虚拟仿真课程；以创新毕业设计（论文）多样化选题为举措，推动产教融合、科教融合，锤炼学生扎实的知识结构、系统的整机观念和创新探索的精神风貌；以产出实践成果为导向，发挥实验技能竞赛、高年级学生大创计划、大一新生萌创计划、高水平学科竞赛等活动的引领推动作用，进一步扩大学科、专业和参与学生的覆盖面；以改革实践环节为抓手，推动产、学、研深度融合，如西工大航海学院学生登上有着“功勋训练舰”之称的海军郑和舰开展体验式实习；以改善实践条件为支撑，统筹各类经费资源投入，优先保证本科教学急需，建设一批覆盖面广、多学科、跨专业领域的实践教学平台，切实提升创新创业教育水平。

西工大将总师育人文化融入实践育人体系，不断加强实践教学制度建设，完善“评价、激励、提升”的实践教学评价机制，推动学术交流机制、科研训练考核机制，强化从知识原理到部件再到整机的理念意识，提升实践教学成效。

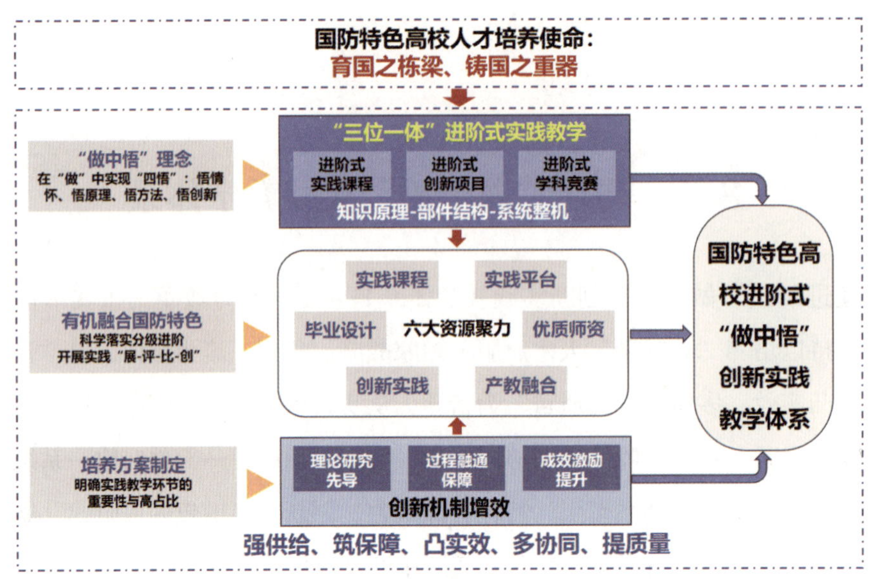

图8-1　西工大进阶式“做中悟”实践教学体系

8.1.2　实施做中“四悟”实践

西工大持续优化实践教学体系，常态化实施本科生“做中悟”实践，不断让学生在“做”中悟情怀、悟原理、悟方法、悟创新。在实践中悟情怀，即将“低调务实、兼收并蓄，厚积薄发、为国铸剑”特质内涵融入实践教学全过程，通过亲身参与和深度体验，学生能够涵养深沉的家国情怀，激发对科学探索的无限热爱和追求真理的坚定信念。在实践中悟原理，即充分发挥百余个国防军工大院大所人才培养基地育人作用，通过丰富多样的实际操作和细致入微的观察，学生将抽象的理论知识与鲜活的实践场景相融合，进而以更直观、更深刻的方式理解和把握科学原理的精髓。在实践中悟方法，即通过系统而持续的实践训练，如定期举办的“展-评-比-创”活动，引导学生主动探索、勇于尝试，并在不断调整和优化中，逐步掌握适应不同情境的最佳解决策略，提高学生独立发现和解决问题的能力。在实践中悟创新，即在实践教学的每一个环节，鼓励学生积极投身于问题解决的实践之中，勇于跨越传统界限，敢于尝试前所未有的思路与方法，逐步培养出敏锐的创新思维与卓越的创新能力。

8.1.3　举办“做中悟”系列成果展

西工大持续加强“做中悟”创新实践教学体系的宣传推广，让广大师生和社会各界了解这一教学理念。本科生“做中悟”成果展（简称成果展）以“基础创新，拔尖未来”为主题，以国家级大学生创新创业训练计划项目、本科生毕业设计（论文）、各类学科竞赛成果为展示载体，旨在进一步深化创新实践教育改革，持续搭建创新实践交流展示平台，集中展示学生创新创业成果，营造良好的科技创新氛围。

比如，第三届本科生“做中悟”成果展既是学校国家级大学生创新创业训练计划项目优秀成果的集中展示，也为参加全国大学生创新创业年会遴选出了高水平创新作品；第四届本科生“做中悟”成果展既是学校本科生毕业设计（论文）优秀成果的集中展示，也评选出了2024年“百篇优秀本科毕业设计（论文）”。成果展中涌现出的创新实践典范，是本科生创新实践教育成果的示范引导，有利于培养学生探究真理的科学精神，敢为人先的创新精神，崇尚尊重、包容、奉献的人文情怀以及对真善美的追求。（图8-2为西工大第四届本科生“做中悟”成果展现场。）

图8-2　西工大第四届本科生“做中悟”成果展现场

8.2　实施实践课程改革，提升课程质量

构建“做中悟”创新实践课程体系是西工大教育改革的重要举措之一。西工大持续改变传统的课程教学模式，将理论教学与实践操作相结合，让学生在实践中领悟知识，提高创新能力。

8.2.1　改革实践类课程设置

通过设置实践性强的课程，让学生在实际操作中锻炼自己的能力。注重课程的跨学科整合，培养学生的全面素养。加强师资队伍建设，选拔具有丰富实践经验、创新精神的教师，以提高教学质量。同时，加强对教师的培训，不断更新教育观念，提高教学能力。近年来建设了一批融“理论+设计+制作+测试”于一体，极具国防特色的实验课程。以航空工程设计类课程“飞行器结构设计”为例，课程团队坚持“基础—专业—综合交叉—创新实践”进阶式实践教学理念，立足飞机设计全过程和结构设计全流程，建设拥有歼-7、运-10等飞机的解剖结构数量多、种类全的结构陈列馆，实施“把课堂搬进航空馆”的实践教学模式，开发形成“虚拟航空馆”仿真实验平台；开发“智能无人机”项目式实验课程，通过无人机样机制作、飞行试验等环节，使学生掌握从智能无人机制作到操控的能力，以及综合运用相关知识和系统思维解决科学问题的素养。

8.2.2 建设专业综合设计类课程

西工大持续开展校级专业综合设计类课程建设工作。近五年来，共立项建设68门专业综合设计类课程（见表8-1）。该类课程旨在培养学生综合能力，通过“做中学，做中悟”的教学模式，设置每门不低于5学分且实践学时大于理论学时、集“理论+设计+制作+测试”等教学环节于一体的学科专业课程，覆盖3门及以上学科专业课程，面向高年级优秀学生开放。此类课程对教育教学模式进行创新，对教学方法进行改革，探索多样化的考核方式，切实提升了学生的创新能力、合作能力与实践能力。西工大支持立项课程类别以学科专业课程中的专业方向课程为主。

表8-1 专业综合设计类课程立项情况

序号	立项年份	课程名称	建设单位
1	2020	无机非金属材料专业综合设计	材料学院
2	2020	抗氧化碳/碳复合材料设计、制备与性能	材料学院
3	2020	新能源材料与器件综合设计实践	材料学院
4	2020	产品结构设计	机电学院
5	2020	复杂航空产品数字建模、优化与制造综合设计	机电学院
6	2020	建筑设计（一）、建筑设计（二）	力学与土木建筑学院
7	2020	力学创新与实践	力学与土木建筑学院
8	2020	航空涡轮发动机创新设计及实践	动力与能源学院
9	2020	智能人机交互与视觉感知综合设计	电子信息学院
10	2020	深度学习加速器设计与实现	电子信息学院
11	2020	光载射频通信技术综合设计	电子信息学院
12	2020	新电气工程综合科研训练	自动化学院

续表

序号	立项年份	课程名称	建设单位
13	2020	控制系统综合设计	自动化学院
14	2020	计算机系统设计	计算机学院
15	2020	人工智能综合设计	计算机学院
16	2020	数学综合能力强化	数学与统计学院
17	2020	管理运筹学理论与实践	管理学院
18	2020	信息系统分析与设计	管理学院
19	2020	软件开发基础能力训练	软件学院
20	2020	生物化学与分子生物学综合创新实验	生命学院
21	2020	生物技术专业综合设计实验	生命学院
22	2020	组织修复与免疫工程综合实践类课程	生命学院
23	2020	世界文学经典作品选读、改编与表演	外国语学院
24	2020	中外联合培养高分子材料与工程专业综合实验设计	西北工业大学伦敦玛丽女王大学工程学院
25	2020	集成电路设计与实现	微电子学院
26	2020	信息安全系统设计	网络空间安全学院
27	2020	民机结构安全性设计与适航分析专业综合设计	民航学院
28	2020	复合翼无人机设计制造与飞行技能实训	民航学院
29	2020	秦岭生态环境研究综合设计	生态环境学院
30	2020	基于机器人创新设计制作综合课程	教务部（工程实践训练中心）
31	2021	大学生微小卫星综合设计与研制	航天学院
32	2021	空间机器人在轨服务技术	航天学院
33	2021	固体火箭发动机设计与实践	航天学院
34	2021	低空反无人机系统设计与实践	航天学院
35	2021	小型火箭设计与自主飞行试验	航天学院
36	2021	水下航行器水动力外形设计	航海学院
37	2021	环境声学综合设计	航海学院
38	2021	智能机器人控制综合设计	航海学院
39	2021	无损检测方法综合设计	力学与土木建筑学院
40	2021	射频收发系统综合设计	电子信息学院
41	2021	先进毫米波雷达系统及信号处理算法综合设计	电子信息学院
42	2021	综合航电火控系统设计	电子信息学院
43	2021	机器人工程专业综合设计	自动化学院
44	2021	概率统计理论及实验仿真	数学与统计学院
45	2021	化学新实验设计与开发综合训练	化学与化工学院

续表

序号	立项年份	课程名称	建设单位
46	2021	电子商务	公共政策与管理学院
47	2021	生物工程综合实验	生命学院
48	2021	网络空间安全系统设计	网络空间安全学院
49	2021	飞行器结构设计实践（I&II）	民航学院
50	2021	智能无人系统综合设计	无人系统技术研究院
51	2023	通信/网络系统设计与实现	航海学院
52	2023	智能声纳系统设计与实现	航海学院
53	2023	新能源材料与器件专业综合设计	材料学院
54	2023	微纳传感芯片制造综合设计	机电学院
55	2023	产品设计过程综合实践（下）	机电学院
56	2023	航空综合对抗原理及仿真分析	电子信息学院
57	2023	飞行控制系统综合设计	自动化学院
58	2023	计算机系统设计	计算机学院
59	2023	数据分析与商业智能	管理学院
60	2023	细胞生物学和细胞工程虚拟仿真实验	生命学院
61	2023	高分子成型	西北工业大学伦敦玛丽女王大学工程学院
62	2023	“航空复合材料设计与制备”专业综合设计	民航学院
63	2023	计算机视觉综合设计课程	光电与智能研究院
64	2024	小型火箭设计与自主飞行试验	航天学院
65	2024	电力电子技术课程设计	自动化学院
66	2024	微系统设计制造及应用	微电子学院
67	2024	飞行器结构强度分析与实践	民航学院
68	2024	航空材料先进制造与服役性能	民航学院

8.3 强化毕业论文（设计）工作

作为高等学校人才培养的重要环节，本科毕业设计（论文）既是为了培养学生综合应用所学的基础理论、专业知识和基本技能，分析与解决实际问题的能力，也是为了在学生踏上社会岗位之前对其全面素质进行检验。

8.3.1 严格工作规范

西工大印发了《西北工业大学本科毕业设计（论文）选题与实施管理细则》，

西工大本科毕业设计（论文）选题更加宽泛、内容更加独特、知识更加全面、结果更加多样，构建多种形式实践类学习成果、积累和转换机制，旨在增强学生勇于探索的创新精神、善于解决问题的实践能力。选题全面落实“学生中心、产出导向、持续改进”理念，以学生为本，关注学生兴趣点，培养学生利用所学知识开展科学研究与解决复杂工程实际问题的能力。选题应与学生所学专业密切相关，体现该专业人才培养目标的要求。选题体现交叉融合，结合新工科、新文科建设要求，聚焦国家战略和社会发展需求，应对新业态、新经济、新技术对多元化人才培养模式改革带来的新挑战。选题难易程度要适合学生的知识和能力状况，要综合考虑时代的发展、科学技术的进步。本科毕业设计（论文）题目应准确、科学、严谨、规范，包括（但不仅限于）实践教学、科教融合、创新创业、产教融合、国际合作与本研贯通等类型，鼓励论文研究内容源于指导教师承担的科研课题、工程技术开发项目等，学生能结合科研项目进行问题研究与开发。

西工大始终坚持将毕业设计（论文）环节作为严把毕业生出口质量的重要环节，为保障本科毕业设计（论文）的质量，实施“教育部—教育厅—学校—学院”四级抽检机制，严把人才培养出口关。本科毕业设计（论文）抽检重点考查本科生基本学术规范和基本学术素养，重点对选题意义、写作安排、逻辑构建、专业能力以及学术规范等进行“合格性”考查。学院每年在本科毕业设计（论文）答辩前按照本学院制定的细则开展不少于一次的本科毕业设计（论文）抽检工作；学校则是对上一学年度授予学士学位的毕业设计（论文）按照5%的比例进行抽检。西工大本科毕业设计（论文）抽检工作得到了上海交通大学、北京航空航天大学、哈尔滨工业大学、中国科学技术大学等20余所国内一流高校的大力支持（见表8-2）。通过抽检这一机制，切实提升本科毕业设计（论文）质量和人才培养质量。

表8-2　本科毕业设计（论文）校级抽检送审学校情况

序号	学校名称	序号	学校名称
1	北京航空航天大学	14	东南大学
2	南京航空航天大学	15	南京理工大学
3	哈尔滨工业大学	16	重庆大学
4	哈尔滨工程大学	17	华中科技大学
5	大连理工大学	18	中国石油大学（北京）
6	华南理工大学	19	四川大学
7	同济大学	20	武汉大学

续表

序号	学校名称	序号	学校名称
8	上海交通大学	21	西北农林科技大学
9	天津大学	22	陕西师范大学
10	电子科技大学	23	吉林大学
11	西安电子科技大学	24	中国海洋大学
12	南京大学	25	中国科学技术大学
13	北京理工大学		

8.3.2 评选“百篇优秀本科毕业设计（论文）”

为推动高质量本科毕业设计（论文）成果不断涌现，增强指导教师教书育人的荣誉感和责任感，西工大举办了第四届本科生“做中悟”成果展暨2024届“百篇优秀本科毕业设计（论文）”评选活动（见表8-3）。

评选活动分为四大展区。“总师育人”展区主要展现总师与校内指导教师联合指导本科生开展毕业设计（论文）的研究成果，“科教融合”展区主要展现指导教师所承担重大科研项目转化为本科毕业设计（论文）的研究成果，“产教融合”展区主要展现指导教师将科技成果转化技术转化为本科毕业设计（论文）的研究成果、“创新实践”展区主要展现学生参加高水平创新实践、竞赛等转化为本科毕业设计（论文）的研究成果。学生从选题来源、解决方案、技术路线、研究成果等方面进行了答辩汇报，分享了自己在本科毕业设计（论文）开展过程中的经验与成果。专家对学生的本科毕业设计（论文）研究成果进行现场点评，对学生本科阶段扎实的知识结构、整机的系统思维、创新的探索实践和勇立潮头的精神风貌给予了肯定，最终评选出“百篇优秀本科毕业设计（论文）”。

表8-3　2024届“百篇优秀本科毕业设计（论文）”名单

序号	姓名	学生所在学院	指导教师	序号	姓名	学生所在学院	指导教师
1	罗炜佳	航空学院	李　霓	51	刘梦婵	机电学院	侯宇戬
2	徐臬臬	航空学院	周　杰	52	赵叶予	机电学院	牛晓静
3	王若辉	航空学院	李文丰	53	赵培森	机电学院	张开富
4	王天一	航空学院	梁　珂	54	陈靖雨	机电学院	常正平
5	王佳旭	航空学院	孙俊磊	55	吴宇星	动力与能源学院	周　莉

续表

序号	姓名	学生所在学院	指导教师	序号	姓名	学生所在学院	指导教师
6	吴乔榕	航空学院	王红梅	56	杨　曦	动力与能源学院	楚武利
7	杨忠鑫	教育实验学院/未来技术学院	张伟伟	57	张禛瑞	动力与能源学院	王　可
8	汪嘉睿	航天学院	刘林林	58	陈　飞	教育实验学院/未来技术学院	茅晓晨
9	刘其盛	航天学院	李　伟	59	栾晓宁	教育实验学院/未来技术学院	范　玮
10	张靖岩	航天学院	赵　斌	60	王晓超	力学与土木建筑学院	邵　腾
11	李　含	航天学院	严启龙	61	罗　钊	力学与土木建筑学院	萧　业
12	吴晨凯	航天学院	曹善成	62	肖宇航	力学与土木建筑学院	乔吉超
13	王文卿	教育实验学院/未来技术学院	王靖宇	63	李秋红	管理学院	谢　言
14	崔庆潇	民航学院	闫　浩	64	霍　钰	管理学院	薛建武
15	杨永超	民航学院	孟岭超	65	陈修阳	管理学院	王艳平
16	张彤歆	民航学院	张永杰	66	商辰宣	公共政策与管理学院	袁晓军
17	薛垚琦	西北工业大学伦敦玛丽女王大学工程学院	杜乘风	67	臧佳悦	公共政策与管理学院	李　慧
18	许修齐	西北工业大学伦敦玛丽女王大学工程学院	王松灿	68	张玉欣	公共政策与管理学院	宋丁博男
19	江梓歆	西北工业大学伦敦玛丽女王大学工程学院	禚司飞	69	张　琦	外国语学院	朱沅沅
20	吴擢钊	西北工业大学伦敦玛丽女王大学工程学院	高　峰	70	王艺霏	外国语学院	禹　杭
21	陈俊棣	西北工业大学伦敦玛丽女王大学工程学院	张秋禹	71	韩稼祥	自动化学院	李爱军
22	赵佳旺	材料学院	王　军	72	杜鑫阳	自动化学院	李广文
23	陈泽森	材料学院	樊江昆	73	曹珂馨	自动化学院	文载道
24	刘苏瑶	材料学院	周重见	74	郭子群	自动化学院	毛　帅
25	李英智	材料学院	徐　飞	75	叶航	自动化学院	李相科
26	许晨涛	材料学院	牛海洋	76	陈鸣	自动化学院	吴小华
27	曾玺霖	化学与化工学院	张和鹏	77	何狄其	教育实验学院/未来技术学院	张鼎文
28	石辰奇	化学与化工学院	郭　莹	78	梁高玮	网络空间安全学院	戚明平
29	徐森杨	教育实验学院/未来技术学院	法世鑫	79	王耀文	网络空间安全学院	刘　航

续表

序号	姓名	学生所在学院	指导教师	序号	姓名	学生所在学院	指导教师
30	李　凯	物理科学与技术学院	雷晓维	80	韩骥远	网络空间安全学院	杨黎斌
31	肖楉瀚	物理科学与技术学院	翟　薇	81	郁志明	数学与统计学院	王　刚
32	张姝睿	物理科学与技术学院	温丹丹	82	朱志岗	数学与统计学院	孙　浩
33	熊天泽	生命学院	张瑞雪	83	安博文	数学与统计学院	李文娟
34	王旭辉	计算机学院	张　枢	84	陈煜骅	微电子学院	白旭东
35	夏　卓	计算机学院	张伟伟	85	方雪阳	微电子学院	陆喜龙
36	秦璐阳	计算机学院	陈　耿	86	徐洪磊	微电子学院	马彦昭
37	张景润	教育实验学院/未来技术学院	彭佳杰	87	祝嘉骏	电子信息学院	戴玉超
38	李家源	软件学院	尤著宏	88	闫　佳	电子信息学院	翟伟乐
39	林　政	教育实验学院/未来技术学院	郭　斌	89	石玉亭	电子信息学院	王　顶
40	丁诚驿	软件学院	吴连伟	90	汪钰凡	电子信息学院	符小卫
41	韩喻泷	计算机学院	张　羽	91	雷光宇	电子信息学院	程　伟
42	曹靖卓	软件学院	王兵书	92	郭芮杉	电子信息学院	唐成凯
43	王旻安	软件学院	李伟刚	93	杨永逸	电子信息学院	李桂芳
44	王丹宏	软件学院	李鸿岐	94	刘　萌	教育实验学院/未来技术学院	姚如贵
45	杨进华	软件学院	李　易	95	陈佳琪	航海学院	潘　光
46	李佳鑫	软件学院	聂　烜	96	朱林锋	航海学院	梁　红
47	包泽艽	软件学院	干红平	97	晏焕璋	航海学院	段　睿
48	辛维强	软件学院	田春伟	98	黄　军	航海学院	李　辉
49	刘峻利	数学与统计学院	赵　斌	99	乔月依	航海学院	侯翔昊
50	张智恒	机电学院	蔡志强	100	沈常霖	航海学院	王银涛

8.4　构建实践训练体系

构建实践训练体系既是科学技术高速发展时代对人才的要求，也是学校改革人才培养模式，提高本科生培养质量的重要手段。实践训练能有效地激发学生的创造精神和意识，有利于学生创新实践能力、团队协作能力的培养和提高，目前已培养出一批交叉复合型创新人才。西工大目前主要设立了三类不同形式的实践训练活动。本科生从入校开始即通过各种渠道参与训练。其中，大学生创新创业训练计划通过强化创新能力训练，提升了学生的创新实践能力；高水平学科竞赛通过实战竞技，着力培养本科生拔尖创新能力；实验技能竞赛重视基础实践能力培养，有效夯实了本科生的专业知识运用能力。

8.4.1　实施大学生创新创业训练计划项目

大学生创新创业训练计划项目分创新训练项目、创业训练项目和创业实践项目三类，实施“校—省—国家”逐级遴选推荐制度，形成以国家级大学生创新创业训练计划项目为龙头、省级大学生创新创业训练计划项目为骨干、校级大学生创新创业训练计划项目为基础的三级大创项目实施体系，同时定期开展各级项目立项、遴选推荐、信息变更、中期检查、结题验收、年度总结、数据上报等具体工作。计划的实施，坚持“兴趣驱动、自主实践、重在过程”的原则，倡导以学生为主体开展创新性实践，加强大学生的创新创业思维训练，提高大学生的实践能力、创新创业能力和团队合作能力，营造创新创业教育的良好氛围。

1. 坚持项目带动，深入实施创新创业训练计划

完善统筹管理机制，加强对大学生创新创业训练计划的组织、实施、激励和保障。完善工作机制，将学生开展创新创业实践、发表论文、获得专利等纳入学分管理，并作为科研训练学分的重要内容。积极构建“校—省—国家”三级体系，实现不同专业大学生创新创业训练计划全覆盖。2020年以来，西工大获批大学生创新创业训练项目合计3736项（见图8-3），覆盖1.5万余名本科生。学生依托大学生创新创业训练项目支持年均发表各类论文50篇以上，年均申请各类专利近百项。

2. 整合优质资源，完善服务保障体系

一是高度重视大学生创新创业训练计划对推动人才培养模式改革的重要意义，制定《西北工业大学大学生创新创业训练计划管理办法》，不断加强大学生创新创业训练计划项目的实施管理。二是重视大学生创新创业训练计划实施的条件建设，学校的示范性实验教学中心、各类开放实验室和各级重点实验室向参与项目的学生免费提供实验场地和实验仪器设备，为参与计划的学生提供技术、场地、政策、管理等支持和创业孵化服务。同时加强经费保障，年均投入约1000万元支持各级大学生创新创业训练计划项目的顺利实施。三是重视大学生创新创业训练计划导师队伍建设，对参与大学生创新创业训练计划的学生实行导师制。鼓励校内教师担任大学生创新创业训练计划的导师，积极聘请企业导师指导学生创业训练和实践。

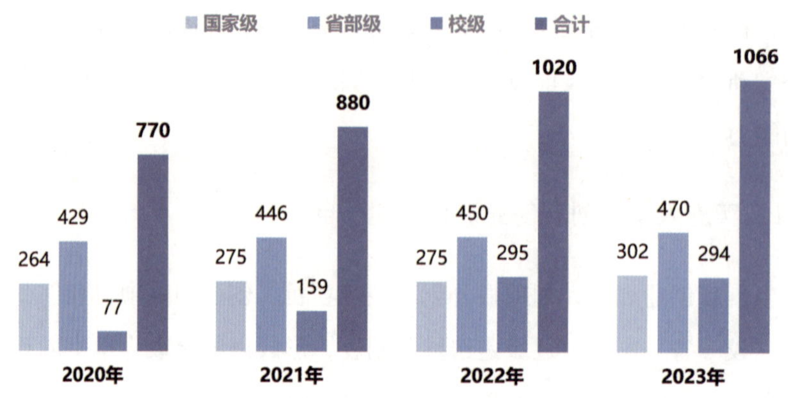

图8-3 西工大2020—2023年大学生创新创业训练计划项目立项情况

3. 注重以文化人，营造浓厚的科技创新氛围

2021年12月10日至12月12日，第十四届全国大学生创新创业年会（简称“大创年会”）在西工大长安校区成功举办。大创年会是由教育部发起和主办，依托“国创计划”（国家级大学生创新创业训练计划）开展的一项重要年度性展示交流活动，是全国高校本科教学改革中覆盖面最广、影响力最大、学生参与最多、水平最高的盛会之一。本届大创年会由西工大承办，以“锐意探索、勇敢突破”为主题，包含创新学术交流、改革成果项目展示、创业项目推介三个主题活动。来自全国30个省（市、自治区）的250余所高校师生代表、教育部和地方教育主管部门代表、“国创计划”专家组成员以及行业代表共900余人参加了线上线下会议。

本届大创年会共收到部属高校和地方教育主管部门推荐项目847项，其中，学术论文368篇，经验交流项目367项，创业推介项目112项。最终遴选出参加本届年会的学术论文199篇，经验交流项目250项，创业推介项目65项，共计514项参与年会交流，项目覆盖全国30个省（市、自治区）的299所高校，参会作品代表了全国各高校最新的创新创业教育成果。大创年会期间，通过学术报告、创业项目推介和现场展板演示等多种方式，集中展示大学生的科技创新作品，活动形式多样，内容丰富，精彩纷呈，涌现出大批优秀的学术成果和精彩创意。西工大荣获唯一“特殊贡献奖”（见图8-4）。

西工大坚持将学科竞赛作为实践育人的重要抓手，旨在丰富校园学术氛围和文化氛围，培养大学生的创新思维和解决实际问题的能力，增强大学生的团队合作精神，促进学科专业建设和课程教学改革，推进素质教育，激发学生的学习兴趣，加强学生创新精神、科研能力和团队精神的培养，探索协同育人新路径，推动人才培养模式改革，造就知识、能力、素质协调发展、具有创新精神和科研能力的高素质人才。

图8-4 西工大荣获第十四届大创年会“特殊贡献奖”

8.4.2 构建“三级进阶式”学科竞赛

近年来，西工大以构建“价值塑造、启迪思想、唤起好奇、激发潜能、探究知识、个性发展”六位一体的培养理念为目标，发挥学科优势，搭建平台，汇聚资源，设立大学生创新实践基地，开展丰富多样的学科竞赛展示活动，指导学院建设校级、省级、国家/国际级三级进阶式竞赛体系（第一阶是校级竞赛——实现“人人参与”；第二阶是省级、区域竞赛——实现“好中选优”；第三阶是国家级、国际级竞赛——实现“优中选强”），推动竞赛培训过程体系化、内容普及化、作品成果化，确保本科生四年内至少参与一次创新实践活动，实现以赛促学、以赛促练、以赛促教，积极营造良好的科技创新校园文化氛围。在学科竞赛培养体系中创设符合新生难度的项目、鼓励新生从入校即开始了解并参与各类高水平学科竞赛，充分激发学生创新创造热情，让学生在比拼中了解项目学习、研究和管理的过程，初步形成创新实践能力。2024年6月，西工大举办了工业和信息化部部属高校竞赛评估与管理体系研讨会（见图8-5），邀请工业和信息化部人事教育司教育处郑天翔、陕西省教育厅高教处马飞跃、电子科技大学原校长曾勇、浙江大学求是特聘教学岗教授陆国栋以及北京航空航天大学等6所工业和信息化部部属高校的资深专家参会，加强了兄弟高校间、教师与学生之间的交流，探索拔尖创新人才培养路径和方式，促进了指导教师理论与实践水平的提高。

西工大先后主办、参与全国未来飞行器设计大赛、全国海洋航行器设计与制作大赛等国内外高水平竞赛并取得优异成绩，部分赛事持续保持优势地位。近五年来，大学生学科竞赛获省部级以上奖项5667余项，其中国际级奖项440余项、国家级奖项1230余项。高水平学科竞赛本科生参与面覆盖全部学院，获奖数量稳步提升。

图8-5 工业和信息化部部属高校竞赛评估与管理体系研讨会留念

1. 加强学科竞赛基地建设

从1992年创建的第一个数学建模创新基地至今，共发展出航空科技、微小卫星、机器人、电子设计、程序设计、模拟联合国等57个创新实践基地（见表8-4），加强典型引领，让创新实践行为成为校园时尚。学生提供跨学科、跨领域、跨院校的实践、交流平台，为开展各级各类科技创新活动提供场地、设备、指导老师等方面支持。目前西工大有包括院士、国家教学名师等在内的高水平教师参与创新实践指导工作，依托完善的科创竞赛指导支持体系为提升学生综合实践能力提供保障。同时立足国家战略发展需求及学校特色，出台了《西北工业大学大学生创新实践基地管理办法》，明确了大学生创新实践基地管理的指导思想、基本原则和总体目标，逐步建立起制度合理、运行稳定、管理有序的大学生创新实践基地。

表8-4 西工大大学生创新实践基地名单

序号	基地名称	序号	基地名称
1	大学生航空科技创新实践基地	30	大学生电子商务创新实践基地
2	大学生未来航天器设计与制作创新实践基地	31	大学生超级计算机系统创新实践基地
3	大学生微小卫星及应用创新实践基地	32	大学生人工智能竞赛基地
4	大学生未来水下航行器设计与制作创新实践基地	33	物联网竞赛创新实践基地
5	大学生材料科学与工程创新实践基地	34	中国大学生计算机设计大赛基地
6	大学生微/纳米“小精灵”创新实践基地	35	大学生计算机系统能力创新实践基地

续表

序号	基地名称	序号	基地名称
7	大学生舞蹈机器人创新实践基地	36	大学生数学能力创新实践基地
8	大学生力学创新实践基地	37	大学生统计建模创新实践基地
9	大学生动力系统节能减排创新实践基地	38	物理学科竞赛创新实践基地
10	大学生电子设计创新实践基地	39	大学生光电设计竞赛基地
11	智能无人系统创新实践基地	40	基础化学创新实践基地
12	大学生足球机器人创新实践基地	41	大学生未来创业领军人才培养创新实践基地
13	大学生程序设计创新实践基地	42	项目策划与项目管理创新实践基地
14	大学生数学建模创新实践基地	43	企业经营与创业模拟创新实践基地
15	大学生软件工程创新实践基地	44	未来财智领航者创新实践基地
16	大学生英语创新实践基地	45	数研智创管理创新实践基地
17	大学生模拟联合国创新实践基地	46	新文科创新实践基地
18	RoboMaster机甲大师基地	47	生命科学创新实践基地
19	国家大学科技园大学生创新实践基地园大学生创新实践基地	48	集成电路设计创新实践基地
20	大学生工程训练综合能力创新实践基地	49	网络空间安全大学生创新实践基地
21	大学生机械设计创新实践基地	50	生态学学科竞赛基地
22	大学生工业工程改善创意创新实践基地	51	大学生节能汽车创新实践基地
23	大学生工业设计创新实践基地	52	国际化创新实践基地
24	三维产品设计与建模基地	53	大学生工程训练与创新能力竞赛基地
25	结构设计创新实践基地	54	工程创客基地
26	国际大学生理论力学创新实践基地	55	3D数字化创新基地
27	数字艺术未来设计师学科竞赛基地	56	无人飞（航）行器创新实践基地
28	大学生数智建筑创新实践基地	57	材料工程创新实践基地
29	智能飞行机器人基地		

2. 动态调整学科竞赛名录

西工大注重学科竞赛研究分析，每年动态调整学科竞赛名录，并按照“综合类、理工类、人文社科类”竞赛分类，鼓励学院自主承办全国性、国际性品牌赛事活动，鼓励组织参与跨学科、不同层次、受益面大、参与面广、具有高水平和影响力的竞赛项目，不断完善学科竞赛布局，推动所有本科专业学科竞赛项目全覆盖。2024年新认定的“本科生学科竞赛项目名录”（见表8-5），将中国高等教育学会学科竞赛排行榜中所列与西工大学科专业相关的竞赛全部纳入，学校认定竞赛由上一版的66项扩增到114项，进一步发挥目标导向作用。

表8-5 西工大认定的本科生学科竞赛项目名录

序号	竞赛名称	序号	竞赛名称
1	中国国际大学生创新大赛	58	高等院校项目管理竞赛
2	“挑战杯”全国大学生课外学术科技作品竞赛（“大挑”）	59	全国企业竞争模拟大赛
3	“挑战杯”中国大学生创业计划竞赛（“小挑”）	60	“学创杯”全国大学生创业综合模拟大赛
4	中国国际飞行器设计挑战赛	61	“科云杯”全国大学生财会职业能力大赛
5	中国大学生飞行器设计创新大赛	62	全国大学生物流设计大赛
6	立方星及应用创新设计大赛	63	全国大学生能源经济学术创意大赛
7	全国海洋航行器设计与制作大赛	64	全国高校商业精英挑战赛
8	全国大学生金相技能大赛	65	中国大学生服务外包创新创业大赛
9	中国大学生机械工程创新创意大赛	66	“中国软件杯”大学生软件设计大赛
10	全国大学生微结构摄影大赛	67	全国大学生软件创新大赛
11	全国大学生焊接创新大赛	68	全国大学生计算机系统能力大赛
12	iCAN大学生创新创业大赛	69	“外研社杯”全国大学生英语系列赛
13	中国机器人大赛暨Robocup机器人世界杯中国赛	70	“21世纪杯”全国英语演讲比赛
14	中国高校智能机器人创意大赛	71	全国大学生英语竞赛
15	中国机器人及人工智能大赛	72	“外教社杯”全国高校学生跨文化能力大赛
16	睿抗机器人开发者大赛（RAICOM）	73	纽约国际模拟联合国大会
17	中国大学生工程实践与创新能力大赛	74	中国模拟联合国大会
18	全国大学生机械创新设计大赛	75	西北工业大学模拟联合国大会
19	陕西省工业工程改善创意竞赛	76	全国大学生信息安全竞赛
20	全国大学生工业设计大赛	77	全国大学生信息安全与对抗技术竞赛
21	全国大学生广告艺术大赛	78	国际遗传工程机器设计竞赛（Igem)
22	未来设计师·全国高校数字艺术设计大赛	79	全国大学生生命科学竞赛（CULSC）
23	全国大学生先进成图技术与产品信息建模创新大赛	80	全国大学生机器人大赛 RoboMaster
24	全国周培源大学生力学竞赛	81	中国大学生方程式汽车大赛
25	全国大学生结构设计竞赛	82	全国三维数字化创新设计大赛
26	全国高校BIM毕业设计创新大赛	83	全国大学生集成电路创新创业大赛
27	全国数字建筑创新应用大赛	84	国际军事无人系统创新大赛

续表

序号	竞赛名称	序号	竞赛名称
28	全国大学生节能减排社会实践与科技竞赛	85	“飞天杯”未来航天器创新设计应用大赛
29	全国大学生智能汽车竞赛	86	全国仿真创新应用大赛
30	全国大学生嵌入式芯片与系统设计竞赛	87	中国大学生塑性工程创新创意大赛
31	全国大学生电子设计竞赛	88	国际互联网奥林匹克学科竞赛——材料力学
32	FIRA世界杯	89	国际大学生工程力学竞赛
33	全国机器人锦标赛	90	国际互联网奥林匹克学科竞赛——理论力学
34	ACM-ICPC国际大学生程序设计竞赛	91	台达杯国际太阳能建筑设计竞赛
35	中国高校计算机大赛	92	国际先进机器人及仿真技术大赛
36	全国大学生电子商务“创新、创意及创业”挑战赛	93	“九斗杯”全国大学生物理知识竞赛
37	ASC世界大学生超级计算机竞赛	94	陕西省大学生化学实验邀请赛
38	全国大学生RDMA编程挑战赛	95	“尖烽时刻”全国商业模拟大赛暨Cesim Elite中国区赛事
39	全国大学生物联网设计竞赛	96	“能源杯”全国大学生财会技能大赛
40	中国大学生计算机设计大赛	97	陕西省“福思特杯”大学生财税技能竞赛
41	华为ICT大赛	98	西部高等学校新商科大赛
42	全球校园人工智能算法精英大赛	99	全国大学生软件测试大赛
43	大学生数学建模竞赛	100	日内瓦国际模拟联合国大会
44	全国大学生数学竞赛	101	中国日报社21世纪全国模拟联合国大会
45	全国大学生统计建模大赛	102	陕西省大学生天然药物微视频大赛
46	阿里巴巴全球数学竞赛	103	中国大学生电动方程式大赛
47	丘成桐大学生数学竞赛	104	中国复合材料学会大学生科技创新竞赛
48	西北工业大学数学竞赛	105	全国大学生“数智素养”案例创意设计大赛
49	中国大学生物理学术竞赛	106	全国高等学校钢结构创新竞赛
50	全国大学生物理实验竞赛	107	“飞航杯”智能装备设计大赛
51	全国大学生光电设计竞赛	108	CSIG图像图形技术挑战赛
52	全国大学生化学实验创新设计大赛	109	全国大学生化学实验竞赛
53	“卓越杯”大学生化学新实验设计及化学实验技能竞赛	110	CMAU全国大学生市场研究与商业策划大赛
54	全国大学生化工实验大赛	111	西北地区模拟联合国大会
55	全国大学生化工设计竞赛	112	国际空间科学与载荷大赛
56	全国高等院校数智化企业经营沙盘大赛	113	全国大学生生物医学工程创新设计竞赛
57	全国大学生市场调查与分析大赛	114	合成生物学竞赛

3. 优化激励政策，严格学科竞赛规范管理

完善竞赛激励机制，对竞赛组织积极、成绩优异的学院给予奖励；将教师指导学生在高水平学科竞赛中获奖纳入工作量考核体系；制定创新与拓展学分认定细则，充分发挥学科竞赛促进带动作用，将学科竞赛获奖、参与创新实践训练、开展实践活动等计入学分，激发学生内生动力。推动建设学科竞赛管理系统，为重大学科竞赛提供完整的展示平台，助力竞赛成果交流与推广，不断扩大学科竞赛影响力和受益面；建立规范科学的学科竞赛管理流程，对竞赛申请、评审、立项、培训、成绩、成果转化、教学研究、经费等进行统一管理。部分获奖情况如图8-7～图8-9所示。

图8-7　第十七届全国大学生节能减排社会实践与科技竞赛（西工大获得一等奖1项）

图8-8　第十三届全国大学生金相技能大赛（西工大获得一等奖2项）

图8-9　第十三届全国海洋航行器设计与制作大赛（西工大获得特等奖5项）

8.4.3　创新实验技能竞赛

西工大组织各学院实验教学中心创新性地开展大学生实验技能竞赛（2024年西工大实验技能竞赛项目列表见表8-6）。通过竞赛项目的开展进一步推动课程实验教学内容研究探索、工程实践、自主创新的改革，提高大学生的实践能力和创新意识，促进实验教学水平与教学质量的提升，加强学生动手能力的培养和工程实践能力的训练，激发学生的学习兴趣和潜能，增强团队合作和创新精神，提高学生发现问题和解决实际问题的综合能力，也有助于为学科竞赛遴选输送优秀的学生。

表8-6　2024年西工大实验技能竞赛项目列表

序号	学院	竞赛名称
1	材料学院	工程材料-金相显微组织分析实验技能竞赛
2	机电学院	电工电子技术实验技能竞赛
3	力学与土木建筑学院	力学实验技能竞赛
4	电子信息学院	信号与系统仿真实验技能竞赛
5	电子信息学院	电路基础实验技能竞赛
6	电子信息学院	模拟电路实验技能竞赛
7	电子信息学院	数字电路实验技能竞赛
8	自动化学院	自动控制原理实验技能竞赛
9	计算机学院	计算机网络实验技能竞赛

续表

序号	学院	竞赛名称
10	计算机学院	程序设计能力竞赛
11	计算机学院	计算机组成与系统结构实验技能竞赛
12	物理科学与技术学院	物理实验技能竞赛
13	化学与化工学院	普通化学实验技能竞赛
14	化学与化工学院	专业化学实验技能竞赛
15	化学与化工学院	化学创新实验设计赛
16	管理学院	商务数据分析与应用竞赛
17	管理学院	复杂系统仿真建模与分析实验技能竞赛
18	网络空间安全学院	网络空间安全实验技能竞赛
19	生命科学与医学学部（生命学院）	生命科学实验技能竞赛
20	生命科学与医学学部（生态环境学院）	生态学实验技能竞赛
21	工程实践训练中心	工程能力——非金属激光切割机实验技能竞赛
22	工程实践训练中心	工程能力——焊接创新设计实验技能竞赛
23	工程实践训练中心	工程能力——单片机原理实验技能竞赛
24	工程实践训练中心	工程能力——掐丝珐琅的设计与制作实验技能竞赛
25	工程实践训练中心	工程能力——“机器人+”工业机器人与智能制造系统实验技能竞赛
26	工程实践训练中心	工程能力——三维数字化创新设计实验技能竞赛
27	工程实践训练中心	工程能力——热处理工艺设计实验技能竞赛
28	工程实践训练中心	工程能力——水下机器人实验技能竞赛
29	工程实践训练中心	工程能力——特种陶瓷制作实验技能竞赛
30	工程实践训练中心	工程能力——未来飞行产品创新设计制作实验技能竞赛

8.5 深入一线厂所实践培养系统整机观念

近年来，西工大按照新时代对本科人才培养的要求，坚持“以本为本”，落实“四个回归”，深化“产教融合”，推进“协同育人”，以一流本科人才培养行动计划为引领，深入一线大厂大所大院开展实习实践，培养系统整机观念，构建创新型高质量实习教学体系。制定了《西北工业大学一流本科人才培养行动计划》，将深化实践教学改革、强化校企协同育人等加强本科实习工作的举措纳入其中，一体推进。修订了《西北工业大学实习工作管理办法》，做好顶层设计规划，加强学生实习制度建设，结合各专业特点和人才培养目标，系统制定实习教学大纲，科学安排实习内容。

8.5.1　加强校企协同育人

西工大与中航、中国航发、中国航天科工、中国船舶等军工科研单位，以及华为、中兴、百度、阿里等知名创新型企业开展合作，以产业和技术发展的最新需求推动人才培养模式改革，引导学生以问题和课题为核心开展项目式实习实践，健全合作共赢、开放共享的实践育人机制。西工大作为全国航空系统厂（所）院校实习联合体成员之一，增进了全国航空类院校与企业的交流，加快了航空系统厂（所）与高校的深度合作进程，为学生的实习提供更多的机会和更好的条件（见表8–7），为提高学生的实践能力打下良好的基础，以培养出更多更优秀的人才。以国家级、省级一流专业建设带动本科生实习基地建设，切实提高本科生实习质量。通过科研合作、发挥校友作用等方式，加强实习基地建设，加强校企合作，拓展更多的实习岗位和单位，共同探讨实习教学的改进和创新，共同促进实习教学的发展和提高，提升学生在实习过程中的参与度。同时，不断拓展实习基地功能，积极发挥实习基地在毕业生就业、教学反馈及高校科研成果转化方面的作用。

表8–7　全国航空系统厂（所）院校实习联合体实习情况

序号	单位名称	校内单位	专业	实习人数
1	成都飞机工业集团	机电学院	飞行器制造工程	30
2	昌河飞机工业（集团）有限公司	航空学院	飞行器设计与工程	30 ~ 50
3	成都发动机公司	机电学院、动力与能源学院	能源与动力工程	30 ~ 50
4	沈阳黎明航空发动机集团有限责任公司	动力与能源学院	能源与动力工程	30
5	西安飞机工业（集团）有限公司	航空学院、机电学院、自动化学院	飞行器设计与工程、飞行器制造工程、自动化	200 ~ 300
6	江西洪都航空工业集团公司	航空学院	飞行器设计与工程	30 ~ 50
7	东安发动机（集团）公司	动力与能源学院	能源与动力工程	30
8	中国航空工业集团有限公司金城南京机电液压工程研究中心	航空学院、自动化学院	航空航天工程、自动化	50 ~ 60

8.5.2 打造多样化实习模式

对于学生，实行小班化实习，根据学生、专业特点，个性化定制实习内容。对于军工院所，以服务国家战略需求为牵引，实行科研制实习。对于企业，实行项目式实习，引导大学生以问题和课题为核心开展创新实践。不断深化产教融合，大力推动实习基地建设，鼓励建设满足多专业实习需求的综合性、开放共享型实习基地。加强实习基地质量建设，充分发挥国家级工程实践教育中心等高水平实习基地的示范引领作用，以国家级、省级一流专业建设带动一流实习基地建设，提升“做中悟”实习效果。西工大目前建有本科生实习基地149个（见图8-10）。

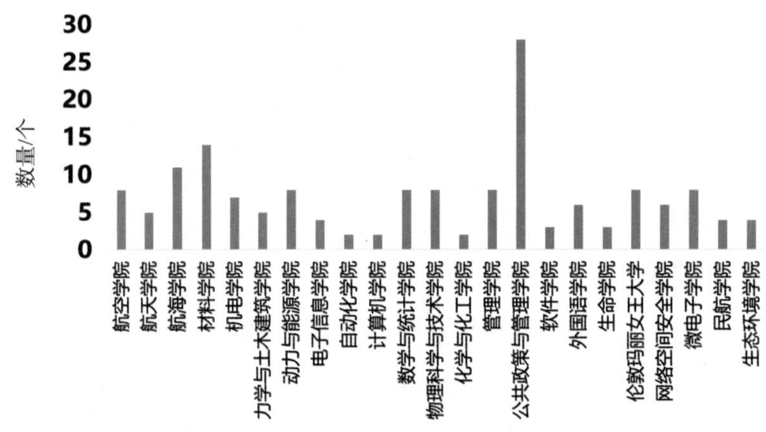

图8-10 西工大本科生实习基地建设情况

8.5.3 构建实习荣誉体系

西工大通过表彰、奖励教学单位和实习队，为全校树立实习工作的楷模榜样，发挥典型示范作用和广泛辐射作用，以此来调动全校师生参与实习工作的积极性、主动性和创造性，发挥示范引领作用。2023年，共评选出21支实习队获得本科生优秀实习队（见表8-8），5个教学单位获得本科生实习优秀组织单位。

表8-8 西工大2023年本科生优秀实习队名单

序号	学院	实习队名称	实习指导教师
1	航空学院	“指引未来，翱翔蓝天”南京液压实习队	秦冬阳、牛晓燕、吴青青
2	航空学院	西北工业大学航空学院赴中航工业航宇救生装备有限公司实习队	王　刚

续表

序号	学院	实习队名称	实习指导教师
3	航天学院	“军–校–企”协同实践育人队	李　伟、孟中杰、许　锦、韩治国、郭　宁、周国财
4	航天学院	航天学院四川航天系统工程研究所实习队	郭　宁、袁　源
5	航天学院	航天飞行器动力工程实习队	朱韶华、王亚军、许　锦
6	航海学院	西北工业大学航海学院体验式航海实习队	任　峰、戚　茜、雷　波
7	航海学院	中国船舶汾西重工实习队	蔚　婧、刘　禄、雷　波、李道江
8	航海学院	中国飞机强度研究所实习队	雷　烨、白富实
9	材料学院	塑性成形实习队	杨艳慧
10	材料学院	复合材料代表队	王　晶、陈　超
11	机电学院	飞行器制造工程专业解放军5719厂生产实习队	王　展、李西宁
12	机电学院	“知行并重，芯片报国”——微系统工程系赴中航电测生产实习队	吕湘连、张和民
13	机电学院	北京精雕生产实习队——工业工程及机械电子工程	张　莹、于薇薇
14	动力与能源学院	动力与能源学院大三本科生赴贵阳143厂实习队	黄希桥、张　丽
15	电子信息学院	电子信息学院联合实习二队	汪跃先、冯　琦、范一飞、张双喜、刘自成
16	物理科学与技术学院	强理学之基、筑航空之魂	姜亚军、付全红、王　民、汪姚岑
17	管理学院	东航实习小队	周琛淏
18	软件学院	软件学院华迪人工智能实习队	马春燕、干红平、刘　杰、王　犇、李　勇、李　易、汪彦婷、王　丽、张欣颖、蔡康英、王江江、赖世文
19	生命学院	生命健康防护实践队	张文娟、蒋春美、张妍妮、王素芳
20	民航学院	民航学院2020级本科生赴太仓智汇港实习队	张晓化、和　麟、叶信立、车　路、戴　维、全　勇、秦　阳、李　善、陈　杨、黄　甲、刘文城、朱　军、陈建林、徐　扬、赵　闻、邵　可、党庆庆、马宗耀、张天伟、刘少华
21	生态环境学院	森林生态系统课程实践队	原作强、王芸芸

典型实习案例

2023年8月，在海军机关和相关院校的统筹组织和精心安排下，西工大航海学院40名师生与来自其他高校的师生一同登上有着“功勋训练舰”之称的海军郑和舰，开展了为期六天的体验式航海实习（见图8–11）。郑和舰从旅顺港出发，经停烟台港和威海刘公岛，最后抵达青岛港。航海学院学子秉承“红色烙印、蓝色情怀”的精神文化，团结协作、认真思考、亲身实践，与舰艇一道乘风破浪、挺进深蓝，在茫茫大海上展示了西工大人的风采。海军大连舰艇学院教员们为同学们讲授了舰艇安全管理、海军知识等丰富充实的理论课程内容，同学们对海洋环境、海洋安全、舰艇情况等相关海洋知识有了详细了解并产生极大兴趣，掌握国防知识，汲取理论智慧，获益匪浅。通过这一航海实习，西工大学子的海洋素质得到极大提升，加深了对人民海军的理解，与官兵们培养出深厚的情谊，还拓展了视野、磨炼了意志，是一次优秀的爱国主义教育与实践的深度融合。

图8–11　航海学院学生登舰前在码头上与郑和舰合影

2024年8月，在海军机关和相关院校的统筹组织和细致安排下，西工大航海学院40名师生与来自清华大学、北京大学、上海交通大学和哈尔滨工业大学的师生一同登上我国自主设计建造的目前吨位最大、现代化水平最高的专业训练舰——海军戚继光舰，开展了为期8天的海军首届“深蓝启航”体验式航海实习。这是西工大学生连续2年登上海军舰艇参与相关实习实践，坚定了学生科技报国、服务海洋的理想信念，体现了西工大致力于培养立大志向、上大舞台、入主战场、成大事业的新时代大学生。

这次“深蓝启航”实习包括观摩体验舰上日常事务、学习航海相关课程、参观海军装备设施和纪念场馆等内容，不仅为学生提供了切身感受海洋科学前沿研究成果的平台，激励大家拓宽专业视野，而且能够磨砺学生意志品质，是一次优秀的爱国主义教育与专业知识实践的深度融合。在这次实习中，海军戚继光舰从旅顺港出发，经停烟台港、烟台南隍城岛和荣成石岛，最后抵达青岛港（见图8-12）。在为期八天的体验式实习活动中，航海学院学子与海军官兵同舟共济、朝夕相处，充分展现了西工大人的独特风采。这次实习活动激励同学们立大志向、上大舞台、入主战场、做大贡献，发扬“敢为人先、攻坚克难、团结协作、无私奉献”的航海精神，立志以坚定的信念和卓越的才能，服务国家海洋强国战略，为建设海洋强国作出新的更大贡献。

图8-12　航海学院本科生登舰前在码头上与海军戚继光舰合影

2023年4月，全国航空系统厂（所）院校实习联合体第二十一届年会（简称“实习年会”）在太仓智汇港成功举办（见图8-13）。实习年会深入学习贯彻习近平新时代中国特色社会主义思想主题教育，聚焦一流本科人才培养，以“新时代本科生实习工作高质量发展”为主题，交流、研讨本科生实习工作新动向和新问题。来自全国航空系统高校及厂（所）140余名代表参加会议。西工大作题为“立德树人、守正创新，本科实践教学创新发展的探索与实践”的大会报告，提出“以一流本科人才培养行动计划为引领，构建创新型高质量实践教学体系”，围绕实践教学制度体系、实验课程、实验平台、创新创业教育、产教融合等方面内容，介绍了西工大通过“做中悟”，培养“总师型”拔尖创新人才的做法与经验。

图8-13　全国航空系统厂（所）院校实习联合体第二十一届年会留念

8.6　打造一流实践共享平台

《西北工业大学一流本科人才培养行动计划》明确提出了建设开放共享的一流实验平台，支撑学生动手实验能力提升。《普通高等学校本科教学工作合格评估指标和基本要求》中对实践教学学分占比提出了明确要求：人文社科类专业实践教学占总学分（学时）不低于20%；理工农医类专业实践教学比例占总学分（学时）比例不低于25%；综合性、设计性和创新性实验项目达到60%以上，着力提升学生创新能力、合作能力与实践能力。西工大以“专业实践教育+行业特色训练+创新能力提升”为主线，以国家级实验教学示范中心为引领，以省部级实验教学平台为牵引，以虚拟仿真实验教学平台为载体，建设一流实验教学平台，为学生实验技能到创新能力进阶提供优质资源保障。

西工大“十三五”期间购置设备6206台套，建设88个实验平台，2个创新实践训练平台，支撑实验课程240门，支持综合创新性项目110多项，支持本科生竞赛、各类学科竞赛5400人次，进一步加强了学校的实验教学能力，为学校整体办学能力提升提供了支撑。以4个国家级实验教学示范中心、2个国家级虚拟仿真实验教学中心、17个省部级实验教学示范中心、3个省级虚拟仿真实验教学中心作为优质学科资源、科研成果转化的主体，从工程实践与科学研究环节提取创新型和应用型研究题材作为实验课程的教学内容，不断提高创新实验项目。充分利用虚拟仿真技术，将信息化教育技术与传统教学深度融合，突破传统实验教学中的瓶颈，从实验原理、过程可视化、模拟极端环境等多个维度建设虚拟仿真实验教学项目。西工大每年支持教学单位的实验教学资源建设，购置、升级本科实验教学、实习实践所需的仪器设备，建设基础、专业、虚拟仿真三大类别教学实验室，建设互联网教学示范区，从软、硬件上改善教学实验基本条件，满足本科教学改革对实验教学的基本要求，保障本科实验教学的正常开设和运行，稳定了教学质量，夯实了学生基础实验、专业实验和工程实践基础，培养学生的科学实验操作技能、从事科学实验的初步能力和素养，打造基础、综合、创新三结合的实验教学效果。

西工大坚持先进的实验教学理念，充分发挥实践教学在增强学生的社会责任感、激发学生的创新精神、培养学生的实践能力等方面的重要作用，形成重视实践教学、实践教学与理论教学协同培养高素质专门人才和拔尖创新人才的良好氛围。坚持先进的实验教学方式方法，创新和使用多样化的教学方法、现代化的教学手段，充分发挥多学科优势，积极开发综合性、设计性、创新性实验项目，合理调节基础实验和专业实验的比例。坚持先进的实验教学队伍建设模式，重视实验教学队伍建设，制定相应政策，采取有效措施，鼓励高水平教师投入实验教学工作。建设实验教学与理论教学队伍互通，教学、科研、技术兼容，核心骨干相对稳定，年龄、知识、能力、素质结构合理的实验教学团队。坚持先进的仪器设备配置和安全环境，按照科学规划、资源整合、开放共享、高效管理原则，建设面向多学科、多专业的示范中心。坚持先进的实验教学信息化水平。推进信息技术与实验教学深度融合，建设各类信息化教学资源，如以信息类综合创新实验平台建设为试点（见图8-14），探索建立校内不同单位公共实验教学平台共建共管机制。

图8-14　西工大信息类综合创新实验平台

8.6.1 一流国家级实验教学平台引领

西工大现有4个国家级实验教学示范中心，即航空国家级实验教学示范中心、材料国家级实验教学示范中心、机械基础国家级实验教学示范中心、力学国家级实验教学示范中心；2个国家级虚拟仿真实验教学中心，即飞行器设计与工程虚拟仿真实验教学中心、机械基础与航空制造虚拟仿真实验教学中心。

国家级实验教学示范中心秉承“价值塑造、能力培养、知识传授”三位一体的人才培养理念，坚持落实立德树人根本任务，紧紧围绕培养具有家国情怀的高素质领军人才这个目标，构建“基础实验—综合运用实践—创新能力”三位一体的实验实践教学体系。师资队伍依托优势学科资源，构建以院士引领，国家级人才为核心，中青年教师为骨干，传统优势学科与新兴交叉方向协调发展的高水平实验教学师资队伍。选聘企业院所总师、技术骨干担任兼职教师，校企协同组建团队指导实习实训、毕业论文、“双创”竞赛等。实验教学示范中心多渠道筹措资金引进先进的仪器设备，提升实验教学设备水平。统筹科学研究和社会服务，优先保障大型仪器设备满足实验教学所需。依托学校学科优势，进一步强化虚实结合的实验课程建设。建议基础实验以实为主，专业实验能实则实、虚实并重。建设线上线下混合式实验课程，以虚拟实验为先导，引发学生思考，以实际实验为主导，强化解决工程问题能力，发挥好虚拟实验与实际实验的不同作用，相互补充，相互支撑。进一步加强校企合作，依托联合研究中心、实践基地等，发挥企业兼职教师的作用，从工程实际中提炼科学问题，通过工程案例牵引学科专业理论知识学习，培养学生发现问题、分析问题和解决问题的能力。进一步发挥国家级实验教学示范中心示范引领作用。

以重要科研成果为牵引，有规划地建设了涵盖航空、材料、机械基础、力学等专业的虚拟仿真实验课程，覆盖理论基础、成型加工、性能、测试技术等实验内容，形成了层次多样、内容全面、开放共享的虚拟仿真实验课程群，建设的虚拟仿真实验教学课程、一流在线课程、综合设计类课程、数字化教材等数字化教学资源在主流在线学习平台免费开放运行。深入开展教学改革，全面建成一流教学资源，并稳步推进教学资源共享，积极为其他高校教学科研，以及社会公众科学素养提升等提供优质平台。2022年以来，4个国家级实验教学示范中心牵头、参与建设教育部首批虚拟教研室各1项，主持国家级新工科、教育部产学研协同育人和省部级教改项目12项，发表教学研究论文13篇，发表C刊、双索引高水平教改论文5篇。获得4项国家级教改项目、2项欧盟Erasmus+CBHE计划项目、23项省部级教改项目支持，并积极将科研成果和先进技术转化为实验教学项目与设备，转化教学案例150余项、转化实验装置28套，新增实验项目资源近60个。开发实验课程47门、建成国家级一流课程18门，省部级一流课程11门，出版实验教材/专著35部、国家级规划教材8部，2021年获首届全国教材建设奖优秀教材一等奖1项、二等奖2项。参与建设教育部首批虚拟教研室各1项，辐射全国30余个省/直辖市200余所高校；获国家级教学成果二等奖3项，陕西省教学成果特等奖4项、一等奖1项、二等奖2项；新增国家教学名师1人、省级教学名师2人，获评全国教材建设先进个人1人，“宝钢优秀教师奖”特等奖1人、教师奖2人。近年来，国家级虚拟仿真实验教学项目“高性能增材制造实验”选课人数累计超过10万人，省级虚拟仿真实验一流课程，线上学习总人数达6.5万余人，国家精品课程“机械原理”、国家一流课程“材料科学基础”“飞行器设计实践”学习人数累计超过260万人；推广应用于大连理工大学、南京航空航天大学和中北大学、火箭军工程大学、空军工程大学、西安航空学院、长安大学多所高校；受邀在高教博览会、教育论坛、实验教学研讨会等高水平会议进行经验交流；每年接待40余所兄弟院校、科研院所、知名企业来中心交流访问，推广了先进的实践教学经验；举办了多样的培训科普活动，常态化面向社会开展仪器设备操作和实践技能培训，累计参与人数超过万人，各类仪器设备年均开放机时4万余小时；开展科普活动进校园，年均数千中小幼学生受益。

优秀案例

以培养世界一流航宇制造“总师型”人才为目标的国家级机械基础实验教学示范中心建设与实践案例

以培养既具有学科交叉与科研能力、创新实践与组织能力，又具有家国情怀、人文素养、国际视野和战略高度的世界一流航宇制造“总师型”人才为目标，通过“党建驱动、系统整合”“产教融合、校企协同”“名师领航、思政铸魂”等方式，打造了面向学科交叉和知识贯通的航宇制造特色实践教学平台，构建了面向工程研究和技术创新的机械基础实验教学体系，营造了“总师型”育人文化氛围并培育了高水平实验教学团队。

（1）建设理念

国家级机械基础实验教学示范中心按照“学练创赛、交叉协同、虚实融合、标志产出、育才铸魂”的建设思路，打造以“航宇制造”为特色的“设计—制造—检测—装配—优化”能力全流程、知识贯通式的机械基础实验教学体系（见图8–15），营造航宇制造“总师”文化育人氛围，铸造机电学院兴国强军追梦之魂。

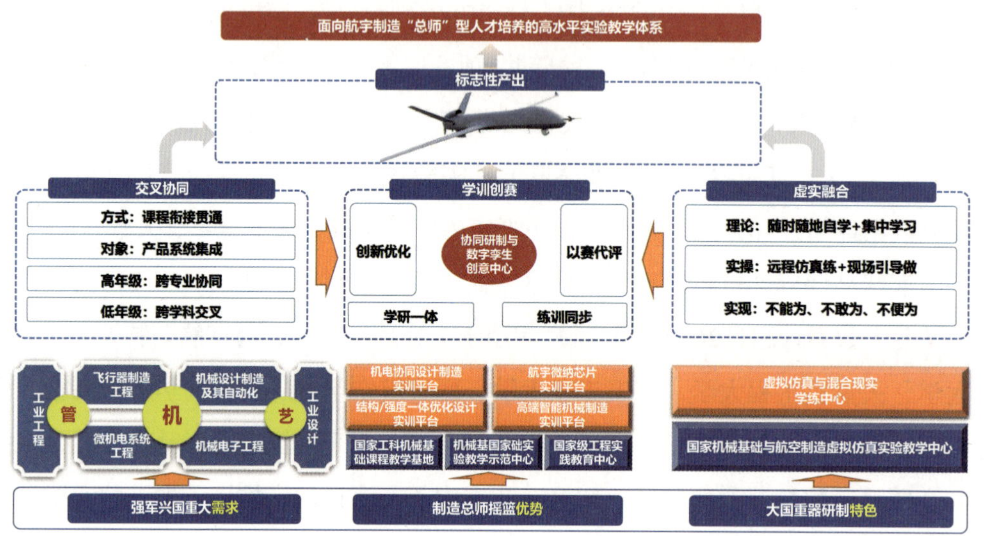

图8–15　面向世界一流航宇制造“总师型”人才培养的机械基础实验教学体系

（2）主要举措

1）“党建驱动、系统整合”，打造面向学科交叉和知识贯通的航宇制造特色实践教学平台。

在机电学院党委的指导下成立了机械基础实验教学示范中心党支部，发挥党支部战斗堡垒和党员先锋模范作用，新增或修订日常管理、安全培训和考核激励等制度、办法，规范实验教学质量保障和资源开放共享等内容共10余项，保障了中心健康持续发展。同时以国家级课程和教材等教学资源为驱动、以国防重大型号产品与项目为牵引、以构建教学科研全能型实验教学组织为目标，整合实验岗位资源，完善实验队伍考核制度与激励办法。

面向航宇制造“总师型”人才培养需求，按照学科交叉、知识贯通的思路，将机电学院不同学科和专业的教学与科研资源进行学研一体化整合，发展形成了以航宇制造为特色的“设计—制造—检测—装配—优化”的能力全流程、知识贯通式的实践教学模式。

按照此实践教学模式改造中心教学科研实验室面积3518㎡，构建了具有“学科交叉、知识集成”特征的“航宇设计”“航宇制造”“机电控制”“微纳芯片”等四大综合实训平台（见图8-16）。

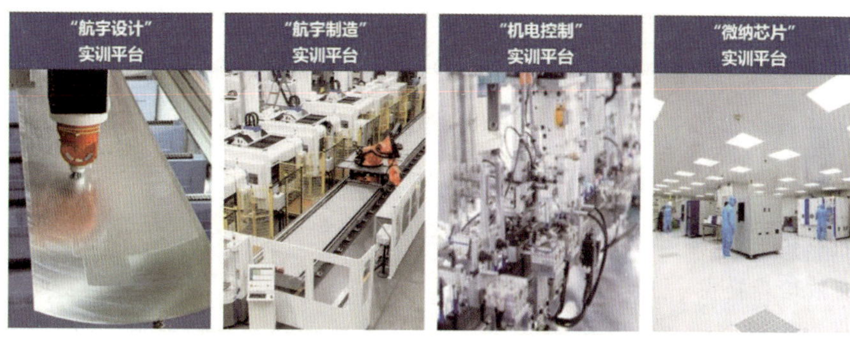

图8-16　面向不同学科和专业的综合实训平台

2）“产教融合、校企协同”，全面构建面向工程研究和技术创新的机械基础实验教学体系。

按照课程方向划分出五个实验教学单元，并依据所承担的教学任务与相关头部企业对接，推动企业高端资源转化为优质实践教学内容。根据企业工程研究需求对实验教学内容、实验教材、教学方法、考核评价模式等进行更新和完善，以企业人才需求为导向，完善合作规划，加强过程管理，建立高效的管理模式和开放共享机制。

深化“总师型”人才培养实践教育改革，与中航工业西飞合作建立了国家级工程实践教育基地；与中国航发南方在校企协同育人方面进一步深化合作，合作共建工业和信息化部航空发动机智能制造协同育人示范基地；面向电工电子创新实践教学，与业内领先企业普源精电合作建立实验室，就本科课程建设、高阶实验教学展开深入合作；与雷尼绍、大京科技联合共建实验室，校企协同助力本科生了解和使用前沿测试测量技术。

围绕航宇制造特色，将技术创新成果融入教学环节，培育了《机械原理》《机械设计》《工程材料与机械制造基础》《计算机辅助几何造型技术》等一批高水平教材，以及10余门国家级一流课程；以科研项目内容为基础，以智能化、系统性、虚拟性和创新性为特点，已建成上线“微型航空发动机数控加工与精密装配实验”“飞机零部件装配过程虚拟仿真实验”“航空零件数控加工虚拟仿真实验”“单缸内燃机机械结构与分析虚拟仿真实验”等7项机械基础类与航宇制造类的省级和校级虚拟仿真实验。

3）“名师领航、思政铸魂”，倾心营造“总师型”育人文化氛围，培育高水平实验教学团队。

按照培养科研实践能力强、组织实施意识好的航宇制造“总师型”人才的目标，形成了以国家级/省级教学名师、一流课程和优秀教材等教学资源为驱动、以国防重大型号产品与项目为牵引的一流研究型创新教学团队，将学科科研优势和专业教学资源纳入实验教学各环节，依托国家级和省部级教学科研平台建设了舞蹈机器人、微/纳米“小精灵”等8个创新实践基地，广泛支持学生参加国际、国内各种学科竞赛和创新创业实践活动，为“总师型”人才所需的科研能力、组织能力、国际视野和战略高度的有效培养提供了土壤。

通过“育引聘”多管齐下建成“校内+企业”国家级实验教学团队。聘任全国五一劳动奖章获得者何小虎进入国家一流专业核心课程教学团队，讲授陕西省课程思政示范课程“计算机辅助几何造型原理”；聘任学院优秀校友北京精雕科技集团有限公司董事长蔚飞担任客座教授，合作建立了面向航宇先进制造领域的微细切削实验室。

坚持“扎根西部、献身国防”传统，通过名师“传帮带”推进师德传承与课程思政建设，建设了课程思政案例库和课程思政系列教材。通过两院院士、国家教学名师、国家级人才的教学示范，助力实践教学的价值塑造和成长引领，校企协同构建本科生航宇制造产教融合实践教学平台（见图8-17），铸造机电学院航宇制造“家国情怀、科学思维、工程伦理、工匠精神”这一“总师”文化育人之魂。

图8-17　校企协同构建本科生航宇制造产教融合实践教学平台

8.6.2　一流省部级实验教学平台带动

西工大现有省部级实验教学示范中心17个：航天实验教学中心、航海实验教学示范中心、机电实验教学示范中心、电工电子实验教学示范中心、土木建筑实验教学中心、航空动力实验教学中心、自动化实验教学中心、计算机实验教学中心、物理实验教学示范中心、化学实验教学中心、管理实验教学示范中心、文科综合实验教学中心、生命科学实验教学示范中心、软件工程实验教学示范中心、网络空间安全实验教学中心、工程实践训练中心、西工大通信系统实验教学中心；陕西省虚拟仿真实验教学中心3个：航空动力系统虚拟仿真实验教学中心、材料科学与工程虚拟仿真实验教学中心、海洋工程与技术虚拟仿真实验教学中心。

省部级实验教学示范中心根据《西北工业大学实验教学示范中心管理办法（试行）》制定、修订相关规章制度，涵盖了实验教学运行、教学质量保证、安全教育管理、设备开放共享等内容，形成了“学校—学院—中心”三级管理制度体系。强化科研育人功能，不断开发创新实验项目，提高了拔尖创新人才培养质量；坚持开展有组织的教学研究和课程建设，持续融入课程思政元素和科研项目成果，推动科研项目及成果理论化、装置化和系统化，打造了高水平、立体化教学资源，建立了科学、系统、前沿的课程思政教学体系；大力开展实验条件和数字资源建设，扩充实验教学场地，购置研究型设备、自制/改装教学装置，不断健全教学评价和保障体系，加强安全责任体系建设，为拔尖创新人才培养提供了有力的实验教学条件保障；互通共建，多元吸纳，激发团队活力，形成了以中青年为主、学历构成和职称结构合理的产学研一体的教学团队，团队水平和人才层次稳步提升。

省部级实验教学示范中心根据“厚基础、宽口径、重能力、求创新”的培养原则，突出“优化创新‘通识+学科专业+个性发展+素质拓展’的模块化课程体系，建设丰富多元发展的课程群，为学生多样化发展路径提供课程教学资源支撑”；“推进教学模式和教学内容改革，引导激发学生的学习主动性，增强学生的自主学习能力”。

“以学生发展为中心，深化小班化教学、翻转课堂、研究型教学、混合式教学、启发式研讨式互动式教学等多样化教学模式改革，提升课堂教学质量”；“构建与理论教学相结合的基础实验、综合实验、创新实验、实习实训、毕业设计等实践课程体系”；“建立‘本研衔接’的课程体系，满足学生对不同层次知识的需求，提升本科生对科研工作的兴趣与能力”；“建设开放共享的一流实验平台，支撑学生动手实验能力提升”；“与创新型企业深度合作，优化培养方案、教材、课程、教学设计、实习实训等”；“发挥各类高水平创新创业竞赛和各类学科竞赛的带动作用，为学生

‘敢闯会创’提供竞技交流平台”；等等。

省部级实验教学示范中心开展分层次人才培养要求，更新部分演示实验项目，增加课程的现代化程度，提升基础教学效果，逐步增加常规开设实验项目，以部分传统实验项目为试点，逐步更换传统设备，实现实验的信息化和现代化，并对实验课程进行模块划分，满足不同大类学生培养的个性化需求。将设计与探究型专业实验与课程融合，开设相关专业的综合设计性课程，结合理论课程和实验实践，使学生坚持在做中学且边做边学，培养基础学科拔尖创新人才。

省部级实验教学示范中心始终将学生创新创业能力培养作为教学实践中的重要抓手，经过实验实践课程训练提高后，组织学生参加各类创新创业实践训练项目和国内外高水平学科竞赛，支持创新创业活动，将知识传授与创新创业相结合，充分发挥实践教学在增强学生的社会责任感、激发学生的创新精神、培养学生的实践能力等方面的重要作用。支持教师开展科研育人探索实践，通过采取吸纳学生参与科研创新项目、以科研创新项目指导学生毕业论文选题、将科研成果融入教材和课堂教学等方式将科研创新成果转化为教学资源，构建“做中学、做中悟”等“产教研”融合的教学体系，实现了科研反哺教学的良性循环。

优秀案例

航海实验教学示范中心加强海洋工程大类复合型创新人才培养案例

根据“厚基础、宽口径、重能力、求创新”的培养原则，航海实验教学示范中心突破原有的专业框架，构建宽口径的课程体系，建立了7个课程群，不断强化实践教学类课程的内涵建设。在大类培养方案中，每个阶段均配备实践类课程，将新工科思维贯穿人才培养全过程。在通识教育方面，以金工实习、基础课程实验等夯实学生的工程基础；在专业需求方面，除各类实习、毕业设计外，还开设了40余门实践实训课程，供学生选修以提高专业实践能力；在个性发展方面，通过各类竞赛、企业课题等，使学生参与到具体的项目中，锻炼综合实践能力。

整合实验、实习、创新创业课、开放实验项目、科研课题、各级竞赛和产学研项目，以“专业实践教育—行业特色训练—学科创新竞赛”为主线，设置层次分明的实践任务，形成进阶式实践教学内容体系（见图8-18），实现工程教育全覆盖。该体系能激发学生的自主学习意识，将被动接受变为主动学习，使学生能理论联系实际，既能从实验中验证所学知识，又能运用所学知识去创造开发，实现知识到成果的转化。探索出“实践引兴趣、兴趣带学习、学习提素养、素养促发展”的实践指导模式和“指导—引导—自导”的竞赛指导模式。以军民融合的共性关键技术为对象，引领学生参与军民融合型高水平科研项目并积极投身创业活动，让拔尖创新人才脱颖而出。

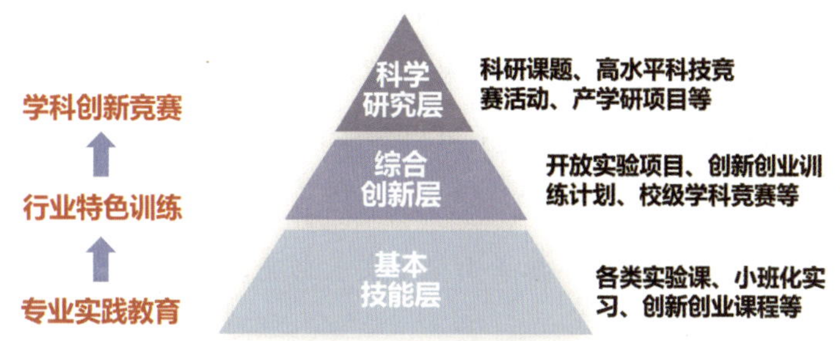

图8-18　进阶式创新实践能力培养模式

针对海洋装备与水下航行器的复杂性，以型号项目和高水平科技活动为切入点，合理配置不同专业、年级、层次的学生组成实践团队，学生通过亲身参与过程，体验技术、实践、组织的有机协同，逐渐树立起“大工程观”。在理论教学时，各专业采用“并行”的教学模式，在实践教学中实行“并行+串行”多专业协同创新的教学模式（见图8-19）。在这样的多专业协同创新实践模式中，学生既可以验证本专业知识，亦可以学习其他专业的知识，真正做到边做边学、边学边用，最终成长为成行业复合型创新人才。

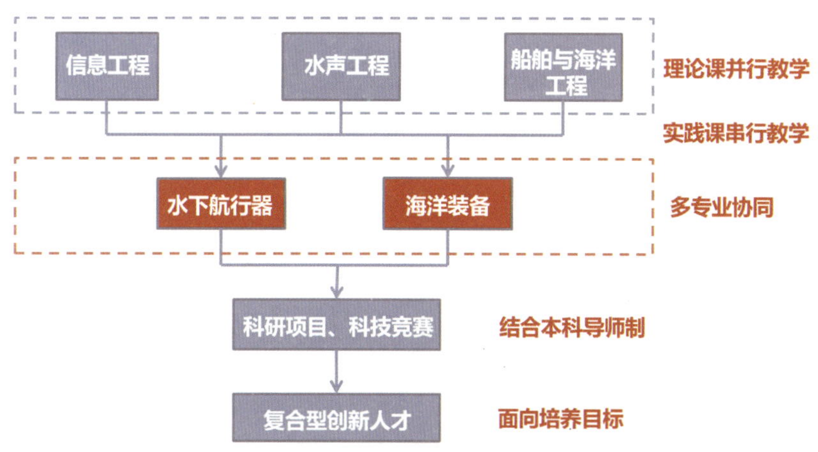

图8-19　“并行+串行”多专业协同创新实践教学模式

8.7 本章小结

西工大千方百计推动学生在实践中学习、在实践中成长成才，不断完善“做中悟”实践教学体系，让学生在实践动手中悟情怀、悟原理、悟方法、悟创新。坚持将“总师育人文化”融入实践育人体系，从改革实践课程、强化毕业论文（设计）、构建实践训练体系、加强实习实践、优化资源保障等方面协同发力，深入推动产、学、研深度融合，实施“知识原理—部件结构—系统整机”进阶式培养，完善“评价、激励、提升”的实践教学评价机制，提升实践教学成效。

（注：本章由张学良、彭亮、王青青、谢潇潇等人编写。）

第九章

优势引领 打造『科研育人』范例

在当今高等教育领域，科研与教学的深度融合已成为提升人才培养质量的关键路径。西工大高度注重教育科技人才三位一体融合，以高水平科研、高层次人才为支撑，以“科研反哺”赋能“总师型”人才培养，不断激发教育新动能新优势。强化培养质量进阶，以国防重大型号与项目为牵引的一流研究型创新教学团队为主体，依托国防军工重大科研项目凝练形成适合本科生的毕设选题、实验内容、实验项目等，倡导高层次人才作为指导教师参与创新实践项目。将科研优势转化为人才培养优势，引导学生将理论运用于科研，培养学生系统思维，提高解决复杂工程实际问题的能力。

9.1　科研成果进课程

西工大积极与科研机构、企业等建立长期合作关系，共同开发课程资源。通过紧密的合作，将最新的科研成果及时引入课堂，同时为学生提供宝贵的实践机会，促进产学研的深度融合。通过不断深化改革、加强合作、完善教学体系，培养出更多具有创新精神和实践能力的“总师型”人才。

9.1.1　创新科研与教学的结合方式

利用现代信息技术手段，如人工智能、虚拟现实等，丰富教学手段，使教学更加生动有趣。同时，采用项目式学习、翻转课堂等教学方式，引导学生主动探究，培养其创新思维和实践能力；鼓励教师参与科研项目，将最新的研究成果融入课堂教学，让学生及时了解学科前沿动态。同时，邀请科研人员参与课程设计，共同开发具有创新性的实验课程，提高学生的实践能力和创新思维。

9.1.2　完善课程设置与科研内容更新

在课程设置上，重学科交叉融合，打破传统学科界限。通过开设跨学科课程，让学生能够综合运用不同领域的知识解决实际问题。同时，定期更新课程教学内容，确保与最新的科研成果保持同步；根据社会发展需求和学生个性化发展需要，调整课程结构，增加跨学科课程和选修课程，为学生提供更多选择空间。同时，注重课程内容的更新与完善，确保课程内容的科学性和前瞻性。

9.1.3　推动实践教学课程共建

在课程共建方面，西工大坚持学校主导、学院主建的原则，加强引进国防军工企业开设的高水平特色课程，与国防军工企业共建各类课程45门（见表9-1），包含公共基础课程、学科专业课程、实验核心课程等，持续深化产教协同育人。

加大实验教学的比重，提高学生的动手能力。通过开展科研项目、学科竞赛等活动，鼓励学生参与实践，培养其解决问题的能力。同时，加强与企业的合作，为学生提供实习机会，让他们在实践中了解行业需求和前沿技术。

表9-1　西工大与国防军工企业共建课程情况

序号	课程代码	课程名称	开课学院	授课人	授课人所在单位	课时
1	U01M11188	飞机结构复合材料修理技术	航空学院	袁一彬	航空工业成都飞机设计研究所	2
2	U01P21010	飞行器设计实践	航空学院	付　清	航空工业第一飞机设计研究院	2
3	U01P41001	认识实习	航空学院	金心丽	航空工业第一飞机设计研究院	2.5
4	U01P41001	认识实习	航空学院	辛国华	航空工业第一飞机设计研究院	2.5
5	U01P41001	认识实习	航空学院	吴　硕	中国直升机设计研究所	2.5
6	U01P41001	认识实习	航空学院	徐玉貌	中国直升机设计研究所	2.5
7	U01P41001	认识实习	航空学院	杨　超	庆安集团有限公司	2.5
8	U01P41001	认识实习	航空学院	史志富	庆安集团有限公司	2.5
9	U01P41001	认识实习	航空学院	冯小玉	中航西安飞机工业集团股份有限公司	2.5
10	U01P41001	认识实习	航空学院	张　爽	中航西安飞机工业集团股份有限公司	2.5
11	U01P41002	生产实习	航空学院	金心丽	航空工业第一飞机设计研究院	2.5
12	U01P41002	生产实习	航空学院	辛国华	航空工业第一飞机设计研究院	2.5
13	U01P41002	生产实习	航空学院	吴　硕	中国直升机设计研究所	2.5
14	U01P41002	生产实习	航空学院	徐玉貌	中国直升机设计研究所	2.5
15	U01P41002	生产实习	航空学院	杨　超	庆安集团有限公司	2.5
16	U01P41002	生产实习	航空学院	史志富	庆安集团有限公司	2.5
17	U01P41002	生产实习	航空学院	冯小玉	中航西安飞机工业集团股份有限公司	2.5
18	U01P41002	生产实习	航空学院	张　爽	中航西安飞机工业集团股份有限公司	2.5
19	U02L11002	中国航天精神	航天学院	梁小虹	中国运载火箭技术研究院	2
20	U02P41003	生产实习	航天学院	候　虹	中国空空导弹研究院	4
21	U02P41003	生产实习	航天学院	张　华	中国航天科技集团有限公司第七研究院	4
22	U02P41003	生产实习	航天学院	孙再庸	中国航天科工集团第六研究院41所	4
23	U02P41003	生产实习	航天学院	王拴虎	中国航天科技集团有限公司第六研究院11所	4
24	U02P41006	认识实习	航天学院	李彦彬	空军工程大学	4
25	U03G11003	感悟深蓝	航海学院	刘郑国	中国舰船研究院（中国船舶集团有限公司第七研究院）	2

续表

序号	课程代码	课程名称	开课学院	授课人	授课人所在单位	课时
26	U03G11003	感悟深蓝	航海学院	徐　猛	重庆前卫科技集团有限公司（国营第662厂）	2
27	U03G11003	感悟深蓝	航海学院	王　征	中国船舶集团有限公司第七〇八研究所	2
28	U03G11003	感悟深蓝	航海学院	顾长捷	山西汾西重工有限责任公司（884厂）	2
29	U03G11003	感悟深蓝	航海学院	王方勇	中国船舶集团有限公司第七一五研究所	2
30	U03G11003	感悟深蓝	航海学院	王晓林	中国船舶集团有限公司第七一〇研究所	2
31	U03P41037	生产实习	航海学院	丁　扬	中国船舶集团有限公司第七一三研究所	4
32	U03P41037	生产实习	航海学院	李才峰	汾西重工集团有限责任公司	4
33	U03P41037	生产实习	航海学院	赵一峰	中国船舶集团有限公司第七一五研究所	4
34	U03P41037	生产实习	航海学院	侯　峰	中国飞机强度研究所	4
35	U03P41037	生产实习	航海学院	王倩倩	陕西千山航空电子有限责任公司	4
36	U03P41037	生产实习	航海学院	高兴文	中国船舶集团有限公司第七〇五研究所昆明分部	4
37	U03P41037	生产实习	航海学院	刘　超	航天科工海鹰集团有限公司	4
38	U03P41037	生产实习	航海学院	卫　超	山西平阳机械厂	4
39	U08M11063/U08M11053	模拟电子技术基础	电子信息学院	陈　雷	中国航天科技集团公司第九研究院772所	2
40	U08P51005	高频电子线路课程设计	电子信息学院	斉继峰	中国飞机强度研究所	4
41	U08P51005	高频电子线路课程设计	电子信息学院	赵鸿森	中国飞行试验研究院	4
42	U08M11196	扩频通信	电子信息学院	张中英	中国空间技术研究院西安分院	8
43	U08P21053	航空综合控制系统实验	电子信息学院	韩　云	中航工业集团公司洛阳电光设备研究所	32
44	U08P41012	生产实习	电子信息学院	韩云，等	中航工业集团公司洛阳电光设备研究所	32
45	U08M11103/U08M11120	综合航空电子系统	电子信息学院	陆　屹	中航工业集团公司沈阳飞机设计研究所	4

9.2 科研成果进教材

9.2.1 科研成果进教材实施路径

科研成果进教材对于丰富和更新教学内容、提高教学质量和效果、推动科研与教学相长以及适应时代发展需求等方面都具有重要意义。《普通高等学校教材管理办法》从教材编写、审核、选用等多个环节对科研成果进教材提出了要求，教材编写要“反映相关学科教学和科研最新进展”，教材审核中的“学术把关要重点审核教材内容的科学性、先进性和适用性”，教材严禁选用“内容陈旧、低水平重复、简单拼凑的教材”。

科研成果进教材，一是在编制教材规划时，要面向未来的科技发展方向有组织地推动科研成果进教材。《全国大中小学教材建设规划（2019—2022年）》提出，要“打造一批反映世界先进水平的自然科学教材。适应新形势，瞄准国家战略需求，围绕人工智能、大数据、区块链、网络空间安全、环境科学、海洋科学、能源科学等领域，集中力量编写一批新教材。”《西北工业大学“十四五”本科教材建设工作方案（2021—2025年）》提出，“十四五”期间要加强国防特色系列教材建设，对标国家战略需求和高质量人才培养，聚焦航空、航天、航海等领域，落实《关于加强与国防军工重点院所协同育人的工作方案》，以电子信息工程、飞行器制造工程、探测制导与控制技术、水声工程等11个国防重点、紧缺专业为重点，开展与国防军工院所教材共建工作，建设反映最新国防军工科研成果的系列教材。

二是在组织教材编写时，要结合现有教材修订和新编教材计划，将最新研究成果编入教材，作为教材的新增内容。《教育部办公厅关于组织开展战略性新兴领域“十四五”高等教育教材体系建设工作的通知》中提出，专业核心教材“要紧跟产业发展前沿，充分反映国际科研和生产最新进展；要从我国产业发展实际出发，充分反映产业发展的中国特色；要注重理论教学与实践教学的融合融汇，将自主可控技术、真实产业案例、典型解决方案等融入教材；要坚持思想性、系统性、科学性、生动性、先进性相统一，做到结构严谨、逻辑性强、体系完备。鼓励合理应用数字技术，探索数字教材等新形态教材建设。”2023年6月25日，宋保维校长在2023年教材工作会议作大会报告时，提出教材建设要突出“三航”特色，要以“总师育人文化”为教材铸魂，强化教材育人功能；要聚焦教育部高等教育综合改革，加强教材体系化、特色化建设；要积聚科研优势力量，强化与国防院所协同建设，加快推动国防特色教材、新形态和数字教材建设。

“十四五”以来，西工大在推动科研成果进教材方面主要采取了以下具体举措：一是聚焦“三航”学科专业特色与优势，大力推进国防特色教材建设。鼓励教师与国防院所联编联建教材，推动国防军工案例进入本科教材，不断完善教材建设支持保障机制。除将国防特色系列教材建设写入“十四五”教材六大规划方向之外，自2024年度校级教材建设起，设置“国防特色教材专项”，对标国家战略需求和“总师型”人才培养，聚焦国防特色学科和领域，与国防院所合作，建设反映最新国防军工科研成果的教材。二是依托高水平科研成果和平台推动教材建设。充分发挥大团队、大平台、大项目、大成果的优势支撑作用，要求省部级及以上科研平台、国家科学技术奖获得者都要组织建设教材。三是将教材建设工作纳入教师职务评聘、岗位聘任、评优评先等重要指标，高层次人才要领衔或作为主要人员新编/修订教材。四是重视优秀教材的传承，组织教材编写团队，尤其是获奖教材和国家规划教材，根据党的理论创新成果、哲学社会科学最新成果、科学技术最新突破、学术研究最新进展等以四年为周期对优秀教材进行修订，充实新的内容，推进教材内容与时俱进。

9.2.2　科研成果进教材建设成果

“十四五”以来，西工大聚焦国家重大战略需求，围绕智能无人系统、机器人工程、网络空间安全、智能制造技术等新兴交叉学科，集中力量编写了一系列人才培养急需的专业教材。

1.“航空航天智能飞行器”战略性新兴领域系列教材

2023年，西工大航天学院岳晓奎教授集合校内航空航天优势力量，牵头联合北京航空航天大学、哈尔滨工业大学、中国航天科工集团有限公司、科学出版社等行业知名高校、科研院所和出版社，组建高水平教材建设队伍，规划建设“航空航天智能飞行器”系列教材19部，教材团队入选了教育部战略性新兴领域“十四五”高等教育教材体系建设团队，全国共69支团队入选，航空航天领域仅3支团队入选。

“航空航天智能飞行器”战略性新兴领域系列教材建设以“十四五”国家战略性新兴产业发展规划和国际学术前沿为导向，以全面落实立德树人为目标，依托航空航天、智能无人系统等相关领域学科专业优势，组建学术造诣高、教学经验丰富、教材工作专业的高水平教材建设队伍，加强与行业知名高校、科研院所、知名出版社等进行协同合作，凝聚多方科研和教学优势，规划建设航空航天智能飞行器系列教材，以及相配套的高水平示范核心课程、校内实验和校外实践课程等教学资源，实现价值塑造、能力培养和知识传授的有机统一。

该系列教材的特点：一是联合北京航空航天大学、哈尔滨工业大学、电子科技大学等高校，发挥各高校在人才培养、科学研究等方面的优势，共同推进“航空航天智能飞行器”系列教材、课程体系、实践项目等建设；二是充分发挥大院大所在国防军工产业中的工程技术资源优势，与基础科学研究优势互补，推动形成“院所提需求创背景、学校筑基础拔创新、协同提升质量”的教材建设新机制，并以校企教材建设为牵引，全面带动校企课程、实践实训基地建设，加大实验实践设计内容，把实际工程案例纳入教材，指导学生解决实际工程问题、增强动手能力，打通从专业理论知识，到工程问题解决方案，再到产品落地的卓越工程师人才培养全流程；三是依托高层次人才，深入挖掘工程实践中的基础科学问题，以工程实际应用为导向，将前沿科学技术研究成果有机融入教材，做到“基础+创新+应用”多层级一体化的教材建设；四是在教材建设中深化国防军工特色文化内涵，建立智能航空航天专业知识和思政育人同向同行教材体系。

2.《液态金属结构与性质》（王海鹏编著，高等教育出版社出版，工业和信息化部“十四五”规划教材）

液态金属的结构与性质是金属材料的关键内涵，实施空间环境新型金属材料制备过程控制迫切需要获取其物理化学性质和短程结构，尤其是深过冷状态。液态金属的物理化学性质对于推动深过冷快速凝固过程向定量化发展具有关键作用，液态金属的短程结构则有利于推动从原子组态出发制备新的金属材料乃至性能提升。但由于大多数金属材料“温度高、活性强”的特点，当前液态金属的物理化学性质和结构研究多为定性和半定量状态且温度范围很小，无法建立液态金属物化性质和结构的数理模型。针对上述问题，国内外的科技工作者，包括该书作者，采用“悬浮无容器”方法，结合分子动力学计算，对深过冷条件下液态金属的结构和性质进行了深入研究，并取得了重要的研究成果，形成了较为系统的液态金属结构与性质知识体系。他们编纂形成的教材，为金属材料领域，尤其是空间材料科学领域的人才培养提供知识储备、体系支撑。

该教材具有以下特色：一是该教材内容将丰富并支撑深过冷液态金属知识体系。金属材料在人类社会发展进程中发挥着不可磨灭的作用，在各个历史阶段均占有举足轻重的地位。液态金属是金属材料的母体，无论是追溯历史，还是环视当代，已为人类所用的所有金属材料中80%以上来自液态金属。液态金属的结构与性质是金属材料的关键内涵，实施新型金属材料制备过程控制迫切需要获取其物理化学性质和短程结构，深过冷液态金属的物理化学性质对于推动快速凝固过程相变热力学和动力学向精确且定量化发展具有关键作用，液态金属的短程结构则有利于推动从原子组态出发制备新的金属材料，乃至使性能提升。二是该教材以体系化的知识展现深过冷液态金属结构与性质。金属材料的发展离不开液态金属的结构与性质研究，在液体物理理论体系尚不完备的背景下，针对液态金属，将本领域前沿的知识，抑或开放性科学问题引入本科生课堂教学，必将为传统的金属材料人才培养体系注入新的生命力。将“液态金属物理”作为材料科学与工程学科、凝聚态物理的学位必修课，以期为学生打牢金属材料的学科基础。三是该教材将广泛服务国家空间材料科学领域的人才培养。经调研，国内许多高校的人才培养方案中均不同程度地涉及液态金属结构与性质的知识内容，充分反映了液态金属结构与性质对金属材料领域人才培养的重要性。针对当前空间材料科学尚无知识体系较为全面系统的液态金属结构与性质教材这一现状，集成本领域国内外最新的科研成果，全面系统介绍深过冷液态金属结构与性质的知识体系。

3.《航空发动机结构与工艺》（朱继宏等编著，科学出版社出版，工业和信息化部“十四五”规划教材）

进入21世纪以来，先进飞行器不断攀升的航程、机动性、经济性对航空发动机推力、油耗、推重比等指标提出了越来越苛刻的要求，特别是对新结构、新材料、新工艺的应用提出了更高要求。为了在飞行器制造工程专业本科生和相关研究生专业课程教学中全面反映近年来航空发动机结构与工艺技术的发展，朱继宏等编写了这本航空发动机结构与工艺相关教材：一是让教材内容贴近最新型号研制需求，包括先进结构设计方法理论、先进工艺技术的应用进展等；二是充分体现发动机结构设计与制造工艺的融合，使工艺过程成为充分实现设计意图的过程。

该教材聚焦航空发动机结构关键技术的研制进展，结合国内主机厂所型号研制生产现状，并参照罗罗公司、NASA（美国航空航天局）、普惠公司等技术报告及相关文献资料，英国布里斯托大学、美国哈佛大学等高校文献资料，以航空发动机零部件的制造工艺为主线，理论结合实际案例，较系统、全面地介绍了航空发动机结构及其制造工艺的基本知识，列举了压气机、燃烧室、涡轮、加力燃烧室、排气装置等主要部件的功能、设计要求、结构分析、制造工艺要求、装配工艺要求、材料性能，特别是融合了教材作者团队近年来获得的国家自然科学二等奖、国家技术发明二等奖、中国青年科技奖等在发动机结构设计与制造领域的应用成果。

该教材根据航空发动机零部件结构和服役状态，分析结构设计与制造工艺需要解决的基本问题，体现了发动机设计制造技术在“需求—可能—现实”的矛盾中进步和发展。作者团队深入航空发动机主机院所研制一线，与从事航空发动机典型部件设计和制造的飞行器制造、航空发动机设计等专业毕业生长期交流，了解到以往教材存在的内容陈旧、功能机理性内容少、设计制造不融合等缺点，有针对性地进行内容编写，并且大量融入发动机结构系统整体式优化设计、叶片机匣等复杂薄壁曲面多柔性切削、面向增材制造的发动机结构设计等全新内容和国家级成果内容，有效体现了教材内容的新颖性和前沿性。

4.《智能航空发动机——基础理论与关键技术》（肖洪著，科学出版社出版，工业和信息化部“十四五”规划教材）

该教材从机器学习的数学概念讲起，系统性地给出人工智能技术所用到的基本数学知识。以航空发动机数据智能化为例，给出核心智能算法和预测结果，目的是避免枯燥的算法给读者阅读带来的不适，引起读者浓厚兴趣。以此为基础，阐述航空发动机工程满足人工智能应用的基本条件，包括：数据充分性，航空发动机各截面参数、控制参数以及飞参通信等数据可以表征全工况、全寿命周期内发动机工作状态，数据充分具备机器学习基础；数据确定性，航空发动机内部部件高度耦合，物理规律明确，使得发动机状态–性能、任务–控制、数据–故障之间存在确定的、非歧义的映射关系；数据关联性，航空发动机的性能、故障、测试、控制数据之间存在内部机理联系，不同类型批次的发动机数据也可通过数据共享，使得一组数据可能对应于众多的选择途径；数据完备性，航空发动机状态、性能、控制、维护等信息经过多年的发展积累了丰富的专家规则，内部逻辑完备；数据预测性，航空发动机数据之间存在关联，结合发动机结构、状态和环境可实现数据的预测与推理。

以上述为基础，阐述智能航空发动机核心层：极速性能数字孪生、极速人工智能策略算法和智能芯片；技术层：智能感知、智能决策、智能执行、智能维护和智能互联等五大技术领域。以罗罗和GE的实战案例为基础阐述智能航空发动机的工程化框架。给出智能航空发动机的核心技术，即极速性能数字孪生工程案例。受限于目前认知水平，传统基于物理数学建模的方法难以在短时间内实现发动机各系统一体化快速建模并实时动态跟踪气路/空气/滑油/控制/附件性能特性的能力。性能数字孪生具有物理规则运行、性能紧密跟踪、动态极速响应等三大特点，可较好地解决该技术障碍。该书融入作者多年科研成果，给出气路/空气/滑油/控制/附件一体化性能数字孪生模型的构建技术路线，及性能数字孪生智能芯片的开发方案和案例。最后给出航空发动机智能化模型代码和智能芯片设计案例和验证结果。

5.《机器人综合设计与实践》（樊泽明主编，电子工业出版社出版，工业和信息化部“十四五”规划教材）

该书采用教材+AR（增强现实）+虚拟仿真平台的形式，拥有丰富的数字资源，扫描书中的二维码，即可展示AR模型、设计视频、创新实践视频等呈现的机器人模型部件、设计细节、创新实践过程、创新实践运行结果等；紧跟机器人设计和创新实践需要及行业最新趋势，内容新颖，满足泛在学习，服务技术技能型人才培养要求；采用理论、实验、创新实践一体化同步学习模式，配备20余种设计和实践设备，对每套设备均建立数学模型，读者登录该教学平台服务器即可进行设计和实践训练。

该书介绍机器人综合设计与实践的相关内容，将串联型机器人技术、并联型机器人技术、移动机器人技术有机集成，是一部系统和全面反映机器人综合设计与实践的教材。作者主要运用机器人的智能感知技术、自主定位与导航技术、运动与控制技术、控制系统与元件等知识内容，设计、构建并实现具备完整避障作业的机器人系统，旨在指导学生将机器人理论知识应用于设计与实践环节，增强学生对新知识、新技术的兴趣，达到培养学生动手实践能力、独立思考能力以及团队分工协作能力的目的。通过课程综合设计学习和创新实践训练，学生能进一步掌握机器人系统的理论知识和工程综合设计能力，为将来的专业发展打下良好的基础。“机器人综合设计与实践”是机器人工程专业的一门创新设计与实践课程。课程具有理论性、设计性与实践性相结合的特点，该书特别适合作为高年级本科生和研究生的机器人综合设计与实践学习教材，也适合从事机器人研究、开发和应用的科技人员学习参考。目前该书已被世界科技出版集团选中翻译成英文教材向其他国家推广使用。

9.3　科研成果进实践

9.3.1　科研资源不断转化为教育教学资源

坚持科教融合、推进科研育人，推动将优质学科、专业、科研、人才等优势资源转化为人才培养优势。以本科毕业设计、大学生创新训练计划、各类实验技能竞赛等为载体，千方百计推动学生在实践中学习、在实践中成长成才，培养学生独立发现和解决复杂问题的能力。西工大“三航”专业100%学生毕业论文选题来源于大飞机、载人航天、深海探测等国家重大重点科研项目，100%学生参与国防军工领域科研项目，100%学生赴国防科研单位开展实践研学。坚持学科竞赛牵引科研育人，聚焦行业企业发展中的前沿问题，培养本科生创新思维和解决实际问题的能力。近4年学科竞赛获奖（在严峻疫情下）较之前仍提升至133%，80%学生都有参与竞赛项目经历，100%学生竞赛作品都来源于科研项目。

近年来，西工大大力推动科研平台向本科生开放力度，依托200余个省部级和国家级科研平台的重大重点项目任务、前沿尖端仪器设备等条件，通过科技活动周和实验室开放日等活动，促进科研优势转化为育人资源。例如，航天学院微小卫星及应用国家地方联合工程实验室，以立方星和微小型飞行器为创新载体，让学生全流程参加飞行器系统工程设计、研制、试验与应用实践，提高学生的科研兴趣，训练学生的系统思维，拓展学生的全局视野。航海学院翱翔重点实验室自主水下航行器创新团队所有科研项目都吸引学生全程参与，为学生打造具有系统性、层次性和目标导向性的学习与科研能力成长环境，着力培养学生系统性、整体性思考与实践的能力素养。

9.3.2 科研反哺典型案例

以本科毕业设计为例，西工大强化实施科研反哺，鼓励本科毕业设计（论文）选题来源为指导教师的科研项目，将指导教师科研问题作为本科毕业设计（论文）的研究重点，切实提升本科毕业设计（论文）质量。“三航”相关专业领域本科毕业设计（论文）选题来源于指导教师的科研项目比例达100%。以下是部分科研反哺毕业设计（论文）的典型案例。

典型案例1：航空学院 2024届本科生 罗炜佳

论文题目：水空跨介质飞行器控制系统设计与实现

指导老师：李霓

研究背景：随着各国对水面搜寻救援的高效性，为获取海战主动权对作战武器隐身性、高速性等需求的提升，跨介质航行器的重要性与日俱增。其在海洋领域的监测、救援、勘探等方面都可以发挥重要作用，具有极其广泛的应用前景。

论文内容：提出了一种具有可折叠机臂的滚转体旋翼式水空跨介质航行器——“飞翊”，设计并搭建了控制系统以使得飞翊拥有水下潜行、水面航行和空中飞行三种运动模式，并具备在单次任务流程中进行多次的水空跨介质运动的能力，“飞翊”通过姿态调整技术实现了其由水介质向空气介质中的运动。最后进行了多模态实验以验证设计方案的可行性。项目完成了一架试验样机的制作；依据此项目撰写并投稿了一篇学生一作的论文以及一篇已受理的发明专利。

论文成绩：2024年航空航天本科毕业设计成果交流会一等奖，2024届校级优秀百篇本科毕业设计（论文）。

典型案例2：航天学院 2024届本科生 刘其盛

论文题目：卫星编队控制气浮实验研究

指导老师：李伟

研究背景：当前卫星开拓了集群协同工作的新局面，以满足通信、对地观测等任务的要求，但是卫星编队飞行的诸多关键技术离不开地面的实验验证，开展空间技术地面实验验证首要解决的问题就是微重力模拟。从经济性、实验时长以及设备维护的角度出发，本论文基于气浮法设计了一套气浮卫星地面物理仿真系统，并开展了相关的实验研究。

论文内容：一是设计并搭建了基于三自由度气浮模拟星的地面物理仿真系统；二是对模拟卫星进行了动力学建模，进行了实验干扰项分析并在模型上对台面形变产生的侧向力给出了解决方案；三是为模拟卫星的轨迹跟踪实验设计了PID（比例积分微分控制）和LQR（线性二次型调节器）控制算法以及针对干扰的补偿器；四是设计了三个实验，对控制算法以及设计的地面物理仿真系统进行了验证。

论文成绩：2024年航空航天本科毕业设计成果交流会优秀奖，2024届校级优秀百篇本科毕业设计（论文）。

典型案例3：航海学院 2024届本科生 陈佳琪

论文题目：二维近水面柔性扑翼推进性能分析

指导老师：潘光

研究背景：以海洋生物为仿生对象的推进技术逐渐兴起，为水下航行器的探索提供了新的技术途径。像海龟、蝠鲼等海洋生物，它们的推进方式——扑翼推进，经历了漫长的进化过程，展现出高推进效率、强大机动性和稳定性等优势。

论文内容：柔性扑翼在近水面扑动时会引起周围流场中流体的惯性运动，柔性扑翼运动所产生的动能会随波浪扩散而耗散。扑翼实践中经常经历浮出水面过程，因此柔性扑翼在近水面工况下的研究工作具有重要的意义。本设计利用 Star CCM+求解器，开展了柔性扑翼处于多工况的近水面下的水动力仿真，研究了不同工况的近水面和波浪下对柔性翼型扑动运动的影响。研究探讨了近水面、变形频率、变形幅值及波浪条件对柔性扑翼性能的影响。近水面下扑翼性能降低，变形频率影响推力、功率和效率。变形幅值影响推力、功率和效率，非对称变形影响升力。波浪条件下扑翼性能降低，波浪频率和相位差使性能突变。

论文成绩：2024届校级优秀百篇本科毕业设计（论文）。

9.4　搭建产学研协同育人平台

9.4.1　产教融合协同育人

深化产教融合协同育人是建设高质量高等教育体系、提高人才自主培养质量的重要战略任务，是教育、科技、人才融合发展的有益探索，是真正跳出教育看教育、多元办学的生动实践。面对新一轮科技革命和产业变革带来的机遇与挑战，高校应准确把握新发展阶段、深入贯彻新发展理念、加快构建新发展格局，与产业界紧密合作、高度协同，共同探索创新一流人才培养模式；主动对接国家重大战略布局，充分发挥航空航天与国防优势，发挥科研人才、基地、平台和项目在学生科学精神养成、创新能力培养和综合素质提升等方面的引领支撑作用，推动多学科交叉融合贯通培养，深化“寓教于研、寓研于学”的科研育人模式改革，科教融通推进人才培养有机融合，构建多样化拔尖创新人才培养体系。

2020年，教育部和华为技术有限公司联合发起“智能基座”产教融合协同育人基地建设（见图9-1）。“智能基座”产教融合协同育人基地旨在深化信息技术领域人才培养模式改革和协同创新，着力构建以信息技术领域关键核心技术为基础的产业与人才生态。在教育界和产业界共同努力下，“智能基座”联结校企主体、联结教学要素、联结时空，以最新的技术培养人才，以创新的人才引领产业，将鲲鹏、昇腾和华为云等产业的前沿技术融入高校的教学体系，以新课程、新实践、新模式让教师和同学们深度参与到新技术、新架构、新生态的创新构建过程中来。

图9-1　华为“智能基座”产教融合协同育人基地启动仪式

通过“智能基座”产教融合协同育人基地，校企联合开发建设20门课程（见表9-2），数学与统计学院、计算机学院、软件学院20余位老师、华为20余位专家共同参与。从人才培养的角度，打通课程面向对象，调整课程计划，丰富教师团队，组成课程群。在课程联合培养的基础上，将学生实习、实践、科研训练、毕业设计（论文）等教学环节与企业相关知识点进行融合，通过产教融合协同育人基地的合作，进一步推动实践教学、校企合作、产教融合，打造高校产教融合育人典范，着力培养新型技术领域的卓越人才、引领未来的科技领军人才。

表9-2　西工大-华为“智能基座”产教融合协同育人基地联合课程情况

序号	课程名称	学院
1	并行计算	数学与统计学院
2	图像处理导引	数学与统计学院
3	统计学习	数学与统计学院
4	机器学习与复杂系统	数学与统计学院
5	计算机操作系统	计算机学院
6	计算机操作系统（双语）	计算机学院
7	大数据处理技术	计算机学院
8	计算机组成与系统结构	计算机学院
9	计算机系统设计	计算机学院
10	程序设计基础	计算机学院

续表

序号	课程名称	学院
11	人工智能程序设计	计算机学院
12	智能计算系统	计算机学院
13	算法设计与分析	计算机学院
14	高性能计算	软件学院
15	数据库原理	软件学院
16	云计算基础	软件学院
17	人工智能导论	软件学院
18	深度学习	软件学院
19	智能芯片原理与应用	软件学院
20	自然语言处理	软件学院

2023年，西工大软件学院教师徐韬荣获“教育部产学合作协同育人项目华为优秀成果奖”（全国仅37项），入选教育部-华为“智能基座”优秀教师奖励计划（全国仅20名）（见图9-2）。

图9-2　教育部-华为“智能基座”优秀教师奖励计划颁奖现场

9.4.2　产学合作协同育人

当前，新一轮科技革命和产业变革突飞猛进，新技术不断涌现，产业转化和扩散融合，成为推动经济社会发展的新动能。充分发挥科技创新驱动作用，加快推动产业链与创新链深度融合，是准确把握新发展阶段、深入贯彻新发展理念、加快构建新发展格局的内在要求，是抓住新技术和产业革命历史机遇、应对全球产业链重构的重要举措，是提升我国全球价值链地位、实现经济高质量发展的关键所在。产学合作协同育人项目旨在通过政府搭台、企业支持、高校对接、共建共享，促进教育链、人才链与产业链、创新链有机衔接，以产业和技术发展的最新需求推动高校人才培养改革。教育部产学合作协同育人项目是教育部贯彻落实《国务院办公厅关于深化产教融合的若干意见》《教育部 工业和信息化部 中国工程院 关于加快建设发展新工科实施卓越工程师教育培养计划2.0的意见》等文件精神，探索校企合作新模式和创新创业教学改革新方式。项目汇聚企业资源，以企业立项、企业资助等形式支持高校开展课程体系建设、教学内容改革、师资培训、实践条件建设等，支持大学生开展与企业合作的创新创业训练项目等，充分发挥企业先进的技术、研发和产品优势，深化产教融合、产学合作、协同育人（部分立项项目见表9-3）。

表9-3 西工大与企业合作的教育部产学合作协同育人项目情况（部分）

序号	项目类型	项目名称	合作公司	项目负责人	所在单位
1	教学内容和课程体系改革	程序设计基础MOOC先修课	北京超星尔雅教育科技有限公司	姜学锋	计算机学院
2	教学内容和课程体系改革	贯穿中学大学计算思维培养的 MOOC 先修课建设	微软股份有限公司	刘君瑞	计算机学院
3	新工科建设专题	基于华为开发云的大数据系列实验课程改革	华为技术有限公司	郑江滨	软件学院
4	新工科建设专题	新工科视角下信息素养课程的建设探索	北京超星尔雅教育科技有限公司	牟　蕾	教务处
5	师资培训	AWS Academy项目	亚马逊AWS	雷　怡	计算机学院
6	创新创业联合基金	基于微信平台的虚拟校园卡的开发	腾讯公司	赵　彤 魏　伟 李保敏	校医院
7	教学内容和课程体系改革	微信小程序应用开发实验课程建设	腾讯公司微信事业群	周果清	计算机学院
8	实践条件和实践基地建设	智能终端设备及交互系统开发与实践	深圳市腾讯计算机系统有限公司	张　生 程浩然	发展规划处
9	新工科建设	基于华为全栈AI的智能科学系列课程建设	华为技术有限公司	姜学锋	计算机学院
10	新工科建设	基于GaussDB的数据库综合实践课程建设	华为科技有限公司	刘海龙	计算机学院

续表

序号	项目类型	项目名称	合作公司	项目负责人	所在单位
11	教学内容和课程体系改革	本科智能科学基础课程体系改革	百度在线网络技术（北京）有限公司	姜学锋	计算机学院
12	教学内容和课程体系改革	空地火力控制与轰炸瞄准虚拟仿真实验	北京润尼尔网络科技有限公司	周德云	电子信息学院
13	教学内容和课程体系改革	基于华为云数据库的数据库原理课程建设	华为技术有限公司	李　宁	计算机学院
14	教学内容和课程体系改革	“智能机器人系统教学与创新实践”课程体系改革	深圳市大疆创新科技有限公司	金凯乐	工程实践训练中心
15	新工科、新医科、新农科、新文科建设	基于华为鲲鹏平台的并行计算实践课程建设	华为技术有限公司	王云岚	计算机学院
16	新工科、新医科、新农科、新文科建设	基于MindSpore和Atlas平台的人工智能导论课程	华为技术有限公司	夏召强	电子信息学院
17	新工科、新医科、新农科、新文科建设	基于创新案例驱动的融会贯通式深度学习教学	华为技术有限公司	徐　韬	软件学院
18	新工科、新医科、新农科、新文科建设	基于OpenEuler操作系统的鲲鹏实践课程建设	华为技术有限公司	张　羽	计算机学院
19	新工科、新医科、新农科、新文科建设	基于华为鲲鹏云的微信小程序课程建设	华为技术有限公司	周果清	计算机学院
20	教学内容和课程体系改革	智能科学基础实践课程建设	百度在线网络技术（北京）有限公司	王　雪	计算机学院
21	教学内容和课程体系改革	一流本科实践教学体系构建研究	北京润尼尔网络科技有限公司	谢潇潇	教务处
22	新工科、新医科、新农科、新文科建设	基于阿里云的操作系统课程改革实践	阿里云计算有限公司	谷建华	计算机学院
23	新工科、新医科、新农科、新文科建设	基于OpenGauss的数据库系统综合实验课程建设	华为技术有限公司	张利军	计算机学院
24	教学内容和课程体系改革	基于阿里云领先技术的计算机网络实验课程建设	阿里云计算有限公司	张胜兵	计算机学院

续表

序号	项目类型	项目名称	合作公司	项　目负责人	所在单位
25	教学内容和课程体系改革	“AI+飞行器控制”的航天大类专业培养教学内容改革和实践探索	百度在线网络技术（北京）有限公司	张　栋	航天学院
26	教学内容和课程体系改革	面向空天地海无人智能移动平台，打造三航特色人工智能实践课程	百度在线网络技术（北京）有限公司	王　鹏	航天学院
27	教学内容和课程体系改革	基于人工智能和大数据的营销管理课程建设与改革	北京润尼尔网络科技有限公司	王清亮	管理学院

典型案例

1. 构建科创融智的航空强国领军人才教育教学新模式

航空强，方能军强、国强、民族强。航空科技发展和航空人才培养具有典型的时代特征，百年航空征程波澜壮阔，西工大作为国家航空教育和人才培养重要基地，在“总师育人文化”引领下，在国家从航空弱国向航空大国转变过程中，培养了大批航空英才，为国家航空事业作出了重大贡献，社会广泛赞誉，国家高度认可，国际重点关注。

西工大坚持面向国家重大新工程，聚焦新工科内涵发展，提出了个性培育、终身发展、全面成才的教育理念，坚持特色办一流航空本科，积极培育具有家国情怀，追求卓越、引领未来的航空强国领军人才。牢牢抓住信息化和智能化牵引，创建了通专融合、理实融通、科创融智（“三融”）的特色新方法，构建了院校联合、科教联合、产教联合、内外联合（“四联”）的教学共同体，构筑了力学为基、设计为要、智能为魂、动能为心、安全为本（“五为”）的知识新结构，实施了思政铸魂、多元培养、循环强基、原创塑能等新举措，全方位搭建协同平台、全要素建设一流资源、全过程精心立德树人。

一是思政铸魂，薪火传承筑担当，矢志航空强国。传承季文美、黄玉珊、罗时钧等西工大老一辈航空教育家的优良师德师风和潜心育人传统，厚植家国情怀，系统梳理中国航空发展史和“西工大现象”内涵，创建“航空救国—航空报国—航空强国”思政教育新主线。建设航空课程思政研究中心，门门课程讲好思政，扎牢思政主渠道。举办党建思政、实践思政、航空文化节、总师思政课、校友思政课等活动，开拓思政新形式。深入挖掘“一班三总师”、“同年三院士”、中国民航英雄机组等精品案例，弘扬思政正能量。形成“主渠道+新形式+正能量”的大思政格局，筑牢航空报国初心和航空强国使命。

二是面向未来航空发展，深度交叉航空专业与信息技术专业，突出信息化和智能化牵引，建立力学为基、设计为要、智能为魂、动能为心、安全为本的航空知识新结构，创设首个“飞控信”新工科专业，建设5个国家级一流专业。构建三个大类培养为主，强基、创新、拔尖并存的矩阵式培养结构。构筑“通识+学科专业+个性发展+素质拓展”模块化课程资源。修订培养方案，采用完全学分制，实施一生一培养计划，实行专业间大类打通、专业内本研贯通。

三是理实融通，学践研用全链条，夯实基础功底。积极融入信息技术，重构知识空间，优化知识体系，实现航空理论、专业实践、高阶研究、工程理念的深度融通，构建“学—践—研—用”全闭环的循环强基新举措，打造进阶培养途径。主办系列化的未来飞行器设计国际大赛，成立全国首个航空科技创新基地，践行“小航模—大航空”思路，以航模国际大赛为抓手，不断强化学以致用能力。

航空强国领军人才教育教学新模式如图9-3所示。

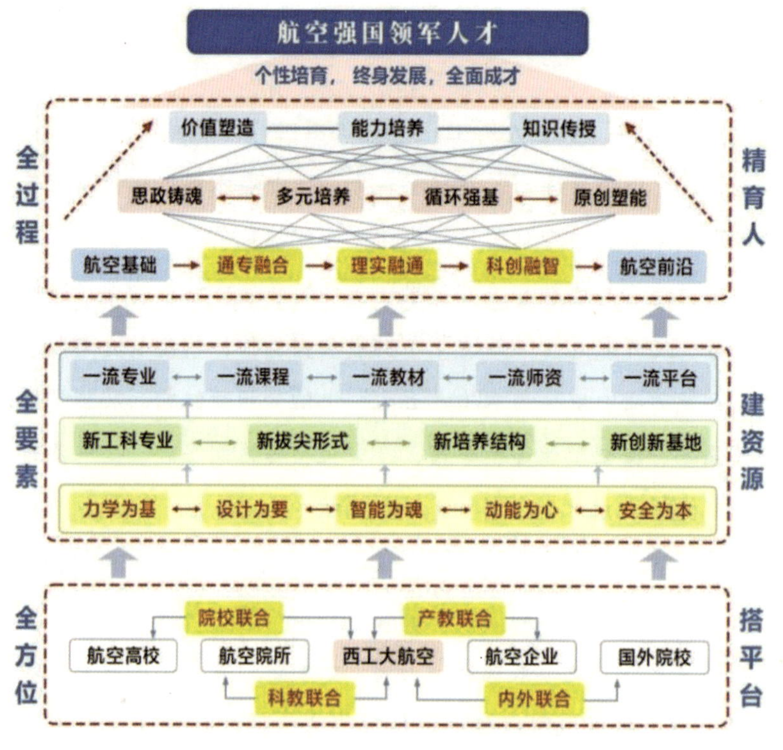

图9-3 航空强国领军人才教育教学新模式

四是科创融智，软硬虚实全赋能，锤炼原创素养。按照校企协同、团队协同、教师协同、方向协同、本研协同思路，建立“校外实战科研+校内前瞻创新”途径，构建原创塑能新举措。围绕航空重大工程，校外组建联合工程队常驻航空院所开展实战科研，为型号任务攻关提供原创方案，并及时反哺校内教学。面向未来飞行器难题，校内指导学生在智能流体力学等前瞻方向积极开展创新探索。通过航空素质软实力、科技硬实力、数值计算能力、实际研发能力不断迭代，促进提质突破。

2. 创建“融通德知能创”的国防特色机械类创新人才培养模式

在“总师育人文化”引领下，西工大以全程融会贯通“德知能创”理念，通过“德育铸魂—理论筑基—实践拓展—创新升华”逐级递进（途径），“名师团队—优质课程—立体教材—开放平台”建用并举（资源），科教、产学和国际化资源协同驱动（机制），创建国防特色机械类创新人才培养模式。一是德育为纲，全环节培塑。将爱国情、强国志、报国行融入人才培养全过程，通识阶段启智润心，专业阶段析理明道，理论学习武装头脑，实践体验砥砺情怀，引导学生投身国防。毕业生型号产品研制立功者超百人次。二是厚知赋能，全要素支撑。以航空航天等领域高端装备研制知识能力需求为目标，名师团队传道，金牌课程授业，立体教材赋新，一流平台赋能，建成“四维一体”国家一流机械类教学资源，夯实献身国防的根基与能力。三是创新引领，全优势协同。发挥多方优势，构建协同育人机制，科研深度反哺教学，企业多维参与教学，师生双向国际交流，全方位提升学生自主创新能力与全球竞争力，涌现出国防装备攻关、重点领域研发、高新技术创投等一大批拔尖创新人才。

在平台建设方面，依托一流学科资源，先后建成国家工科机械基础课程教学基地、国家级机械基础实验教学示范中心、国家级工程实践教育中心、国家级机械基础与航空制造虚拟仿真实验教学中心4个国家级教学（实践）平台，实现全方位一流平台支撑。在课程建设方面，将航宇前沿技术融入课堂教学，推进课程网络化、数字化，建成14门次国家精品/一流本科课程，“机械设计”“机械制造基础”等国家精品在线开放课程被国内各高校广泛使用，在线学习人数200余万人，实现金牌课程授业。在团队建设方面，创建“名师工作室”，建成机械类国家级教学团队1个、省部级教学团队2个，实现名师团队传道。在教材建设方面，出版《工程材料与机械制造基础》（第2版）、《机械设计》（第十版）等7部国家级规划教材，建成机械基础数字化资源库，被中山大学、山东大学等全国450余所高校选用，累计印刷600余万册，获首届全国优秀教材二等奖2项，实现立体教材赋新。五是在培养成效方面，为制造强国和科技强军输送了大批中坚力量，毕业生服务国防行业比例超40%，任副总师以上和型号产品研制立功者超百人：如运-20副总师刘洪权荣立某型号研制一等功，成飞副总工程师刘海涛荣立某型号首飞二等功，C919试飞副总师丁军亮荣获卓越贡献奖，多型固体火箭发动机副总师李洞春2016年作为神舟十一号参研代表受到习近平总书记接见，赓续了不断培育型号制造总师的现象。火箭军中校参谋尹东，入伍3年入选全国大学生基层就业典型人物，入伍七年荣立二、三等功4次，获评“火箭军十大砺剑尖兵”，2017年当选第十三届全国人大代表。六是所建4个国家级教学（实践）平台和2个国际化实践教学平台享誉国内外，美英德等10余国20余所高校国外交流团，以及清华大学、上海交通大学等50余所国内高校，先后来访交流育人理念与成效，成果被央视新闻、中国日报等11家主流媒体报道，获国家级教学成果二等奖。

国防特色机械类创新人才培养模式如图9-4所示。

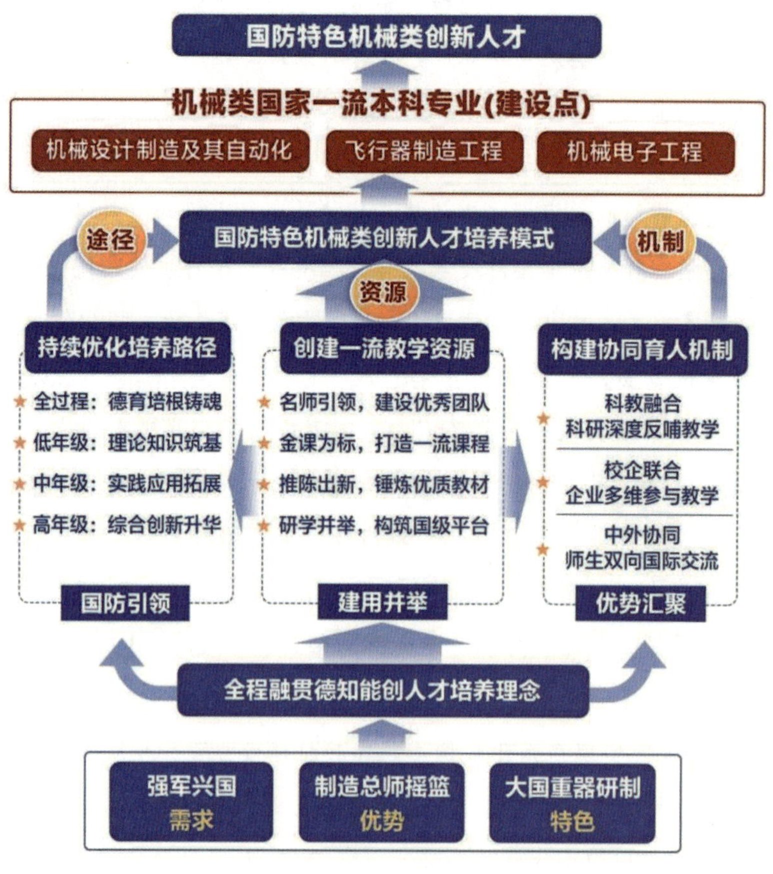

图9-4　国防特色机械类创新人才培养模式

3.探索“三维协同、多措筑基”的国防人才人文素养培养新体系

面向培养具有深厚人文素养、能够担当民族复兴大任的高素质国防人才的需求，基于国防人才的特点和人文素养的内涵，构建了“理念引领、三维协同、九法联动、多措筑基”的国防人才人文素养培养体系，即：以“专业能力为根，人文素养为魂”理念作为引领；坚持“价值塑造、能力培养、知识传授”三维协同；通过人物感召、事件感动、环境感染系统开展价值塑造，通过项目依托、社会融入、实践提升层层推进能力培养，通过方案牵引、课程保障、平台支撑全面加强知识传授；实施多类行动举措，建设人文素养培养支撑资源。

在“总师育人文化”引领下，西工大坚持“专业能力为根，人文素养为魂”理念。基于国防人才培养以“工”为主的实际，面向高素质国防人才培养需求，提出该理念，并将其贯穿于培养方法设计之中。依托人文素养内涵，确定国防人才人文素养培养在品格、能力、知识等三方面的目标；基于三位一体人才培养体系理论框架，构建“价值塑造、能力培养、知识传授”三位一体的国防人才人文素养培养体系。基于国防人才特点，针对三个维度，提出“感知化、实战化、体系化”培养方法设计原则，进而系统设计九个培养方法。通过“人物感召、事件感动、环境感染”系统开展价值塑造；通过“项目依托、社会融入、实践提升”层层推进能力培养；通过“方案牵引、课程保障、平台支撑”全面加强知识传授。实施多类行动举措并建设支撑资源。在九个培养方法下，通过实施系统性行动举措，建设国防人才人文素养培养支撑资源。

国防人才人文素养培养体系如图9-5所示。

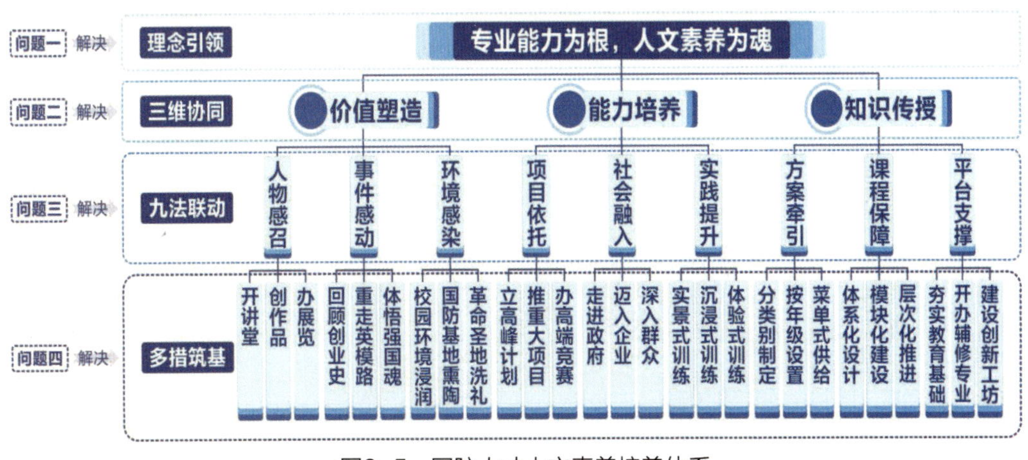

图9-5　国防人才人文素养培养体系

9.5 本章小结

西工大坚持将科研优势转化为人才培养优势，积极探索并实施了一系列创新举措，深化“寓教于研、寓研于学”的科研育人模式改革：通过科研成果进课堂，确保学生获取的是最前沿、最实用的知识信息；通过科研成果进教材，建设反映最新国防军工科研成果的系列教材；通过科研成果进实践，训练学生的系统思维，拓展学生的全局视野。深化产教协同育人，与产业界紧密合作、高度协同，共同探索创新一流人才培养模式，切实以高水平的科学研究支撑高质量的人才培养。

（注：本章由张学良、彭亮、王青青、谢潇潇等人编写。）

第十章

健全完善『三全六维闭环』质量保障体系

党的二十大对教育工作高度重视，全面规划了强化现代化建设人才支撑，加快建设高质量教育体系的宏伟蓝图。高校内部的质量保障体系建设作为高质量教育体系建设的重要内容，在我国现有的教育体系中却显得相对薄弱。新时代背景下，党中央对我国的高等教育评估给予了高度重视，中共中央、国务院印发了《深化新时代教育评价改革总体方案》，首次从国家的高度对高等教育评估作出了全局性、战略性部署，提出了明确要求。2021年，教育部印发了《普通高等学校本科教育教学审核评估实施方案（2021—2025年）》，聚焦本科教育教学质量全面提升，以质量保障机制和能力为评估重点，引导高校建立健全本科教育教学质量保障体系。西工大始终坚持落实立德树人根本任务，以“总师育人文化”引领质量文化建设，提出“千方百计让学生成长成才”的质保理念，不断完善质量保障体系，将质量要求和标准融入人才培养全过程，努力写好新时代一流本科教育奋进之笔。

10.1　涵养“育国之栋梁、铸国之重器”质量文化

10.1.1　树立“千方百计让学生成长成才”的质保理念

就世界高等教育质保发展趋势而言，从科层机制走向文化机制是其必然。文化机制以其深入人心的力量，成为推动高等教育质量持续提升的关键所在。新一轮审核评估实施方案的指导思想中特别强调了文化机制的重要性，提出“推动高校积极构建自觉、自省、自律、自查、自纠的大学质量文化，建立健全中国特色、世界水平的本科教育教学质保体系，引导高校内涵发展、特色发展、创新发展，培养德智体美劳全面发展的社会主义建设者和接班人”。立足新时代，西工大牢记“为党育人、为国育才”的初心使命，树立“千方百计让学生成长成才”的质保理念，着力推进质保体系改革，涵养“育国之栋梁、铸国之重器”的质量文化，将质量价值观与质量要求内化为全校师生的共同价值追求和行为自觉，源源不断培养“总师型”人才。

西工大面向国家战略需求和航空、航天、航海等领域科技前沿，秉承“千方百计让学生成长成才”的质保理念，深入推动教育教学改革，加快推进教育内涵建设。以学生成长增值为目标，打造“一流师资”，千方百计帮助学生成才，不仅关注学习效果，还关注学习过程，不仅关注学业发展，还关注全面发展，不仅关注在校表现，还关注终身成长。坚持以问题为导向，时刻急学生之所急，想学生之所想，与学生的需求“同频共振”，不断优化学生学习体验。强化价值塑造引领、夯实优势资源供给、融通科教产教协同，凝聚形成多方协同的“千方百计”育人合力，致力于培养学生厚植报国情怀、勇担时代重任、矢志建功立业的价值追求和创造能力。

西工大以推进国防科技人才自主培养质量提升为导向，以凝聚质保共识、提升育人实效为牵引，以聚焦增值评价、完善评价机制为切入点，形成学生、教师、管理人员、行业专家共同参与、有机协同的人才培养质量共同体，不断完善全校统筹、权责明晰、齐抓共管、持续改进的质量管理格局，以“千方百计让学生成长成才”的质保理念，推动学校各部门千方百计帮助教师成功，团结师生一起千方百计推动学校不断进步，促进本科教育教学工作从质量控制走向质量文化。

10.1.2 “三全六维闭环”质保体系框架

在高校构建并实施内部教学质量保障体系，强化质量意识和质量管理，对于持续提高人才培养质量、全面实现人才培养目标意义重大。西工大多年来在借鉴国内外高校成功经验的基础上，综合运用高等教育质量管理的先进理论方法，系统梳理学校教学改革、教学建设和教学质量管理方面的成效和不足，全面落实“学生中心、产出导向、持续改进”理念，分析质量生成过程，找到质量控制关键点，并在实施中不断补充、改进和完善，充分发挥教学质量评价的指挥棒作用，着力构建具有系统性、科学性、协同性且符合学校实际的质量保障体系。在设计理念上，重视支持和服务于学生的全面发展和教师的专业发展；在体系规划上，从关注教学活动本身扩大到覆盖“三全育人”立体型人才培养体系；在建设思路上，确保影响教育教学质量的关键要素和关键环节始终处于受控状态；在实施方法上，构建常态化新型评估制度，加强智能化建设。

西工大深化教学质量管理改革，以“千方百计让学生成长成才”的质保理念为引领，关注质量结果和质量形成，不断加强顶层设计。在学校层面，围绕“学生忙起来、教师强起来、管理严起来、效果实起来”，研究制定《西北工业大学关于强化本科教学质量保障体系建设的指导意见》，优化管理体制、完善运行机制、强化结果运用，建强学校特色的“三全六维”（全覆盖、全过程、全闭环，专项+督导+管理人员+学生+同行+自我六个维度）质量保障体系（见图10-1），涵盖学校、学院、专业、课程四个层面，持续提高人才培养质量，以质量求生存，以质量谋发展；在学院层面，各学院参照学校质量保障体系建立健全院级本科教学质量保障体系，夯实学院责任主体地位，各学院成立由院领导牵头的院级教学质量保障工作组，不断加大对本科教学的投入与支持力度，组织开展教学质量日常监控与自评估，接受校级及以上部门组织的各类评估检查，并对反馈结果认真分析，落实持续改进措施，实施规范化、科学化、精细化的教学质量管理。

全覆盖进行教育教学监督评价：学校、学院、用人单位、专业、教师、学生、校友协同发力，构成教育教学监控体系，确保“监督—反馈—改进”的质量管理工作覆盖全校教育教学各个方面，构建与全员全程全方位育人相匹配的“大质量观”。西工大教学质量监控队伍分为“校—院—基层教学组织”三级，涵盖学校领导、校教学委员会委员、校级本科教学督导、教务部和其他职能部门工作人员，以及各教学单位党政负责人、分管本科教学的院领导、院教学委员会委员、院级本科教学督导、专业负责人、课程（群）负责人、实验教学中心主任、院本科教学管理人员等。各级监控队伍职责明确、相互配合、联动有力，确保教育教学质量监控工作的有效实施和有序开展。

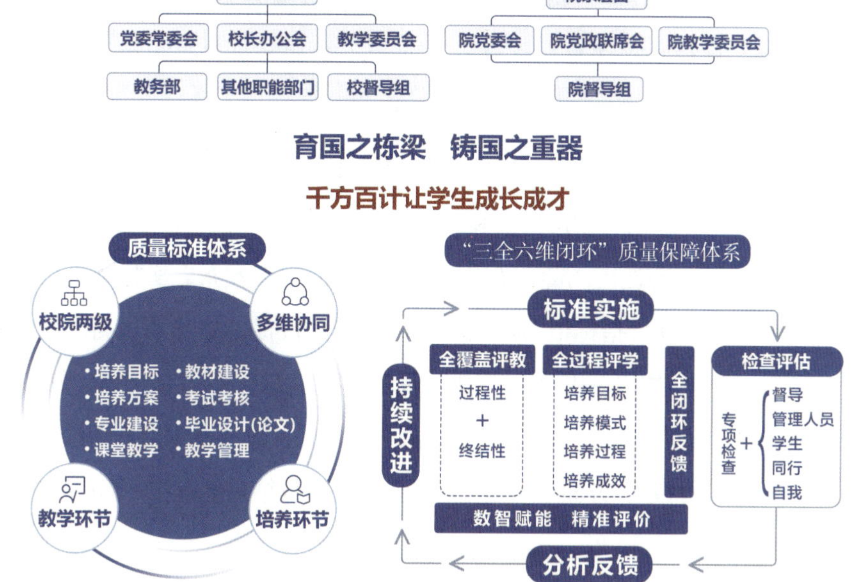

图10-1　西工大本科教学质量保障体系框架

全过程地开展质量监控与评估：西工大坚持“过程监控”和“专项评估”相结合，制定《西北工业大学本科教学质量过程监控管理办法》，通过教学巡查、教学督导、多元评价和数据采集分析等手段，狠抓人才培养各环节质量，对招生质量、课程教学、专业建设、教学管理、学生学习、毕业生培养结果质量跟踪等多个方面开展全过程监控，并定期开展各类专项评估和检查，形成多渠道、多层次、全方位的教学质量保障长效机制。西工大实施教学质量多元评价，面向教师、学生、管理人员、校友、同行专家、用人单位、行业组织等多评价主体，开展分层次多阶段的评价反馈与跟踪调查。每学期期初和期末组织开展本科教学巡查，及时了解教学运行状态。每学期期中实施教学质量专项检查，围绕课堂教学、教学大纲、毕业设计（论文）、教学资料归档等教育教学关键环节，开展专项评估。开展在校生学业预警工作，及时监控学生学业质量并给予指导和帮扶。实施毕业生培养质量监控，定期开展毕业生中长期职业发展与人才培养调研、用人单位调研，多视角收集意见和建议。

全闭环构建持续改进机制：通过明晰校、院两级质量保障主体责任，在教学各环节强化质量意识，构建“评价—反馈—改进—复查”的闭环工作机制，不断更新教学关键环节及教学管理工作质量标准，形成多维协同和多级闭环反馈的持续改进机制，不断强化评估结果应用，激发持续改进内生动力。其中，教务部负责及时汇总整理各类教学质量过程监控与专项评估中发现的问题，向学校教学委员会提交相关报告和整改建议，并向相关学院反馈；学院根据评价反馈意见适时组织专题研讨，认真制定并落实整改方案，抓好教学质量闭环管理。西工大依托教学质量保障系统（见图10-2），收集课堂教学质量评价结果，对教学过程中发现的问题，及时反馈并给予指导帮扶；开展全覆盖的学生评教，并定期面向学院和教师发布评教结果；开展教学基本状态数据采集分析，通过常态化的数据采集和结果统计分析，及时、有效地发现各教学环节中出现的问题，并在此基础上形成年度质量报告，面向社会发布。实施招生指标动态配置，以多项质量监控和评价指标值为观测点，向培养条件优、培养质量高、就业深造好的学科专业倾斜，构建“招生—培养—就业”联动机制。实施专业自评估和课程评估，对评估结论不合格的专业和课程给予预警或令其退出。此外，学校在学院教学绩效考核、教学项目申报、教学奖励评定等方面不断强化质量监控和评价结果的运用，形成质量闭环。

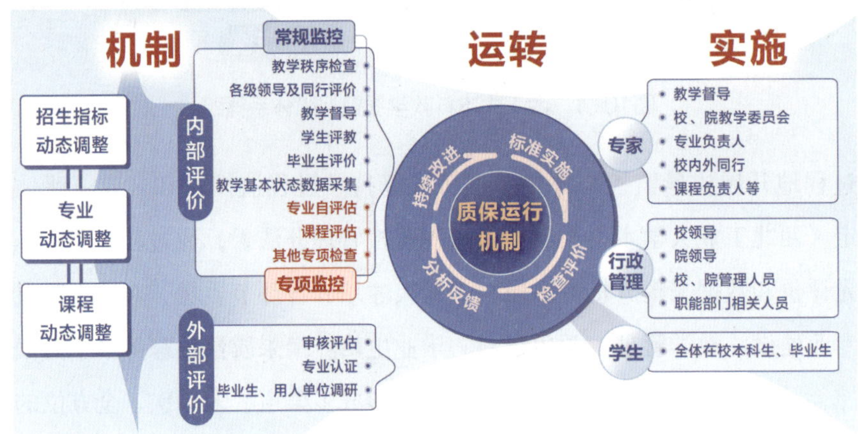

图10-2 西工大本科教学质量保障系统运行机制

10.2 树立一流质量标准

10.2.1 教学评价标准

课堂教学作为学校人才培养的主要阵地，是落实立德树人根本任务的关键环节。然而，传统的课堂教学质量评价多为“评教”或“评课”，是对“教”的评价，评价指标也主要是针对教师“教”的行为而进行设定的，少有与学生学习行为相关的评价指标，如教师教案的设计、教学内容的安排、教学方法的选择、板书设计以及多媒体使用情况等，很少有项目指标涉及对学生学习活动的评价。这种传统的教学质量评价观念，未能真正反映课堂教学及其质量评价的本质。

在课堂教学评价标准制定过程中，西工大不仅关注“评教”和“评课”，更关注“评学”，主要体现以下三方面的质量要求：一是多主体参与性，构建学生、督导、教师、行业企业专家、教学管理人员多主体参与、有机协同的跟踪反馈与持续改进机制。二是评价标准多样性，即针对课程类型不同分设不同评价标准，重点对任课教师课堂教学中的师德师风、教学态度、教学能力、教学方法、教学内容、教学效果等进行评价。三是评价结果合理利用，课堂评价结果为学校教学管理、绩效分配、教师考核晋升、教学奖励等提供依据，着力构建科学规范的课堂教学质量多元评价体系，形成“评价—引导—反馈—提高”的良性教学评价机制。

课堂教学质量评价的观测点如下：

1）教学态度。教师仪表端正、精神饱满、教态规范；备课充分，授课认真，善于管理课堂。

2）教学理念。教师以学生发展为中心，以学习成效为出发点，统领教学设计和实施过程，有激发学生学习内在动机的举措。

3）教学内容。积极落实课程思政，注重对学生的德育培养与价值塑造；课程目标、学习要求明确，授课内容与教学大纲匹配度高；授课内容翔实，概念准确，信息量适当，反映学科前沿；注重理论联系实践，强化能力培养。

4）教学方法。板书工整，课件精良，能够灵活、有效选用各种教学手段；授课层次清晰、重点突出、循序渐进，注重过程性考核；研讨、答疑辅导等安排及时充分，注重启迪学生积极思维，培养学生学习自主性。

5）教学效果。学生专注度高，教与学互动紧密，课堂气氛活跃，整体教学效果好。

10.2.2　课程评估标准

课程是实现人才培养目标的基础，也是落实专业培养方案和教学质量的关键环节。课程建设工作包括课程规划，教学大纲的编写与修订，各类课程标准制定，思政课程、课程思政等课程育人建设以及一流本科课程建设与管理等，这些环节相互关联、相互影响，共同构成了课程建设的完整体系。

课程评估是学校本科教学质量保障体系的重要组成部分。学校在课程评估标准制定过程中，主要体现以下六个方面的质量要求：一是强调有整体课程建设规划，并且不断推进和落实，课程数量和质量能满足教学需要。二是每门课程均配备有规范、完整的教学大纲并定期修订，课程目标支撑毕业要求的达成，课程内容支撑相应指标点要求，课程教学方式支持能力培养要求，课程考试深度、广度与评分标准反映课程目标要求。三是确保各类课程均有明确的教学要求和规范，包括理论课程、实践课程、全英文课程、美育课程、体育课程、在线课程等。同时，通识课程建设坚持社会主义核心价值观，凸显通识教育课程的思想引领和价值引导功能；全英文课程建设突出全英文教学的激励措施和政策。四是重视思政课程育人要求，在思政课程建设中，深入推动习近平新时代中国特色社会主义思想进教材、进课堂、进头脑，有思政课程标准审核和教案评价标准。五是有课程思政育人要求，将立德树人理念融入课程教学大纲中，进行课程思政的教学设计，开展课程思政教学改革。六是一流本科课程（含线上、线下、线上线下混合式、虚拟仿真类等）建设有规划，鼓励创新教学方法，打造的课程具有高阶性、创新性和挑战度，同时完善学生学习过程评价制度，确保教学质量提升。

课程评估的观测点如下：

1）教学理念。教学理念先进；围绕立德树人根本任务，落实课程思政育人，注重价值引领；教学理念符合学生成长成才规律，致力于激发学生内在潜力和学习动力，引导学生进行深层次学习。

2）教学团队。教师梯队结构合理，整体教学水平高，积极投入教学研究和教学改革，具有可持续发展前景。

3）课程教学大纲。课程教学大纲符合学校规范，课程目标与毕业要求的支撑关系清晰，教学内容设计、学时分配、考核评价安排等要求明确。

4）课程设计。针对课程目标对教学过程和课程考核进行科学的整体规划，教学策略、教学方法、质量评价等设计合理，举措得力；推进信息技术与教学过程融合，成效显著。

5）课程内容。课程内容紧扣学科前沿动态、经济社会发展需求以及国防军工行业用人需求等；教材及参考资料的选用经充分论证，符合教育部和学校教材选用规定；教学资源丰富多样，体现系统性、思想性与科学性。

6）教学组织与实施。突出以学生为中心，根据学生认知规律，创新教与学模式，促进师生之间、学生之间的交流互动、资源共享、知识生成；教学反馈及时，教学效果显著。

7）课程管理机制。注重教学团队建设、学生学习管理和形成性评价，对课程目标的达成情况进行系统总结分析，有运行有效的课程教学质量持续改进机制，过程可回溯，诊断改进积极有效。

10.2.3　专业自评估标准

专业建设是学校发挥办学优势，坚持特色发展的重要基础，包含专业发展规划、本科专业设置、专业动态调整等多个方面。专业建设是学校提升竞争力的关键所在，也是推动高等教育内涵式发展的重要途径。在高等教育快速发展的今天，我们不仅要关注专业建设的数量，更要注重质量的提升。

专业自评估工作是学校推进一流本科专业建设、深化教育教学改革的重要举措。西工大在专业自评估标准制定过程中，主要体现以下四个方面的质量要求：一是专业发展规划要有利于形成重点突出、特色鲜明、布局合理、结构优化与协调发展的学科专业体系，有利于学校本科教育的规模、结构、质量与效益协调发展，有利于推动学科专业发展。二是专业设置要主动适应国家和区域经济社会发展需要，适应知识创新、科技进步以及学科发展需要，更好地满足人民群众接受高质量高等教育的需求；应遵循高等教育规律和人才成长规律，符合学校定位和发展需要，学科专业结构合理。三是有专业动态调整机制，专业的申报、撤销等流程规范、合理，各专业认真执行专业国家标准和相关行业标准。同时，能够定期开展专业内部的自检自查自纠，切实提升专业建设质量。四是要落实工程教育认证标准，认证范围内专业严格遵照中国工程教育专业认证协会颁布的《工程教育认证标准》开展专业建设，切实践行“学生中心、产出导向、持续改进”的工程教育认证理念。

专业自评估的观测点如下：

1）专业培养目标。以新时期学校培养目标为遵循，有公开的适应国家重大战略和经济社会发展需求的专业培养目标；定期评价培养目标的合理性并根据评价结果对培养目标进行修订，评价与修订过程有行业或企业专家参与。

2）毕业要求。专业有明确、公开、可衡量的毕业要求，能够支撑培养目标的达成。

3）课程体系。课程设置能支持毕业要求的达成，课程体系设计有行业或企业专家参与。

4）学生。有吸引优秀生源的制度和措施；有效开展学生学习指导、职业规划、就业指导、心理辅导等工作；对学生在校期间学习成效进行评价，对学习过程中的表现进行跟踪、评估和评价，有学生转专业、转入学生学分认定的相关制度并且遵照执行。

5）持续改进。建立教学过程质量监控机制，通过教学环节、过程监控和质量评价促进毕业要求的达成，定期进行课程体系设置和教学质量的评价；建立毕业生跟踪反馈机制以及除高等教育系统外有关各方参与的社会评价机制，对培养目标是否达成进行定期评价，评价的结果用于专业的持续改进。

6）师资队伍。教师数量能满足教学需要，结构合理；教师具有足够的教学能力、专业水平、工程经验、沟通能力、职业发展能力等，能够不断改进工作，并且有足够时间和精力投入到本科教学和学生指导中，积极参与教学研究与改革；教师能够为学生提供指导、咨询、服务，并对学生职业生涯规划提供足够的指导。

7）支持条件。专业为学生提供的实践教学等平台满足教学需要，专业教学经费满足教学需要与持续改进，能够有效支持教师队伍建设。

10.2.4 其他教学关键环节评价标准

培养方案是学校实现“总师型”人才培养目标的总体设计与实施纲领，是学校组织和管理教育教学过程的主要依据，也是教育教学质量监控与评价的基础性文件，其核心要素包括培养方案制（修）订、审核和执行以及课程体系设置等。在培养方案方面，西工大持续优化《西北工业大学一流本科人才培养方案指导意见》，突出“总师型”人才培养特色，针对新工科、新文科、基础学科、基础学科拔尖创新人才、“三航”特色班等分类形成指导意见，明晰通识课程和专业基础教育两条主线，明确专业培养目标、毕业要求、课程体系及支撑关系等。各大类或专业定期审视人才培养的目标达成度、社会适应度、条件保障度、质保有效度和结果满意度，及时优化培养方案。如航天学院高度重视培养需求及行业企业的评价，每年组织赴合作密切的科研院所走访，赴兄弟高校开展调研，经过充分研讨、论证后对培养方案进行精准优化，以确保人才培养质量与社会需求的高度契合。

教材建设与管理包含教材以及网络（在线）教学资源、学科与科研资源转化应用于人才培养等的建设与管理，其核心要素包括教材建设与审核、选用、评优以及教学资源建设等关键环节。在教材管理方面，西工大制定《西北工业大学教材管理办法》《西北工业大学教材选用管理实施细则》《西北工业大学本科教材建设奖励办法》，明确了教材规划建设机制、教材出版审核机制、教材选用审核机制、教材表彰奖励的条件和标准等，详细规定了教材选用的基本原则、入库及退出的标准、选用审核的流程、使用评价及质量反馈流程等。通过这些制度的实施，确保了教材选用的科学性、合理性和有效性，促进了教材质量的不断提升。

实践教学是人才培养过程中必不可少的环节。在毕业设计（论文）方面，学校制定《西北工业大学本科毕业设计（论文）选题与实施管理细则》《西北工业大学本科毕业设计（论文）抽检办法（试行）》等管理办法，对论文选题、开题、中期检查、论文撰写、学术不端行为检测、答辩、优秀本科毕业设计（论文）评选等诸多环节进行规范管理，严把论文质量关。在实习实践方面，制定《西北工业大学实习工作管理办法》，不断健全实习教学体系，加强和规范实习管理工作；不断深化产教融合校企合作，大力推动实习基地建设，与中航西飞、中航成飞、中国航发、中国航天科工、中国船舶等国防军工科研院所，与华为、中兴等知名创新型企业开展合作，以产业和技术发展的最新需求推动人才培养模式改革，引导学生以问题和课题为核心开展项目式实习实践，健全合作共赢、开放共享的实践育人机制，实践教学质量不断提升。

教学管理是确保教学质量、实现教育目标的关键环节。在学生和教师管理方面，学校制定《西北工业大学学生管理规定》《西北工业大学本科生学籍管理实施细则》《西北工业大学本科教学事故认定及处理办法》等多项制度文件，如将试卷批改与分析不当等教学档案问题也认定为教学事故，严格明确了学生和教师在教学运行过程中的各项行为规范。在考试考核方面，制定《西北工业大学本科生考试管理办法》，形成了考场纪律、考试违纪及作弊行为的认定及处理、违反监考职责的认定及处理、课程的考核及免修、试卷的命题及印刷、阅卷及资料归档等的规范或标准。通过这些标准和制度的实施，有效地提升了教学管理的水平和效果，为培养高素质人才奠定了坚实的基础。

10.3　完善质量保障运行机制

10.3.1　课堂教学质量多元评价机制

课堂是人才培养的主阵地，抓好课堂教学是提高教学质量的重要手段。西工大通过全面实施课堂教学质量多元评价，改进结果评价、强化过程评价、健全综合评价，不断完善学生、督导、教师同行、行业企业专家、教学管理人员多主体参与、有机协同的跟踪反馈与持续改进机制，并为学校教学管理、绩效分配、教师考核晋升、教学奖励等提供依据，着力构建科学规范的课堂教学质量多元评价体系。

课堂教学质量多元评价工作的评价范围涵盖所有本科生的课程课堂教学班，评价对象为教学班的任课教师。评价主体包括学生、教学督导、教师同行、行业企业专家、教学管理人员等。学校总体负责课堂教学质量多元评价的顶层规划和统筹协调，以教学单位为重心开展多元评价和持续改进工作，全面实施规范化、科学化、精细化的课堂质量管理，突出教学单位在教学质量评价中的关键作用。评价包括四类：一是学生对课堂教学质量的评价（简称“学生评价”），二是教学督导和管理人员对课堂教学质量的评价（简称“督导评价”），三是教师同行、行业企业专家对课堂教学质量的评价（简称“同行专家评价”），四是教师对课堂教学质量的自我评价（简称“教师自评”）。

学生评价主要体现为学生对所学课程及担任该门课程的教师的情感、认识和行为倾向的综合反映，具体包括教师的授课水平、课堂气氛、学习收获等。与其他三类评价主体相比，学生评价不仅是最直接、最生动的评价方式，也是最有说服力的评价手段。为进一步兼顾课堂教学的全流程、各环节，学校将学生评价分为过程性评价和终结性评价两个部分，并且在构建评价体系时，从评教、评课和评学等三个维度出发，设计了3张适用于不同课程类别的学生评价用表，每张表包含14个二级评价指标以及1个开放式问题。

督导评价以校院两级教学督导和教学管理人员为评价主体。西工大设有专门的校级和院级教学督导队伍，主要由一批热爱教学工作，且具有丰富教学经验、治学严谨、有高度责任感的教师组成，部分教学督导还具有丰富的教学管理的经验。教学督导除了随机抽查教师的课堂教学质量外，还对任课教师的教学状态及相关材料进行检查和评估，包括教案（含教学设计、讲义、多媒体课件）、学生作业（或实验报告）批阅记录、答疑情况、试卷及成绩分析等。管理人员评价秉持促进教师教学发展和个人成长为导向的评价理念，主要是从侧重加强与改进教学管理工作的角度，对教师的教学情况进行综合评价，从而引导教师将个人发展与学校发展相结合。与此同时，管理人员评价还可以依据评价内容与成效，为教师教学能力提升创造条件，如制定相应的激励政策等。在设计督导评价时，学校从教学态度、教学理念、教学内容、教学方法、教学效果等五个维度出发，共设计了7张针对不同类别的评价用表，每张表包含

11个二级评价指标和1个开放式问题。

同行专家评价以校内学科专业方向大致相同的教师或校外相关学科专业方向的教师、行业企业专家评价教师的教学态度、业务能力与教学水平为主。作为具备相似学科专业背景和教学身份的教师同行，可以更准确、专业地对同行的教学能力和水平作出综合、中肯的评价。同时，教师之间进行互评，也能加强教师教学与科研的互融度。此外，更直接、更具可信度的同行互评，还能让教师更好地了解自身的教学情况，增强自身的“教学共同体”意识。同行评价由各教学单位结合学科专业特点，参考教学督导评价用表进行设计。

教师自评是任课教师在课程结束时对课堂教学质量的自我客观、全面的评价。教师自评，主要是教师对自身现有的教学素质与能力进行自我剖析、自我反思、自我调整。教师自评是学校教学评价中的重要环节。在评价体系的设计中，教师自评从教学目标达成情况、考核设置合理性、学生知识点掌握情况等方面设置5个开放式问题。

西工大多举措强化课堂教学质量多元评价的结果分析和运用。教务部研究形成学年课堂教学质量评价分析报告，针对课堂教学存在的问题进行总结，服务教学管理与教师课堂质量提升。各教学单位根据各类评价结果，查找课堂教学问题，并提出改进措施。对教学效果不佳的教师，教学单位通过合理安排专题培训、教师进修课程等，帮助教师不断提高教学质量。评价结果采用多元化应用模式，四类评价结果之间、过程性评价与终结性评价相对独立，学校根据评教、评课、评学等各类评估的需要，进行分项、单项或组合应用，教学评价结果作为教师评价评优、绩效考核、职称评审、岗位聘任等的重要依据之一。

10.3.2　课程评估机制

西工大聚焦课程目标达成情况评价，通过全面实施课程评估工作，构建形成了持续改进的课程教学质量保障机制。通过课程评估，旨在不断引导教师潜心育人，提升本科课程高阶性、创新性和挑战度，保障多类型、多样化的教学内容与课程体系建设质量。在评估过程中，坚持多样性原则，根据课程内容属性、组织方式、课程任务等不同课程类别制定补充评估标准，实施有针对性的评估；坚持全程性原则，确保评估观测点覆盖教学设计、运行及持续改进全过程；坚持发展性原则，以坚持有利于学生成长成才，有利于教师提高教书育人能力为出发点，促进教学相长，提升人才培养质量。

课程评估工作面向学校开设的所有本科课程，新开设课程原则上开课一学期后可开展自评估。评估的工作周期以学期为单位，4年即8个学期完成一轮评估。学校总体负责课程评估的顶层设计和统筹协调，教务部主要承担通识课程、大类平台课程、校级一流本科课程及获批高水平课程建设项目的课程评估组织工作，课程评估结果及其运用等重要事项需经学校教学委员会审议。课程评估程序主要包括课程自评、学院审查、学校评估和结果审定等环节，评估结论经教学委员会审定后向开课单位通报，并监督开展后续整改、复评等工作。各开课单位负责除通识课程、大类平台课程、校级一流本科课程及获批高水平课程建设项目之外其他课程的评估工作，尤其是工程基础类课程、专业基础类课程、专业类课程、工程实践与毕业设计（论文）四类课程。开课单位需将评估计划和结果报教务部备案，教务部给予各开课单位相应指导和支持，并适时对评估情况进行抽检。各开课单位负责的课程评估程序由各单位自行确定，评估材料须完全覆盖学校负责的课程评估内容，指标体系可结合实际情况做进一步细化。

评估过程中，学校和开课单位对照本科课程评估标准，重点评估课程目标对毕业要求的支撑度、课程目标达成情况、课程思政落实情况、课程设计的科学性与课程内容的持续改进、课程师资和教学资源条件对人才培养的保障度，以及课程合理性评价机制的有效度与可持续性。其中，课程目标对毕业要求的支撑度包含课程目标的设置符合学校办学定位和人才培养目标，体现对学生能力的要求，对毕业要求（指标点）有明确合理的支撑关系；课程目标达成情况包含教学过程和课程考核针对课程目标进行设计，课程内容的深度和广度与课程目标要求相匹配，对课程目标的达成情况分析系统深入；课程思政落实情况包含围绕立德树人根本任务，明确课程思政育人目标，深入挖掘各类课程中蕴含的思政元素，充分发挥课程育人功能，强化价值引领，用习近平新时代中国特色社会主义思想铸魂育人，着力培养学生的家国情怀；课程设计的科学性与课程内容的持续改进包含科学合理设计教学策略和教学方法，根据学科前沿动态、经济社会发展需求以及国防军工行业用人需求等及时更新教学内容，并将课程目标达成情况分析有效运用于课程持续改进；课程师资和教学资源条件对人才培养的保障度包含教学梯队结构合理、队伍稳定，团队教学水平高，教学资源条件能够满足课程教学和学生学习需求，有力支撑课程目标的达成；课程合理性评价机制的有效度与可持续性包含课程目标的修订和课程设计的优化有行业企业专家参与，针对课程目标、教学内容、教学方法、教学组织及达成情况的多元评价机制运行良好，持续改进科学有效。

课程评估结论分为三种：通过、有条件通过和不通过。“通过”，即达到标准要求，无标准相关的任何问题，有效期保留一个轮次。“有条件通过”，即达到标准要求，但有问题或需关注事项，需在一年内提交整改报告，根据问题改进情况决定是否通过。“不通过”，即存在未达到标准要求的不足项，未通过课程需认真整改，并于下一工作周期重新参评。课程评估结果将作为课程准入与淘汰、开课单位本科教学绩效测算等的重要依据。

10.3.3 专业自评估机制

西工大严格遵照《普通高等学校本科专业类教学质量国家标准》要求，紧密结合工程教育认证要义，遵循专业建设与国家重大战略和经济社会发展需求紧密结合、与一流本科专业建设总体要求紧密结合、与学校办学定位和人才培养目标紧密结合的“三结合”原则，开展主体性、目标性、多样性、发展性、实证性和客观性的专业自评估工作，着力打造高质量、有特色的本科专业体系。通过专业自评估，旨在促进专业规范管理、整合资源、凝练特色、持续改进，不断深化专业供给侧改革，提升人才培养质量。

专业自评估工作优先评估已具有三届以上（含）毕业生的专业，新建专业原则上有一届毕业生后开展自评估。专业自评估的工作周期以学期为单位，4年即8个学期完成一轮评估，确保所有符合条件的在办专业均得到评估。评估工作采取自评报告评议与专家现场考查相结合的方式，评估内容包括定性和定量两部分。其中，定性评估包含培养目标、毕业要求、课程体系、学生、持续改进、师资队伍、支持条件等7项评估项目共30个评估要素；定量评估主要是根据教学基本状态数据，整合关键定量审核指标，对42项关键数据进行评估。评估程序为专业自评、学院审查、学校评估和专家结果反馈，评估结论经教学委员会审定后通报，教务部负责将专家意见反馈至专业所在学院。

根据国标、工程教育认证通用标准及本科教育教学审核评估指标体系等相关要求，专业自评估工作重点审核专业培养目标达成度、专业定位与社会需求的适应度、教师和教学资源条件对人才培养的保障度、质量保障体系运行的有效度与可持续性，以及学生和用人单位的满意度。其中，专业培养目标达成度是指强化学生中心、成果导向与持续改进，跟踪分析学生全过程学习效果，建立人才培养评价反馈长效机制；专业定位与社会需求的适应度是指从国家重大战略与经济社会发展实际出发，合理设置与专业发展匹配的人才培养目标，科学构建与目标相适应的课程体系；教师和教学资源条件对人才培养的保障度是指通过师资队伍、教学资源建设及有效利用，为人才培养提供有力支撑；质量保障体系运行的有效度与可持续性是指优化质量保障机制，明确质量保障标准，建设质量文化，保障专业持续改进；学生和用人单位的满意度是指通过多层次、全方位的满意度调查跟踪反馈，提升人才培养质量。

专业自评估结论分为三种：通过、有条件通过和不通过。“通过”，即达到标准要求，无评估相关的任何问题，有效期保留一个轮次。已通过工程教育认证的专业不参与专业自评估，评估结论直接认定为“通过”。“有条件通过”，即达到标准要求，但有问题或需关注事项，需在两年内提交整改报告，根据问题改进情况决定是否通过。“不通过”，即存在未达到标准要求的不足项。未通过专业需认真整改，并于下一工作周期重新参评。专业自评估结果将作为学院招生指标动态调整、专业准入与淘汰、本科教学绩效测算等重要依据。

10.3.4　其他教学关键环节专项评估

西工大着力构建具有西工大特色的一流本科人才培养质量标准体系和管理机制，对人才培养全流程加强引导、建设和监督，尤其是围绕课堂教学、教学大纲、教材建设、毕业设计（论文）、实践教学、教学资料档案等教育教学关键环节开展专项评估，将标准制定与效果评价、监督保障、持续改进紧密结合在一起，保证教学运行稳定有效。

毕业设计（论文）是保证人才培养目标达成的重要环节。西工大构建了“教育部—教育厅—学校—学院”四级毕业设计（论文）抽检机制，重点考查学生基本学术规范和基本学术素养，论文选题意义、写作安排、逻辑构建、专业能力等是否达到“合格性”。西工大高度重视评估结果的运用，对在校级抽检中发现的“存在问题毕业设计（论文）”，将对指导教师予以通报，该指导教师下一年度指导的毕业设计（论文）必然进入下一次校级抽检名单。对于连续2年抽检均发现有“存在问题毕业设计（论文）”的指导教师，将在校内予以通报。对在校级抽检中连续2年均发现有“存在问题毕业设计（论文）”且比例较高或篇数较多的学院，将对学院在校内予以通报，减少其招生计划，并进行约谈，提出限期整改要求。对在校级抽检中连续3年抽检均发现存在问题较多的本科专业，经整改仍无法达到要求者，学校将视其为不能保证培养质量，依据有关规定责令其暂停招生。对在校级抽检中涉嫌存在抄袭、剽窃、伪造、篡改、买卖、代写等学术不端行为的本科毕业设计（论文），除按上述规定处理外，还须按《西北工业大学学术道德规范及管理办法》的相关规定进行处理。校级抽检结果将作为各学院一流专业建设、专业认证和评估以及专业建设经费投入等教学评价与教育资源配置的重要参考依据。

本科教学资料档案管理是学校教学管理工作的重要组成部分，是衡量和检查各教学单位教学质量、管理水平的重要标志。西工大每学期组织教学督导和教学管理人员对教学资料档案开展专项评估，重点评估各教学单位关于本科教学归档相关管理规定是否完备、教学资料档案是否按照学校教学档案管理的要求和标准进行归档等，引导各教学单位持续规范开展本科教学管理，重视教学质量过程管理，不断完善教学质量监控与保障体系建设。教务部及时汇总整理专项评估中发现的问题，研究制定整改任务单向相关单位反馈，并对整改情况开展持续跟踪和监督。

10.3.5　教学督导队伍建设

教学督导工作是学校本科教学质量保障体系的重要组成部分，是实施教学质量科学化管理的必要手段。教学督导工作要围绕学校人才培养目标，遵循教学相关制度、标准和要求，为切实提高人才培养质量提供意见和建议。尽管众多高校都已建立了自己的督导队伍，但当前的督导形式较为单一，以听课和专项检查为主，督导范围仅关注部分教学环节，稍显局限，此外对于督导意见的运用不够充分，督导效果未能达到预期。西工大秉承“督教、督学、督管、督改”相结合的原则，构建了专兼结合的校院两级专业化、高素质教学督导队伍，面向教育教学全过程开展咨询、监督、评价和指导。

在组织机构方面，西工大设立校、院两级教学督导组，教务部负责校级教学督导的选聘、培训和组织管理，同时给予院级教学督导工作指导和支持。校级教学督导组挂靠教务部教学质量办公室，面向全校各教学单位开展工作。教学督导组由专职督导与兼职督导组成，其中专职督导一般为返聘的退休教师，兼职督导一般为在职教师。校级教学督导组设组长1名，副组长2～3名，负责督导组整体工作的协调和组织，并且按照学科或课程类别进行分组，有目的性地开展工作。同时，结合重点工作和教学热点问题，设立专项任务工作小组开展具体的针对性工作，每小组设小组长1名。学院层面，院级教学督导由所在学院负责选聘、培训和组织管理，在学院内开展工作。院级教学督导组具体人员组成由学院根据实际情况确定，但人数原则上每学院不少于3人，每专业不少于2人，人数可根据学生人数适当调整。学院可根据工作实际设置组长、工作小组长等。西工大现有校级督导55人，院级督导241人，做到了学科全覆盖、专业全覆盖，整体层次结构科学、合理。

在工作职责方面，教学督导针对师德师风、学风考风、教学资料、教学条件和课程思政落实情况等方面，对人才培养各环节开展日常督导，并做好督导记录。针对每门次课程，聚焦学生学习效果，关注课程内容、教学方法以及考核方式能否有效支持课程目标和毕业要求的实现，认真完成课堂教学质量评价表中各项观测指标的评分，并现场指出问题与改进建议。教学督导还积极参与专项教学检查与评估，配合教务部开展教学检查、专业自评估、课程评估、审核评估、专业认证等教学质量相关工作。此外，教学督导还围绕人才培养重点工作和发展需求，针对当前教学热点和问题开展专题研究，对教学管理相关制度、人才培养方案、课程教学大纲、教学质量标准等的制定工作提供咨询、指导，并且及时发现和纠正教学过程中存在的问题，对教学效果较差的课程进行检查、咨询和指导，对需要相关职能部门、各教学单位解决和落实的问题及时向教务部反映，并根据实际情况提出优化教学管理、改进教学服务和提升教学质量的合理化建议。

在评价结果应用方面，校、院两级教学督导在每次听课后，均会主动与任课教师进行交流，并及时反馈意见与建议。在反馈过程中，督导尽量既充分肯定成绩和优点，又不回避存在的问题和缺点，向任课教师指明教学改进的方向与提高教学质量的具体措施，真正起到帮扶作用。西工大定期公布校级教学督导的教学督导、检查和评估的评价结果，学院也定期公布院级教学督导的教学督导、检查和评估的评价结果。各单位对督导的意见和建议也充分重视，通过深入研究、持续改进，不断完善校、院两级教学质量保障体系。此外，教学督导的教学督导、检查和评估的评价结果，还作为学院招生指标、专业动态调整、教学绩效测算等工作的重要依据。

10.4　质量保障成效

10.4.1　工程教育认证理念全覆盖

工程教育认证是行业界与工程界共同实施的、为保证从事工程职业工作的教育基础而进行的专业人才培养质量的外部评价机制，是实现工程教育国际互认和工程师资格国际互认的重要要求，是提升我国高等工程教育质量的重要途径。通过工程教育认证的专业，标志着专业质量实现了国际实质等效，进入全球工程教育的“第一方阵”，毕业生学位可以得到《华盛顿协议》成员组织的认可，工程教育认证已成为我国高等学校推进工程教育改革的重要举措。开展工程教育认证工作对于构建“以学生为中心”的质量保障体系、持续提升本科教育教学水平具有重要作用。

西工大历来高度重视工程教育认证工作，不断加强顶层设计，成立了由主管本科教学的校领导任组长的工程教育认证工作专班，负责工程教育认证工作的顶层规划和统筹协调，对工程教育认证相关重要事项进行总体部署和决策。教务部负责学校层面工程教育认证的管理，组织各学院开展认证计划制定，统筹认证专业的培育、申报、迎评和持续改进等工作，并对各学院落实认证工作任务情况进行监督和检查。各认证相关职能部门、教学单位做好认证相关资源建设与条件保障工作。此外，教务部组织成立工程教育认证咨询专家组，统筹工程教育认证相关咨询与培训工作。专家组成员包括中国工程教育专业认证协会认证专家教育部教学指导委员会成员，国家级、省级教学名师，本科教学督导，行业企业专家等。可受理范围内专业所在学院成立工程教育认证工作小组，由院长或院党委书记任组长，主管本科教学工作院领导任副组长，负责学院工程教育认证工作的具体组织、管理和实施，落实认证工作责任到人，做好材料编撰、资料收集、特色凝练与持续改进机制建设，推进工程教育认证相关各环节协调管理、协同共进。

西工大围绕新时期学校人才培养目标，聚焦本科教育教学质量，落实立德树人根本任务，贯彻“学生中心、产出导向、持续改进”理念，全面把握工程教育认证的新形势、新要求，紧抓毕业要求与培养目标达成度评价的主线，兜住面向产出的内部评价机制建立的底线，坚持“应认证、尽认证”，深化教育教学改革，推进认证工作常态化，全面提升本科教育教学质量。西工大制定《西北工业大学工程教育认证管理办法》，认证范围内专业均严格遵照工程教育认证标准开展专业建设，切实践行“学生中心、产出导向、持续改进”的工程教育认证理念，常态化开展评价，并基于评价结果，做好持续改进工作；抓好认证有效期工科专业的综合改革，持续改进和深化课堂教学革命，为工程教育高质量发展助力赋能。截至目前，西工大共有13个专业通过工程教育专业认证，1个专业通过住房城乡建设部专业评估。

工程教育认证是推进一流本科专业建设、深化本科教育教学改革的重要举措。西工大持续以评促建，以评定向，切实将工程教育认证所倡导的“以学生为中心”“产出导向”“持续改进”等基本理念落实到人才培养体系中，不断提高专业建设质量，规范管理流程，促进专业内涵式发展。针对认证受理范围外专业，遵循认证理念制定评估标准，按照分批、分类、分期原则，组织不同专业进行聚类校内自评估，鼓励专业对标世界一流开展国际评估。各专业按照“学生中心、成果导向、持续改进”的理念改革课堂教学，修订培养目标和毕业要求，重构培养方案，将专家反馈的“问题清单”转变为专业“建设清单”，重塑以学生为中心的质量文化。

10.4.2 多方群体满意度高

进入新时代，党和国家对建设高等教育强国提出了新要求。西工大适时调整人才培养目标，经过广泛调研、深入分析、召开各类专题研讨会、多方征求意见，确定了“培养具有家国情怀，追求卓越、引领未来的领军人才”的新时代人才培养目标。围绕人才培养目标，不断优化专业教育与通识教育有机结合的人才培养模式，多维推进跨学科交叉融合培养，构建与“双一流”大学建设目标相适应的新时代拔尖创新人才培养体系，着力推进高质量内涵式发展，全力保障培养目标达成。各专业遵循学校人才培养目标，依托学科优势，把握前沿趋势，面向国家和社会需求，定期由校内外专家审定专业人才培养方案，更新、完善各专业人才培养目标、毕业要求、课程体系、质量标准等，明确各课程目标与毕业要求的支撑矩阵，教师根据课程目标指导编写课程教学大纲，以课程教学大纲规范课程教学内容。西工大以专业自评估、课程评估工作为契机，定期开展专业培养目标合理性、课程体系合理性、课程目标达成度评价，根据评价结果持续改进、修订专业培养目标，确保各项目标均由具体教学活动支撑，每项教学活动均围绕具体培养目标开展。

西工大聚焦国家战略，持续优化同国家新发展格局相适应的专业布局，主动对接加快构建以国内大循环为主体、国内国际双循环相互促进的新发展格局，主动调整专业结构，合理规划与布局本科新专业。2022年增设行政管理、生态学2个新专业；2023年增设增材制造工程、集成电路设计与集成系统、保密技术（当年全国唯一）等3个专业，大力推进工工、工理、工文等专业交叉，形成多学科融合、布局合理、适应性强的本科专业结构布局。西工大坚持扎根西部、献身国防，以培养“总师型”人才为目标，引导学生“立大志向、上大舞台、入主战场、干大事业”，着力培养与国家战略需求相匹配的创新型人才。毕业生流向持续呈现服务国家重大战略、服务西部地区等特征。西工大2023届本科生深造率为70%，连续稳定保持较高比例，且整体呈上升趋势；签约就业的毕业生中，国有企业是本科毕业生的主要签约流向，前往国有央企、世界500强企业就业超50%。毕业生国防就业、西部就业连续多年双双超40%，为航空、航天、航海、兵器、电子等国防科技工业以及制造业、信息与通信领域输送了大量的优秀毕业生。

西工大建立科学合理的办学资源保障机制，确保师资和教学条件保障度高。在保障教学经费持续增长的同时，特别加大了对重点教育教学改革项目的专项支持，从经费上落实了本科教育的中心地位；持续推进公用房资源配置改革，优先保障实验教学和人才培养需求；加强实践平台建设，建有4个国家级实验教学示范中心、2个国家级虚拟仿真实验教学中心、3个工业和信息化部实验教学示范中心、17个省级实验教学示范中心以及3个省级虚拟仿真实验教学中心，建设基础、专业、虚拟仿真三大类别教学实验室，打造基础、综合、创新三结合的实验教学效果，为学生创新实践活动提供良好条件；加快推进信息技术应用，建成了数据中心、主控中心、互联网教室、专业录播室、常态化直播录播教室、智慧教学平台、课程资源平台等平台，完成本科翱翔教务系统升级、学生工作平台、自助打印平台、教学质量监测平台等信息化项目建设，为本科教育教学质量提供全方位保障；重视文献信息资源建设，拥有丰富的文献信息资源和专业的学科服务队伍，为本科人才培养提供丰富的文献资源保障；强化教学仪器设备保障，坚持“优化配置、有效使用、规范处置、责任明确”的管理原则，保障教学工作顺利开展。

西工大定期通过问卷调查、交流座谈、个案访谈等形式开展毕业生满意度调查，内容涵盖专业培养、课程体系、课堂教学、学业指导、学生活动、就业服务、教学资源等方面。最新调查结果显示，毕业生对母校总体满意率高达98.84%，满意度持续保持在高位。以服务国家战略就业引导为核心，扎实推进毕业生就业创业工作，就业结构持续优化，就业质量稳步提升。用人单位对学校毕业生满意度连续多年均保持在99%以上。在面向用人单位开展的问卷调查中，用人单位对西工大毕业生在身心健康、职业道德、沟通交流能力、持久竞争力等方面均给予了高度肯定（见表10-1）。

表10-1　部分用人单位对毕业生的评价要点

序号	用人单位	评价要点
1	中航工业第一飞机设计研究院	2018年以来，西工大有193名毕业生签约我院，毕业生整体基础扎实、踏实肯干、认真负责，能够较快完成从学生到工程技术人员的身份转变、快速融入团队，同时将所掌握的国内外最新航空设计知识、理念、工具运用到型号研制工作中，能够不断优化设计流程、提高设计效率。目前，越来越多的西工大毕业生在我院各个核心关键岗位承担重要工作，为我院的型号任务研制和科研管理工作作出了杰出贡献

续表

序号	用人单位	评价要点
2	中国船舶集团公司第七〇五研究所	2018年以来，西工大有53名毕业生签约我所，西工大的毕业生整体务实敬业，工程能力强，有国防情怀，有奉献精神，整体素质较高。毕业于航空器结构与适航技术的李魁同志，目前已担任部门研究室副主任，并担任重大型号系统主任设计师
3	中国航发四川燃气涡轮研究院	2018年以来，西工大有87名毕业生签约我院，西工大毕业生沉稳踏实，潜心科研，在专业发展、型号研制、人才培养等方面发挥了重要作用。毕业生张维雅同志，本硕皆毕业于西工大，能力突出、成长迅速，现担任某项目总师青年助理
4	北京机电工程研究所（航天科工三院三部）	2018年以来，西工大有67名毕业生签约我所，西工大学生理论基础扎实，专业方向对口，有较强的航天情怀，入职后在岗位兢兢业业，为飞航事业发展作出突出贡献。机电学院毕业生董鹏飞担任多个型号软件专业副主任设计师，已成长为相关专业骨干技术人员

10.4.3 质量文化深度浸润

1. “育国之栋梁、铸国之重器”的精神追求厚实质量底蕴

质量文化是持续提升大学教育质量最持久的内在动力。西工大在积厚办学历程中形成“育国之栋梁、铸国之重器”的精神追求，始终坚持为党育人、为国育才，素有“总师摇篮”的美誉。在“育国之栋梁、铸国之重器”精神的浸染与熏陶下，一代代西工大人发扬爱国奋斗的优良传统，始终坚持国家至上，不虚、不浮、不务名、不图利，不断追求卓越，以超凡的责任感和艰苦卓绝的拼搏精神，为国防科技事业和国民经济建设作出了突出贡献。

进入新时代，西工大砥砺传承，广泛开展“总师育人文化”讨论，深入挖掘其内涵，凝练形成了“低调务实、兼收并蓄，厚积薄发、为国铸剑”的“总师型”人才特质。“育国之栋梁，铸国之重器”的精神已融入全校师生的血脉之中，并潜移默化、润物无声地影响师生的价值判断和价值选择，不断推动大学精神的薪火传承、学校事业的永续发展。（图10-3体现了“总师育人文化”的校园浸润。）

2. “规则第一，标准第一”的质量价值追求提升质量自觉

西工大秉承“质量为先”的发展理念，始终致力于将提高人才培养质量融入发展战略，并不断推进。西工大“十二五”规划中明确提出了实施“质量保障系统工程”行动计划；“十三五”规划中将“人才培养质量明显提升”作为主要建设任务；“十四五”规划中进一步将“树立和践行新的质量观”列入指导思想，实施一流本科

人才培养行动计划，坚持在“扎根西部、献身国防”的实践中持续深化高质量内涵式发展，着力构建高质量、特色化的人才培养体系。

西工大着力建立“标准第一”内控机制，将质量价值观落实到教育教学各环节，积极推动各环节的流程标准公开透明化，及时公布各项管理制度、公示各项服务流程、公开各类培养标准，让教学有标准、学习有标准、服务有标准。全校师生职责明确、目标一致、各司其职，在各个环节对照标准，强化质量要求，共同推动教育教学质量的持续提升。

图10-3　西工大校园文化景观

10.4.4　人才培养质量节节攀升

西工大大力弘扬“总师育人文化”，着力培养具有家国情怀，追求卓越、引领未来的领军人才，育人成效显著，人才培养质量节节攀升。2021年以来，西工大入选首批中组部工程硕博士培养改革专项，获批“两机”（航空发动机和燃气轮机）、新材料、人工智能、集成电路等4项国家急需高层次人才培养专项，获批全国唯一航空航天类强基班。历史上，铸造、航空宇航制造工程、飞行力学、航空发动机、水中兵器、火箭发动机、无人系统等7个学科的全国第一位工学博士均由西工大培养。据不完全统计，在西工大为国防科技事业发展和国民经济建设输送的校友中，有50余位省部级以上领导、67位将军、63位两院院士，还有6位中国十大杰出青年。在航空领域，以杨伟、唐长红等为代表的约半数以上的重大型号总师、副总师为西工大校友。

新中国航空事业发展70周年纪念表彰的5位“航空报国功勋奖”获得者中4位为西工大校友，10位“航空报国杰出奖”获得者中6位为西工大校友。在航天领域，以“航天三少帅”中的张庆伟和雷凡培为代表的一大批杰出校友担任国务院国资委管理的大型央企及所属企事业单位党政领导干部及副总师以上职务，相继为我国航天事业的飞速发展作出了突出贡献。航海领域同样有大批的杰出校友活跃在船舶工业、水中兵器行业的重要管理岗位与核心技术岗位上，英才辈出，不胜枚举。大批西工大学子成为行业精英、国之栋梁，被社会誉为“总师摇篮”。

10.5 本章小结

西工大秉承“质量为先”的发展理念，以“千方百计让学生成长成才”的质保理念为引领，不断完善具有西工大特色的教育教学质量保障体系。聚焦人才培养工作需求，构建包含培养方案、专业建设、课堂教学等人才培养各环节的一流本科人才培养质量标准体系，推进实施课堂教学质量多元评价、专业自评估、课程评估以及其他教学关键环节专项评估。以“总师育人文化”引领质量文化建设，持续加强“育国之栋梁、铸国之重器”的质量文化的深度浸润，深化教育教学高质量内涵式发展。

（注：本章由傅茂森、高丹丹、王青青等人编写。）

展望

当前，国家正处于伟大的变革时代，中华民族伟大复兴需要更多拔尖创新人才。新时代呼唤教育强国，呼唤更多大学跻身世界一流，体现中国特色，为强国建设奠定基础性、战略性支撑。回顾过去，西工大以低调务实不张扬、扎根一线能担当的实际行动，走出了一条具有西工大特色红专结合的育人之路。立足新时代，望向更远处，西工大将以更加开阔的视野、更加昂扬的姿态、更加开放的胸怀、更加扎实的工作，持续打开一流本科教育新格局。

低调务实，笃行实干

建校80余年来，西工大负重自强，埋首培桃育李、为国治学，秉承“公诚勇毅”校训，弘扬“三实一新”校风，形成了“扎根西部、艰苦奋斗、求真务实、开拓创新、追求一流、献身国防”的西工大精神，激励一代又一代西工大人拼搏前进。面向新征程，西工大将持续在习近平新时代中国特色社会主义思想指导下，培养堪当民族复兴大任时代新人，始终将价值塑造放在人才培养的第一位，用习近平新时代中国特色社会主义思想铸魂育人，用“总师育人文化”和“西工大现象”教育和感染学生。

兼收并蓄，淬炼特色

今天的高校承担着越来越多的使命和责任，但究其根本，育人才是大学的本质和初心。未来，西工大将继续自觉肩负起复兴与强国使命，紧紧围绕“天下工大、世界三航”远景目标和新“三步走”战略构想，坚持立德树人，坚持守正创新，坚持战略迭代，坚持“教育、科技、人才”三位一体，强化文化浸润，引导广大学子献身国防，用赤诚的爱国之心、强烈的报国之志，履行人才强国、科技报国的职责，在新使命引领下走出一条扎根中国大地建设世界一流大学的新路，将“愿意去、留得住、干得好”传承并发扬光大，谱写新时代的“西工大现象”。

厚积薄发，开拓创新

西工大将继续致力于“总师型”人才培养的探索和实践，培养国防特色拔尖创新人才。持续优化“招生—培养—深造”全链条、全过程、全周期的人才培养体系，夯实“一流专业、一流师资、一流课程、一流教材、一流实践”人才培养之基，持续巩固“专业知识结构强、系统整机观念强、解决问题实践强、为国铸剑使命强”的“四强”优势，着力构建拔尖创新人才自主培养体系，着力提升拔尖创新人才自主培养质量，着力培养以“总师型”人才为代表的具有家国情怀，追求卓越、引领未来的堪当民族复兴重任的领军人才。

为国铸剑，强国复兴

击鼓催征稳驭舟，奋楫扬帆启新程。在全面建设社会主义现代化国家的新征程上，西工大将继续深入学习贯彻习近平新时代中国特色社会主义思想，牢记“为党育人、为国育才”使命，扎根中国大地，心怀“国之大者”，以“总师育人文化”引领人才培养，持续面向科教兴国战略、人才强国战略、创新驱动发展战略等国家重大战略需求和经济社会发展需要，深化教育教学改革，将“低调务实、兼收并蓄，厚积薄发、为国铸剑”的总师特质融入人才培养全过程。为党育英才、为国铸重剑，奋力谱写中国特色世界一流大学建设新篇章，为全面建成社会主义现代化强国、全面推进中华民族伟大复兴作出新的更大贡献！

（注：本章由杨益新、王海鹏等人编写。）

附录

1 西工大荣获历届国家级教学成果奖名录

序号	年份	成果名称	主要完成人	主要完成单位	获奖等级
1	2001	机械原理和机械设计课程建设与改革	葛文杰、李建华、陈国定、李育锡、王三民	西北工业大学	国家级二等奖
2	2001	加强材料力学课程建设全面提高教学质量	卢智先、金保森、邓林科、潘文革、耿小亮	西北工业大学	国家级二等奖
3	2005	结合学科建设和科学研究构建创新人才培养体系	宋保维、崔景元、徐德民、孙进才、张　静	西北工业大学	国家级一等奖
4	2005	改革基础力学，建设一流国家工科力学教学基地	矫桂琼、支希哲、苟文选、张大成、刘小洋	西北工业大学	国家级一等奖
5	2005	多层次应用物理教育体系建设与高素质创新人才培养	陈长乐、魏炳波、管玉峰、包荫鸾、陆福一	西北工业大学	国家级二等奖
6	2005	科技创新平台培养高素质人才的实践	张立同、李贺军、成来飞、李克智、徐永东	西北工业大学	国家级二等奖
7	2005	优化整合电工学课程体系努力培养本科生创新能力	史仪凯、向　平、卢健康、田梦君、袁小庆	西北工业大学	国家级二等奖
8	2005	思想政治教育进网络工作的实践与创新	叶金福、杨蜀康、黄迪民、高广元、李彩香	西北工业大学	国家级二等奖
9	2005	构建创新实践平台 培养学生创新能力	李小聪、王润孝、张　炜、赵选民、邵舒渊	西北工业大学	国家级二等奖
10	2005	立足创新 注重实践 建立高校教材建设管理新模式	李　辉、万小朋、张近乐、郭金香	西北工业大学	国家级二等奖
11	2005	高等职业教育电子与通信技术实践教学基地建设的探索与实践	冯建力、张会生、张　渤、宋金书、赵新一	西北工业大学	国家级二等奖
12	2009	研究生创新能力培养平台的建设与实践	姜澄宇、王润孝、张　骏、李铁虎、李玉龙、薛　静	西北工业大学	国家级一等奖

续表

序号	年份	成果名称	主要完成人	主要完成单位	获奖等级
13	2009	我国高等教育教材建设与评价体系研究	王润孝、万小朋、吴　博、李　辉、张清江、苗广文、葛文庆、郭金香	西北工业大学 教育部全国高等学校教学研究中心 吉林大学 山东理工大学	国家级二等奖
14	2009	我国控制工程领域工程硕士培养机制的研究与创新	潘　泉、王　雄、程咏梅、马广富、杨根科、廖晓钟、沈安文、柴　毅	西北工业大学 清华大学 哈尔滨工业大学 上海交通大学 北京理工大学 华中科技大学 重庆大学	国家级二等奖
15	2009	国际化工程型软件人才培养模式的创新与实践	周兴社、吴祖明、朱怡安、武君胜、蔡康英、胡　飞、蔡皖东、王　庆、张云鹏、陆　伟、阮长江	西北工业大学	国家级二等奖
16	2009	深化教学改革，建设一流机械基础系列课程	孙根正、陈国定、葛文杰、齐乐华、李建华、廖达雄	西北工业大学	国家级二等奖
17	2009	弘扬“三实”优良传统，创新航空科技英才培养体系	宋笔锋、黄其青、李　辉、赵美英、杨　永、李占科、宣建林	西北工业大学	国家级二等奖
18	2009	以培养学生创新能力为目标，加强电子实验教学中心建设与实践教学改革	段哲民、徐建城、严家明、周　巍、李　辉	西北工业大学	国家级二等奖
19	2009	优化多媒体网络教学资源，全力构建大学英语课程教学新体系	赵雪爱、王　健、许霄羽、李恩普、刘美岩、陈冬梅、谭　键	西北工业大学	国家级二等奖
20	2009	创立模拟联合国教学模式探索培育高素质国际化人才有效途径	阮红梅、李小聪、王　健、李云平、马　静、刘　菲、卜雅婷	西北工业大学	国家级二等奖
21	2014	工科大学生数学创新实践能力培养模式的探索与践行	孙　浩、徐　伟、李　辉、肖华勇、王力工、徐根玖、赵俊锋、佘红伟	西北工业大学	国家级一等奖
22	2014	创建微纳新兴交叉学科平台，培育拔尖创新人才	苑伟政、何　洋、李晓莹、马炳和、叶　芳	西北工业大学	国家级一等奖

续表

序号	年份	成果名称	主要完成人	主要完成单位	获奖等级
23	2014	国际化外语师资建设、教学体系构筑和评估模式改革的研究与实践	张　奕、唐　虹、吕　芳、王　健、滕亿兵	西北工业大学	国家级二等奖
24	2014	国际化培养风电卓越工程师的探索与实践	廖明夫、王四季、王俨剀、杨伸记、刘前智、林　辉、宋文萍、Robert Gasch、Jochen Twele、Martin Kuehn、Siegfried Heier、Robert Liebich、Klaus Knecht、Jan Liersch、Werner Uka	西北工业大学	国家级二等奖
25	2014	航空发动机“情景式”实验教学体系的创建与实践	吴丁毅、刘振侠、吕亚国、张丽芬、肖　洪、高丽敏、王占学、郑龙席、蔡元虎、高　颖、胡剑平、高文君、赵　琳、韩　流、吴　迪	西北工业大学	国家级二等奖
26	2014	融合专业教学，提升计算科学思维能力，推进计算机基础教学改革与实践	张艳宁、姜学锋、杜承烈、李玉忍、邓　磊、党建武、张清江、於志文、刘君瑞、魏　英、张　钢、张森社、曹光前	西北工业大学	国家级二等奖
27	2018	一流学科支撑，一流教师领航，一流航宇材料人才培养体系的改革与实践	李贺军、张　军、王永欣、李文亚、李克智、耿　林、杨延清、李付国、王锦程、董文强、李金山、苏彦庆、陈忠伟、闫久春	西北工业大学 哈尔滨工业大学	国家级一等奖
28	2018	面向国防重大需求“五维一体”的国防科技创新人才培养体系构建与实践	王海燕、张卫红、李　勇、李春科、晁小荣、郭喜平、李玉龙、林欢欢、李　圣、谢发勤、侯　俊	西北工业大学	国家级一等奖
29	2018	服务国家战略新兴产业，研究和推广物联网工程专业人才培养体系	桂小林、育　熙、王　东、黄传河、温莉芳、秦磊华、朱　敏、李士宁、胡成全、吴功宜	西安交通大学 上海交通大学 武汉大学 华中科技大学 西北工业大学	国家级一等奖

续表

序号	年份	成果名称	主要完成人	主要完成单位	获奖等级
30	2018	“上天入海、四维融合”，构建工业设计创新人才培养体系	余隋怀、陈登凯、苟秉宸、于明玖、初建杰、卢凌舍、王淑侠、吴　通	西北工业大学	国家级二等奖
31	2018	聚焦海洋强国战略，面向卓越人才培养的行业特色专业综合改革与实践	杨益新、宋保维、王惠刚、潘　光、杜向党、张效民、胡海豹、崔荣鑫、姜　军、卓　颉、张立川、曹永辉、史文涛、蒲传新、李道江	西北工业大学	国家级二等奖
32	2018	校企全过程深度融合的软件工程实践教学体系构建与实践	郑江滨、樊晓桠、李　辉、刘志强、马春燕、蔡康英、郑　炜、周　玲	西北工业大学	国家级二等奖
33	2018	创建大学生“系统性实践”模式，培育航天创新人才	周　军、刘莹莹、于晓洲、牟　蕾、郭建国、黄　河、李春科、刘光辉、白　博、李　朋、张佼龙、谭雁英、刘　睿、薛国粮、卢晓东	西北工业大学	国家级二等奖
34	2018	国家大学生创新创业训练计划“1311”体系创新及十年实践	李志义、陈启元、郑家茂、朱　泓、许晓东、洪大用、万小朋、李　正、刘志军、刘义伦、邵　进、江志斌、陆国栋、唐子龙、吕永康、王兴元、郭　庆、杨　芳、平　力、沈孝兵、谢火木、张佐刚、沈　毅、徐　雷、李　军、尹　辉、马　丹	大连理工大学 中南大学 东南大学 华中科技大学 中国人民大学 西北工业大学 华南理工大学 南京大学 上海交通大学 浙江大学 清华大学 山东大学 桂林电子科技大学 电子科技大学 厦门大学 辽宁工程技术大学 哈尔滨工业大学 复旦大学 湖北工业大学	国家级二等奖

续表

序号	年份	成果名称	主要完成人	主要完成单位	获奖等级
35	2022	三十年坚守、三代人传承、持续探索航空工程设计类专业核心课教学新途径	赵美英、侯　赤、万小朋、张永杰、王文智、孙　秦、陶梅贞、郭英男、万方义、钟小平、梁　珂、李　毅、郭　庆、李　冰、黄河源	西北工业大学	国家级一等奖
36	2022	励志铸国之重器　打造国防科技领军人才“一三四”培养新范式	张卫红、汪劲松、张艳宁、李春林、王　鹏、李　圣、牛茂贵、宁　昕、张富利、汪焰恩、肖　敏、林　鑫	西北工业大学	国家级一等奖
37	2022	面向航空强国的“三维五链”卓越试飞人才协同培养体系构建与实践	高正红、詹　浩、张景亭、袁　东、傅金华、李　斌、宣建林、米百刚、丁团结、张　炜	西北工业大学 中国飞行试验研究院	国家级一等奖
38	2022	隐姓埋名、为国铸剑，构建国防特色高校拔尖创新人才培养体系的西工大实践	汪劲松、张　炜、万小朋、杨益新、王海鹏、张开富、孙中奎、傅茂森、李春林、吴闻川、赵　超、牟　蕾、姚如贵	西北工业大学	国家级二等奖
39	2022	打造一流资源，融通德知能创，国防特色机械类创新人才培养模式创建与实践	齐乐华、蒋建军、罗　俊、周计明、牟　蕾、吕　冰、李自伟、耿俊浩、禹　亮、付佳伟、宁方立、苏　华、李发元、陈华胜	西北工业大学	国家级二等奖
40	2022	面向三航的创新型数学人才培养模式构建与实践	许　勇、聂玉峰、张　莹、都　琳、周　旷、贾万涛、谢文贤、赵俊锋、唐亚宁、岳晓乐、潘璐璐、焦哲哲	西北工业大学	国家级二等奖
41	2022	理论引领，模式革新，资源筑能：高校一流教师教育教学发展体系构建与实践	李　辉、宣建林、郑江滨、李贵安、王贵荣、武忠远、卢光跃、田　锦、徐根玖、张富利、王莉芳、姚聪莉	西北工业大学 陕西师范大学 西安科技大学 延安大学 西安邮电大学 陕西省高等教育学会	国家级二等奖

续表

序号	年份	成果名称	主要完成人	主要完成单位	获奖等级
42	2022	国防人才人文素养培养体系探索与实践	刘晨光、李　娜、张清江、许　燕、袁晓军、蔡　琳、王克勤、王莉芳、宋丁博男、席建成、杨云霞、王　劲、李小聪、陈建有	西北工业大学	国家级二等奖
43	2022	通专融合，理实融通，科创融智，培养航空强国领军人才	邓子辰、张　超、万方义、张　凯、范　玮、高正红、叶正寅、李　斌、王掩刚、张　群	西北工业大学	国家级二等奖
44	2022	新建-新兴-新型：光电智能领域交叉复合型人才培养模式改革与实践	李学龙、袁　媛、王　琦、姜学锋、王　震、刘君瑞、侯成义、马单丹、周果清、姜志宇、汪　芳、赵　阳、王　雪、张园林	西北工业大学	国家级二等奖
45	2022	空间材料科学高层次人才培养体系的建设与实践	魏炳波、翟　薇、解文军、阮　莹、耿德路、胡　亮、闫　娜、常　健、陈长乐、包荫鸾	西北工业大学	国家级二等奖
46	2022	面向航空航天重大需求和学科前沿，培养复合材料拔尖创新人才	成来飞、张立同、李贺军、郑锡涛、梅　辉、顾军渭、刘永胜、付前刚、张程煜、王永欣、李金山、曾庆丰、栾新刚、张磊磊、张雨雷	西北工业大学	国家级二等奖
47	2022	价值引领、本研贯通、多元支撑的“总师型”航天科技人才培养体系探索与实践	岳晓奎、宁　昕、郭建国、樊会涛、孟中杰、韩　冬、秦　飞、唐　硕、黄　越、黄　河、凡永华、周　军、史新兴、孙　军、于　辉	西北工业大学 航天科工集团第三研究院 北京航天飞行控制中心	国家级二等奖
48	2022	国防科技工程管理创新人才“四维一体”培养体系的构建与实践	车阿大、张映锋、乔彩燕、郭云涛、贾　明、杨乃定、赵嵩正、白思俊、欧立雄	西北工业大学	国家级二等奖

续表

序号	年份	成果名称	主要完成人	主要完成单位	获奖等级
49	2022	“国创计划”引领的创新创业教育体系综合改革与实践	巩金龙、万小朋、朱　泓、刘建林、李　正、张　锐、徐　雷、曹德欣、曹新方、杨　芳、管　虹、张熙伟、王世斌、原续波、张　琳、刘　岳、罗云孜、徐天一、施亮星、王建荣、郄海霞、贾果欣、雷建军、郑春东、潘　峰、李　霞、杨　光、张诗阳、郑　喆	天津大学 西北工业大学 大连理工大学 华南理工大学 复旦大学 中国矿业大学 中南大学 华为技术有限公司 北京万学教育科技有限公司	国家级二等奖
50	2022	基于课程结构及形态创新的 KAPIV 一体化工程人才培养改革与实践	孙康宁、梁延德、刘会霞、张景德、于化东、李爱民、林建平、朱华炳、李双寿、韩建海、李晓东、朱瑞富、罗　阳、刘　新、齐乐华、吴承格、范胜波、赵冬梅、杨　平、徐向纮、王佑君、庄红权、付　铁、刘甜甜、陈　刚、宋　晓、齐炳和、钱　俊、李卫国、张　庆、黎振华	山东大学 大连理工大学 江苏大学 长春理工大学 同济大学 合肥工业大学 清华大学 河南科技大学 中国石油大学（华东） 四川大学 西北工业大学 山东交通学院 天津大学 新疆大学 电子科技大学 中国计量大学 南京航空航天大学金城学院 陆军炮兵防空兵学院 清华大学出版社 北京理工大学 高等教育出版社有限公司 浙江大学 太原理工大学 南京航空航天大学 昆明理工大学	国家级二等奖

2 经典采撷——《机械原理》超过一个甲子的传承

《机械原理》教材建设历史悠久，经两代人的努力，发扬老中青“传、帮、带”的课程建设与教研文化的传统，坚守课程教材“经典传承、精品锤炼、持续创新”的建设理念，传承了近70年。

（1）前辈们的创建工作

1951年，中央人民政府教育部聘请十多位苏联专家在哈尔滨工业大学举办青教学习班，经西工大（时为西北工学院）推荐和教育部同意，正在哈尔滨工业大学学习的孙桓先生参加了培训，跟随苏联机械原理专家扎穆亚金副教授学习机械原理课程，同时开展课堂教学工作及实践教学工作，并前往哈尔滨和大连工厂进行实地学习。1953年，孙先生研究生毕业返回西北工学院任教，开设国内第一门机械原理课程。1959年，他结合苏联教学经验，编写了《机械原理讲义》，后被上海交通大学借用，分上下册铅印出版。该书成为新中国成立后国内最早的机械原理中文教材，为新中国成立初期我国工科专业加快开设机械原理课程形成巨大推动作用。

（2）历版教材编写出版情况及建设背景

第一版《机械原理讲义》：1959年9月由西工大机械原理及机械零件教研组组编（孙桓主编），高等教育出版社出版。基于前期《机械原理讲义》基础，根据1956年部分高等工科学校机械类专业“机械原理”教学大纲编写《机械原理》（讲义，上、下册），由西北工学院铅印出版，并经西工大及华东纺织工学院等兄弟院校正式选用作为教材，使用效果尚好。1958年党中央提出了“教育为无产阶级政治服务，教育与生产劳动相结合”的方针以后，特别是在随后的教育改革中，前辈们深切感到原讲义对于体现党的这一方针是很不够的，认为它已远远不能满足当时教学工作的需要，为此，在当时教育革命基础上开始了对第一版《机械原理》（讲义，上、下册）重新编写工作。

第二版《机械原理》（合订本）：1960年9月由西工大机械原理及机械零件教研组编（孙桓主编），由人民教育出版社出版（注：《机械原理讲义》由高等教育出版社出版，自1960年4月1日起，高等教育出版社与人民教育出版社合并，称为“人民教育出版社”，因此本书由人民教育出版社继续印制发行）。1961年《机械原理》（合订本）被教育部评选为第一本机械原理全国通用教材。

《机械原理》（修订版）上、下册：1961年3月，经西工大、天津大学、哈尔滨工业大学、太原工学院、山东工学院和浙江大学、南京工学院等校机械原理课程有关教师集体修编后出版。修改时吸取了各校几年来教育改革成果，并选取部分院校教材中的有关内容。

《机械原理》（第三版）：1982年10月由西工大机械原理及机械零件教研室组编（孙桓主编），人民教育出版社出版。本版在前面版本的基础上，根据1980年5月审定的《机械原理教学大纲（草案）》做了较大的修订，在体系上做了相应调整与改革，经机械原理教材编审组于1981年12月审定讨论通过，作为高等教育通用教材出版发行。《机械原理》（第三版）教材是在1977年恢复高考，课程教学刚刚实施两遍基础上进行的修订，除了加强课程在人才培养教学计划中的地位、作用、任务，力求正确反映课程教学大纲的要求外，特别在教材满足“教师好教，学生好学”的教学法提升上下功夫。在各部分内容上，重点抓好三个环节，即如何提出问题、如何分析问题和得出何种结论。问题的提出，尽量做到自然、明确、有启发性；问题的分析，尽量做到思路清晰、条理分明；得出的结论，则要求准确简明、便于记忆。最终做到教材利于教师教和学生学，提高教学效果。教材编写也注重了教材内容改革和遵循“少而精”原则，力求做到主次分明，详略恰当。对于本机械学科领域内的发展趋向和成就，则主要是简介性的，目的在于开阔学生的视野和思路。此外，考虑到教师教学组织，根据专业和学时的不同加以取舍，选学内容采用小号字排版。《机械原理》（第三版）教材不仅在工科高校广泛使用，也在当时国家推动工业发展中对企业职工大学、企业技术干部和技术人员以及成人教育产生重要的教学推动作用。1988年《机械原理》（第三版）荣获第一届全国高等学校优秀教材一等奖。

《机械原理》（第四版）：1989年2月西工大机械原理及机械零件教研室组编（孙桓、傅则绍主编），高等教育出版社出版。在前面版本的基础上，根据国家教育委员会1987年颁布的《机械原理课程教学基本要求》对教材进行相应的修订。当时国家正处于大力加快推进工业产业发展时期，需要大批高级机械工程技术人员，尤其是设计型技术人才需求加大。因此本次修订的重点目标是培养机械类高级机械人才。为强化学生设计能力和机械系统方案设计能力，进行如下修订：一是为增加学生对各种常用机构的感性知识，并激发设计兴趣，增添了“常用机构的主要类型、特点及应用”一章（第3章）；二是为培养学生初步具有确定机械运动方案和合理选用机构的能力，除了加强有关机构的设计内容外，还增加了“机构选型和机械传动方案的设计”一章（第14章）。1992年《机械原理》（第四版）荣获第二届全国高等学校优秀教材奖。

《机械原理》（第五版）：1996年5月西工大机械原理及机械零件教研室组编（孙桓、陈作模主编），高等教育出版社出版。本版是根据国家教育委员会颁布的《机械原理课程教学基本要求》（1995年修订版）和几年来教学实践经验而修订的。1999年《机械原理》（第五版）荣获教育部科技进步奖二等奖。

《机械原理》（第六版）：2001年5月西工大机械原理及机械零件教研室组编（孙桓、陈作模主编），高等教育出版社出版。当时全国使用本教材高校普遍认为本教材确实教师好教和学生好学，文字简明准确、插图设计精美，但内容有些偏传统经典，更新存在不足。为此，本版修订注重了融入新概念和新知识，尤其新编、引入了“工业机器人机构及其设计”一章，在当时同类教材中最早引入先进知识，对促进当时国家工业的自动化技术发展起到了教学引领性的作用，现在看来，机器人已成为今后机械学科发展的一个主要方向。2000年《机械原理》（第六版）入选 “九五”普通高等学校国家级重点教材（全国同类课教材仅有两本，另一本为清华大学申永胜教授主编的《机械原理》）。

《机械原理》（第七版）：2006年5月西工大机械原理及机械零件教研室组编（孙桓、陈作模、葛文杰主编），高等教育出版社出版。本版是在第六版的基础上，根据高等工程教育最新发展，结合多年来的教学实践经验进行修订的。《机械原理》（第七版）主要采用引注及列举实例等方法，注重引入机械学科最前沿新概念及相关知识内容，如欠驱动、冗余驱动、柔顺机构、变胞机构等新概念和最小阻力定律的理论，并扩展应用领域的实例，以开阔学生的学术视野。2003年《机械原理》（第七版）入选“十五”普通高等教育本科国家级规划教材，2007年入选普通高等学校国家精品教材，2008年入选“十一五”普通高等教育本科国家级规划教材。

《机械原理》（第八版）：2013年4月由西工大机械原理及机械零件教研室组编（孙桓、陈作模、葛文杰主编），高等教育出版社出版，本版是在前面多版的基础上，根据高等工程教育要求，结合多年来的教学实践经验而进行修订的。本版引入机械学科最前沿概念及相关知识内容，如欠驱动、冗余驱动、混合驱动及柔顺机构、变胞机构等新概念及实例，尤其提出了解决机械自适应的最小阻力定律理论及机构结构合理设计等机构创新理论，这已成为国际机械和机器人发展研究方向和趋势。2012年《机械原理》（第八版）入选“十二五”普通高等教育本科国家级规划教材，2021年荣获首届全国教材建设奖优秀教材一等奖。

《机械原理》（第九版）：2021年5月由西工大机械原理及机械零件教研室组编（葛文杰主编），高等教育出版社出版，本版是在前面多版的基础上，根据新工科发展要求而进行修订的。配合《机械原理》（第九版）的出版，西工大机械原理及机械零件教研室在葛文杰教授带领下，出版了《机械原理》（数字教材），《机械原理数字课程》，《机械原理课程设计》，《机械原理作业集》1、2分册等配套教材教辅，其中《机械原理》（数字教材）入选高等教育数字教材创新发展联盟2024年数字教材典型案例，是高等教育出版社唯一推荐入选的本科类教材。

（3）《机械原理》（第九版）系列教材修订理念

为全面贯彻落实习近平新时代中国特色社会主义思想进教材、进课堂、进头脑，基于习近平总书记提出的构建人类命运共同体的思想，回到人类文明的原点思考，从人类文明使用工具开始，以一幅古人“钻木取火”图作为章眉插图导入，并挖掘中国最早创造的古代机械图作为各章章眉插图，建立具有中国文化之魂的机械学术及工程教育思想和适应创新教育发展的《机械原理》教材新体系和新内容，贯穿课程思政，强化育人功能，并改编为新形态教材，推进教材数字化转型。

修订再版的第九版教材，契合了党的二十大精神中建设中国式现代化的思想和教学改革要求，主要特色包括：

一是构建具有中国文化之魂的《机械原理》教材新体系和新内容，“以和为贵”即刚柔并济和以柔克刚的行为特征及中华优秀传统文化的机械系统向刚、柔、软方向发展；“天人合一”的中国文化之根，造就了人与自然和谐共生的中国文化思想特征，机械控制向人、机及环境共融的机械智能控制系统方向发展；基于集体主义的中国文化思想的机械冗余机构系统和集群化机械系统发展趋势。据此，构建了课程教材“分析—设计—系统”工程创新教学新体系、新内容及新思想。

二是体现以立德树人为根本、以学生发展为中心、以能力培养为核心的理念，教材内容及编排上以问题为导向，体现OBE、特别是CDIO的工程教育理念，聚焦工程知识、分析与设计及解决方案创新能力以及综合素质三位一体的课程教学目标，强调为专业教育提供有效支撑。

三是大量引入复杂工程问题分析和创新设计解决案例教学，强化学生分析和解决工程复杂问题、开发/设计机械系统解决方案的能力培养，通过实例、例题及习题更新，面向多学科领域的机构创新，服务于学生终身学习和机械产业工程技术人员的创新引导学习，强化工程设计创造力的培养。

第九版教材在出版形式上进行了创新，由传统的纯纸质教材+光盘版的数字资源，变为纸质教材+二维码的新形态教材，扫描纸质教材上的二维码，就进入数字扩展资源的学习和贯通式工程及创新案例的教学。目前教材已在工业界广泛使用。

《机械原理》历版教材如图A-1所示。

图A-1 《机械原理》历版教材

3 西工大人才培养的瞬间

图A-2 党委书记李言荣院士检查指导新学期教学工作

图A-3 校长宋保维院士检查指导新学期教学工作

图A-4　时任党委书记张炜教授参观第六届全国海洋航行器设计与制作大赛作品

图A-5　时任校长汪劲松教授在教材工作会议上讲话

图A-6　党委书记李言荣院士与学生交流

图A-7　校长宋保维院士在2024级新生开学典礼上讲话

图A-8　党委书记李言荣院士为本科毕业生代表拨穗正冠

图A-9　校长宋保维院士深入教学一线与师生交流

图A-10　时任党委书记张炜教授走进重庆南开中学开展招生宣传

图A-11　时任党委书记张炜教授、时任校长汪劲松教授出席本科生毕业典礼

图A-12　时任党委书记陈小筑、时任校长汪劲松陪同时任陕西省省长娄勤俭视察创新成果

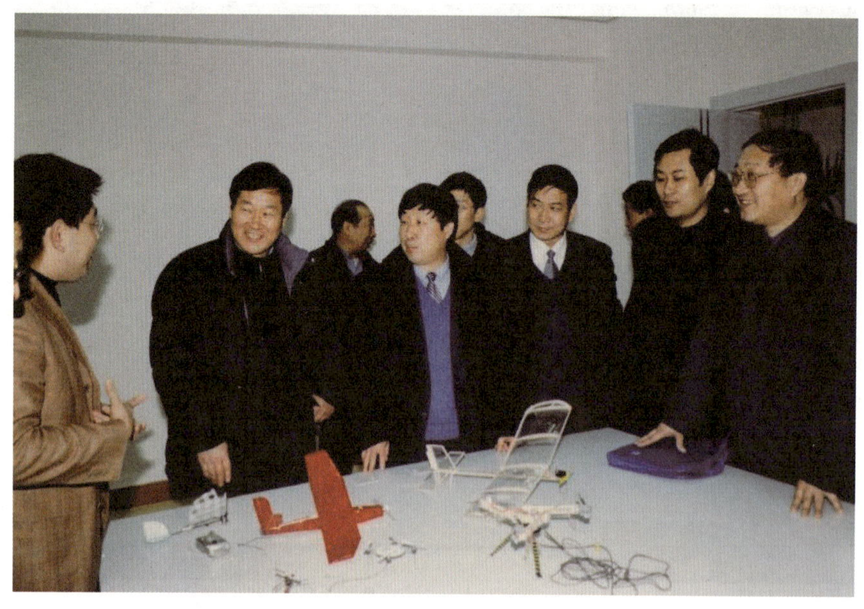

图A-13　时任党委书记叶金福教授、时任校长姜澄宇教授指导创新竞赛工作

图A-14　时任党委副书记万小朋教授在第十四届全国大学生创新创业年会上致辞

图A-15　党委常委、副校长杨益新教授在教学运行中心启用仪式上讲话

图A-16　党委常委、副校长张开富教授（时任校长助理兼教务处处长）在2021年教材工作会议上作报告

图A-17　2024届本科生毕业典礼暨学位授予仪式

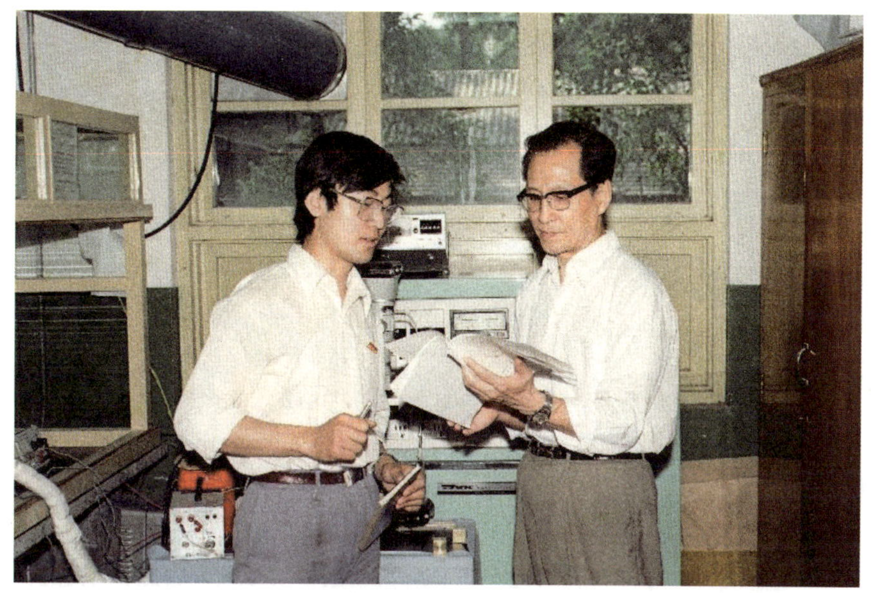

图A-18　周尧和院士指导学生魏炳波（现中国科学院院士）开展研究

图A-19　傅恒志院士指导学生开展研究

图A-20　张立同院士与团队成员研讨

图A-21　陈士橹院士指导学生开展研究

图A-22　马远良院士在航海学院普及舰船知识

图A-23　徐德民院士指导学生开展研究

图A-24　魏炳波院士指导学生开展研究

图A-25　黄维院士指导学生开展研究

图A-26　李贺军院士指导学生开展研究

图A-27　张卫红院士指导学生开展研究

图A-28　郑晓静院士指导学生开展研究

图A-29　2023年度人才培养工作总结大会

图A-30　2023年本科教育教学审核评估专家意见交流会

图A-31　2023年本科教育教学审核评估专家组参观人才培养展馆

参考文献

[1] 习近平在全国教育大会上强调 紧紧围绕立德树人根本任务 朝着建成教育强国战略目标扎实迈进[N]. 新华每日电讯, 2024-09-11(1).

[2] 习近平对学校思政课建设作出重要指示强调 不断开创新时代思政教育新局面 努力培养更多让党放心 爱国奉献 担当民族复兴重任的时代新人[N]. 新华每日电讯, 2024-05-12(1).

[3] 习近平在中共中央政治局第十一次集体学习时强调 加快发展新质生产力 扎实推进高质量发展[N]. 新华每日电讯, 2024-02-02(1).

[4] 习近平致信全国优秀教师代表强调 大力弘扬教育家精神 为强国建设民族复兴伟业作出新的更大贡献[N]. 新华每日电讯, 2023-09-10(1).

[5] 习近平：加快建设教育强国 为中华民族伟大复兴提供有力支撑[N]. 新华每日电讯, 2023-05-30(1).

[6] 高举中国特色社会主义伟大旗帜 为全面建设社会主义现代化国家而团结奋斗 中国共产党第二十次全国代表大会在京开幕[N]. 人民日报, 2022-10-17(1).

[7] 习近平总书记给武汉大学参加中国南北极科学考察队师生代表回信强调 胸怀“国之大者” 接续砥砺奋斗 练就过硬本领 勇攀科学高峰[N]. 中国教育报, 2023-12-02(1).

[8] 习近平在中共中央政治局第三次集体学习时强调 切实加强基础研究 夯实科技自立自强根基[EB/OL].(2023-02-01) [2024-11-05].https://news.cctv.com/2023/02/22/ARTIAM82bFNOtLNOHbjcHgCg230222.shtml.

[9] 习近平在中国人民大学考察时强调 坚持党的领导传承红色基因扎根中国大地 走出一条建设中国特色世界一流大学新路[N]. 新华每日电讯, 2022-04-26(1).

[10] 习近平主持召开中央全面深化改革委员会第二十四次会议强调 加快建设世界一流

企业 加强基础学科人才培养[N]. 新华每日电讯, 2022-03-01(1).

[11] 习近平在中央人才工作会议上强调 深入实施新时代人才强国战略 加快建设世界重要人才中心和创新高地[N]. 新华每日电讯, 2021-09-29(1).

[12] 习近平：中国教育是能够培养出大师来的[N]. 新华每日电讯, 2021-04-20(1).

[13] 习近平主持召开中央全面深化改革委员会第十六次会议强调 全面贯彻党的十九届五中全会精神 推动改革和发展深度融合高效联动[N]. 新华每日电讯, 2020-11-03(1).

[14] 习近平. 关于《中共中央关于进一步全面深化改革、推进中国式现代化的决定》的说明[J]. 求是, 2024(16):4-11.

[15] 习近平. 培养德智体美劳全面发展的社会主义建设者和接班人[J]. 求是, 2024(17):4-10.

[16] 习近平：坚持中国特色社会主义教育发展道路 培养德智体美劳全面发展的社会主义建设者和接班人[N]. 新华每日电讯, 2018-09-11(1).

[17] 中共教育部党组. 着力培养担当民族复兴大任的时代新人[J]. 求是, 2024(17):25-30.

[18] 中共中央、国务院印发《中国教育现代化2035》[EB/OL].(2019-02-24) [2024-11-15].https://www.gov.cn/zhengce/2019-02/23/content_5367987.htm.

[19] 中共中央 国务院印发《深化新时代教育评价改革总体方案》[EB/OL].(2020-10-13) [2024-11-15].https://www.gov.cn/zhengce/2020-10/13/content_5551032.htm.

[20] 教育部关于印发《普通高等学校本科教育教学审核评估实施方案（2021—2025年）》的通知[EB/OL].(2021-01-02) [2024-11-05].http://www.moe.gov.cn/srcsite/A11/s7057/202102/t20210205_512709.html.

[21] 中共中央关于制定国民经济和社会发展第十四个五年规划和二〇三五年远景目标的建议 [N]. 新华每日电讯, 2020-11-04(1).

[22] 中共中央、国务院印发《国家中长期教育改革和发展规划纲要（2010—2020年）》[EB/OL].(2010-07-29) [2024-11-05]. https://www.gov.cn/jrzg/2010-07/29/content_1666937.htm.

[23] 建立健全教材管理制度 提升教材建设科学化规范化水平[EB/OL].(2020-01-07) [2024-11-15]. http://www.moe.gov.cn/jyb_xwfb/s271/202001/t20200107_414565.html.

[24] 普通高等学校本科专业目录[EB/OL].(2024-02-04) [2024-11-15]. http://www.moe.gov.cn/srcsite/A08/moe_1034/s4930/202403/W020240319305498791768.pdf.

[25] 怀进鹏. 携手推动数字教育应用共享与创新[J].中国教育网络, 2024(1):1-3.

[26] 怀进鹏. 厚植爱国情怀，培育时代新人[J]. 现代教学, 2023(24):1.

[27] 怀进鹏. 以教育之强夯实国家富强之基[N]. 人民日报, 2023-08-31(9).

[28] 怀进鹏. 数字变革与教育未来[J]. 上海教育, 2023(8):24-25.

[29] 怀进鹏. 数字变革与教育未来[N]. 中国教师报, 2023-02-15(1).

[30] 怀进鹏. 新时代加快建设教育强国的重大战略意义[J]. 新教育, 2023(4):1.

[31] 怀进鹏. 为加快建设世界重要人才中心和创新高地贡献力量[J]. 科学中国人, 2022(4): 27-29.

[32] 吴岩. 深入实施教育数字化战略行动 以教育数字化支撑引领中国教育现代化[J].中国高等教育, 2023(2): 5-10.

[33] 吴岩. 中国式现代化与高等教育改革创新发展[J].中国高教研究, 2022(11): 21-29.

[34] 吴岩. 积势蓄势谋势 识变应变求变[J].中国高等教育, 2021(1): 4-7.

[35] 吴岩. 国际高等教育质量保障体系新视野[M]. 北京: 教育科学出版社, 2014.

[36] 周光礼. “双一流”建设中的学术突破：论大学学科、专业、课程一体化建设[J]. 教育研究, 2016, 37(5): 72-76.

[37] 钟秉林,方芳. 一流本科教育是“双一流”建设的重要内涵[J]. 中国大学教学,2016(4): 4-8.

[38] 金壮龙. 全面贯彻落实党的二十大精神 大力推进新型工业化[J]. 新型工业化理论与实践, 2024, 1(2): 1-10.

[39] 陈彬. 李言荣代表：有组织科研关键在于培养总师型人才[EB/OL].(2023-03-08)[2024-11-15].https://news.sciencenet.cn/htmlnews/2023/3/495541.shtm.

[40] 李言荣,贾明,王伶,等. 服务新型工业化的高等学校改革与实践[J].新型工业化理论与实践, 2024, 1(1):94-107.

[41] 李言荣. 更好服务强国复兴战略 更快建设世界一流大学[J].中国高教研究,2023(10): 9-10.

[42] 李言荣. 对建设一流本科教育的思考[J].中国大学教学,2019(9): 4-6.

[43] 陈彬,温才妃. 全国人大代表、西北工业大学党委书记李言荣：有组织科研的关键在于培养“总师”型人才[J].科学新闻, 2023, 25(2): 16-17.

[44] 李言荣. 发挥高校教育资源优势 服务新型工业化建设[N/OL]. 中国电子报,2023-08-22[2024-11-15].https://epaper.cena.com.cn/oldpaper/content/2023-08/22/node_2.htm.

[45] 李言荣. 当前我国科技创新的关键是解决从1到0的问题[N]. 中国科学报, 2024-01-25(4).

[46] 李言荣. 深耕细作结累累硕果 继往开来谱哲社新篇[N]. 中国社会科学报, 2024-05-17(6).

[47] 李言荣. 发展新质生产力要重视反向基础攻关[N/OL]. 学习时报, 2024-05-20[2024-11-15].https://paper.cntheory.com/html/2024-05/20/nw.D110000xxsb_20240520_2-A1.htm.

[48] 宋保维. 加强有组织科研 培养“总师型”人才[N]. 中国教育报, 2023-12-25(5).

[49] 宋保维. 培养“总师”型人才 为新质生产力发展注入动能[N]. 中国教育报, 2024-06-24(5).

[50] 宋保维.创新“总师型”人才培养的路径与机制[N]. 学习时报, 2024-08-02(6).

[51] 校长宋保维院士寄语2024届本科毕业生：奋勇而上，逐光而行[EB/OL]. (2024-06-29) [2024-11-15].https://www.nwpu.edu.cn/info/1198/88218.htm.

[52] 校长宋保维院士为2024级新生讲授“开学第一课”[EB/OL].(2024-09-08) [2024-11-15].https://www.nwpu.edu.cn/info/1208/91198.htm.

[53] 校长宋保维寄语2023届本科毕业生：奋发有为正当时，振翅翱翔向远方[EB/OL].(2023-07-06) [2024-11-20].https://www.nwpu.edu.cn/info/1198/67878.htm.

[54] 校长宋保维寄语2023级新生：梦想从新起点启航 青春在新时代绽放[EB/OL].(2023-09-02) [2024-11-20].https://www.nwpu.edu.cn/info/1198/70588.htm.

[55] 校长宋保维为2023级本科新生讲授“开学第一课” [EB/OL].(2023-09-04) [2024-11-20].https://www.nwpu.edu.cn/info/1198/70388.htm.

[56] 宋保维. 坚持教育、科技、人才“三位一体”，加快推进我校世界一流大学建设：校长宋保维讲授主题教育专题党课 [EB/OL].(2023-07-05) [2024-11-20].https://www.nwpu.edu.cn/info/1208/68588.htm.

[57] 宋保维. 高水平研究型大学推动科技成果转化的有效路径研究[J].中国高等教育, 2024(5): 4-7.

[58] 扎根西部 服务国家 西工大奋力推进中国特色、世界一流大学建设[EB/OL].(2024-10-29) [2024-11-25].https://www.nwpu.edu.cn/info/1198/92478.htm.

[59] 西北工业大学：坚持党的全面领导 挺膺担当为国铸剑[EB/OL].(2024-09-27) [2024-11-25].https://www.thepaper.cn/newsDetail_forward_28875543.

[60] 冯丽. 西北工业大学强化关键核心技术攻关和“总师型”人才培养：“三航”聚力科技报国[N].中国教育报, 2024-09-30(4).

[61] 张思齐,闫杰,宋保维. 新工科建设背景下的高校科技智库发展路径探索 [J]. 科技管理研究, 2020, 40 (22): 112-118.

[62] 张炜. 指引学生锤炼品格 奉献祖国[N]. 光明日报, 2019-12-03(5).

[63] 张炜,佘磊磊. 学科建设和人才培养的传承与创新：以西北工业大学为例[J]. 高等理科教育, 2022(2): 1-7.

[64] 张炜. 大学理念的演变与回归[J]. 中国高教研究, 2015(5): 15-19.

[65] 张炜. 新工科教育的创新内涵与美国工科教育的观念演变[J].中国高教研究,2022(1): 1-7.

[66] 汪劲松,张炜. “双一流”建设：用价值塑造践行育人初心[J].人民论坛,2020(24):6-9.

[67] 张炜,汪劲松. 行业特色高校的发展历程与辩证分析[J]. 中国高教研究, 2020(8): 1-5.

[68] 汪劲松, 张炜. 面向国家重大需求的高层次专业人才产教融合培养探索与实践[J].学位与研究生教育, 2022(8):1-5.

[69] 张炜. 素质教育的理论创新与实践探索：中国高等教育学会40年的不懈努力与作用发挥[J]. 中国高教研究, 2023(8): 13-18.

[70] 张炜,汪劲松. 我国高等工程教育的发展历程、基本特征与改革方向[J]. 研究生教育研究, 2022(3): 1-7.

[71] 张炜,汪劲松. 研究生教育规模预测与中美比较[J]. 学位与研究生教育, 2022(2)1-7.

[72] 汪劲松,张炜. “双一流”建设背景下国防军工高校转型发展的探索与实践[J].高等教育研究, 2021, 42(3): 50-53.

[73] 汪劲松. 走好国防科技拔尖创新人才自主培养之路[N]. 光明日报, 2023-01-04(5).

[74] 陈小筑,汪劲松. 华航西迁[M]. 西安:西北工业大学出版社, 2016.

[75] 冯丽. 西北工业大学着力构建特色鲜明的国防科技人才自主培养模式：铸国之重器 育国之栋梁[N]. 中国教育报, 2023-09-22(1).

[76] 陈建有. 军工添翼[M]. 西安: 西北工业大学出版社, 2018.

[77] 西北工业大学航空学院. 黄玉珊先生纪念文集[M]. 西安: 西北工业大学出版社, 2023.

[78] 黄震中教授诞辰百年纪念文集编委会.碧海丹心：黄震中教授诞辰百年纪念文集

[M]. 西安: 西北工业大学出版社, 2020.

[79] 施一公. 立足教育、科技、人才“三位一体”探索拔尖创新人才自主培养之路[J]. 国家教育行政学院学报, 2023(10): 3−10.

[80] 黄霞,郑乐.以专业结构优化调整为导向的微专业建设方案研究[J]. 创新创业理论研究与实践, 2023, 6(18): 89−92.

[81] 崔玉荻.新工科视域下微专业建设路径探索[J]. 南京理工大学学报(社会科学版), 2023, 36(3): 70−76.

[82] 殷可欣. 在线微专业教育服务模式探索与研究[D]. 北京: 北京邮电大学, 2020.

[83] 曾天山. 教材论[M]. 北京: 人民教育出版社, 2019.

[84] 葛文杰. “双一流”建设背景下的高等工程教育重塑与课程教学深度改革[J]. 中国大学教学, 2021(9): 53−61.

[85] 孙桓,葛文杰. 机械原理[M]. 北京: 高等教育出版社, 2021.

[86] 韩筠,王润孝. 新中国成立70周年高等教育教材建设回顾与展望[M]. 北京：高等教育出版社, 2020.

[87] 王青林,施佳欢,阎燕. 高校教材建设的演进脉络、时代内涵与提升路径[J]. 西部学刊, 2021(15): 51−55.

[88] 杜瑞军,李芒. 我国高等学校教材管理的基本逻辑[J]. 教育研究, 2019, 40(6): 116−127.

[89] 孙小龙,李子华. 习近平关于高等教育重要论述的生成逻辑、核心内涵和当代价值[J]. 郑州轻工业大学学报(社会科学版), 2024, 25(6):101−110.

[90] 任福兵. 百年回眸：中国高校教材引进历史进程分析[J]. 学术论坛, 2007, 30(11): 192−196.

[91] 刘学智,张振. 推进教材制度创新的着力点[J].教育研究, 2019, 40(2): 28−32.

[92] 邢悦. 世界一流的本科教育依托于世界一流的本科教材[J]. 中国大学教学, 2019(5): 85−89.

[93] 许博众,郭玟含. 新媒体时代招生叙事策略与高校品牌建设[J]. 科技传播, 2024, 16(8): 84−88.

[94] 虞宁宁,刘承波,李仲浩. 高水平拔尖创新人才自主培养体系的基本特征与建设原则[J]. 中国高教研究, 2024(3): 36−44.

[95] 于瑞辰. 理念、体系与实践：论全方位立体化本科招生宣传体系的构建[J].教育考

试与评价, 2024(1): 12−15.

[96] 钟秉林. 深化教育评价改革背景下高考综合改革的实施路径[J]. 现代教育管理, 2021(8): 1−8.

[97] 刘海峰,唐本文,韦骅峰. 十年新高考改革的试点推进与成效评价[J]. 中国教育学刊, 2023(12): 28−35.

[98] 别敦荣，易梦春. 高等教育质量文化及其建设策略[J]. 高等教育研究, 2021, 42(3): 3−17.

[99] 周洪宇,刘宝存,张雷生,等. 深化新时代教育高水平对外开放赋能中国式现代化战略目标顺利实现[J]. 高校教育管理, 2024, 18(06): 22-42.

[100] 张志勇,刘宇轩. 教育强国时代深化教育综合改革的逻辑、主题与方法[J]. 中国教育学刊, 2024(11): 1-7.

[101] 李志义,朱泓. 以先进的质量保障理念促进本科教育教学综合改革：新一轮审核评估指标体系内涵解析[J]. 高等工程教育研究, 2021(6): 75−80.

[102] 李志义.解析工程教育专业认证的成果导向理念[J]. 中国高等教育, 2014(17): 7−10.

[103] 赵炬明,高筱卉. 关注学习效果:建设全校统一的教学质量保障体系：美国“以学生为中心”的本科教学改革研究之五[J]. 高等工程教育研究, 2019(3): 5−20.

[104] 别敦荣,易梦春,李志义,等. 国际高等教育质量保障与评估发展趋势及其启示：基于11个国家(地区)高等教育质量保障体系的考察[J]. 中国高教研究, 2018(11): 39−48.

[105] 常桐善. 高等教育评估文化建设[J]. 河北师范大学学报（教育科学版）, 2022, 24(2): 28−32.

[106] 范唯,李智,别敦荣,等. 全国普通高校本科教育教学质量发展报告（2021—2022年度）[M]. 北京: 高等教育出版社, 2023.

[107] 廖其发. 论科教兴国战略的实施路径[J]. 教育与教学研究, 2023, 37(4): 1−13.

[108] 石中英.以教育事业系统性跃升和质变推动教育强国建设[J].人民教育,2024(11):6−10.

[109] 段从宇,阙明坤.中国特色社会主义教育强国建设的根本性问题[J].学术探索,2023(8):128−132.

[110] 黄宝印,刘永栓,薛新龙. 加快高校内部治理体系建设坚定走好中国特色高校内部治理现代化新路[J]. 中国高教研究, 2024(7): 19−24.

[111] 翟亚军,王战军. 制度–伦理–文化：高等教育评估软环境的三个基本向度[J]. 高等

教育研究, 2014, 35(5): 36–40.

[112] 王雨佳. 高等教育质量评价体系构建与导向作用发挥研究 [J]. 陕西教育(高教), 2023(7): 52–54.

[113] 贺海鹏. 高等院校本科教学质量监控与督导问题研究[M].北京: 科学技术文献出版社, 2020.

[114] 陈以一,雷星晖,李亚东,等.大学人才培养质量保证体系研究[M].北京: 高等教育出版社，2021.

[115] 张学文. 教育高质量发展:理论谱系考辨与战略需求考察[J]. 中国高教研究, 2023(8): 19–26.

[116] 李辉,龙宝新,李贵安. 高校教师教学发展能力的结构和培育[J]. 中国高教研究, 2020(11): 60–65.

[117] 杨智春. 在学生心底厚植报国情怀[EB/OL]. (2021–11–27) [2024–11–15].http://www.jyb.cn/rmtzgjyb/202111/t20211127_664607.html.

[118] 实施一流本科课程“双万计划”让本科课程优起来[EB/OL]. (2019–10–31) [2024–11–15].http://www.moe.gov.cn/jyb_xwfb/xw_fbh/moe_2606/2019/tqh20191031/sfcl/201910/t20191031_406261.html.

[119] 教育部关于一流本科课程建设的实施意见[EB/OL]. (2019–10–31) [2024–11–15]. http://www.moe.gov.cn/srcsite/A08/s7056/201910/t20191031_406269.html.

[120] 西工大《大国三航》课程缘何“一课难求”[EB/OL]. (2021–12–01) [2024–11–15]. http://edu.people.com.cn/n1/2021/1201/c1006–32296366.html.